내가 뽑은 원픽! 최신 출제경 서

KB135735

2024

직업상담사
실기

밑줄만 외우면 합격하는

정철훈·김순자·모종수·여기영 공저

2급

예문에듀
EDU

본 도서의 특징

본 도서는 직업상담사 2급 실기 시험에서 적어야 할 부분을
명확히 명기하였으므로

밑줄 친 부분만 외우면 무조건 합격합니다.

또한 빈출 정도에 따라 문제에 약물의 개수를 표시하였으니
참고하시기 바랍니다.

- ● 　외워야 할 문제
- ●● 　반드시 외워야 할 문제
- ●●● 　목숨걸고 외워야 할 문제

실기 전원 합격으로 유명한 그 교재[시험 출제자의 마인드]!!
시험에 나오는 부분만 간단히 정리[95% 이상의 적중률]!!
중요한 문제와 중요하지 않은 문제를 명확히 구별[핵심구별]!!
기출문제를 완벽히 복원하여 수록[기출문제 최근 11개년 수록]!!

직업상담사 실기과목은 노동시장론, 직업정보론, 직업상담학, 직업심리학으로 각 과목에 대해 광범위하게 출제되고 있다.
따라서 공부해야 할 양은 상당히 많을 수밖에 없으며, 시험 합격이 목적이라면 시험 위주의 요약 정리된 수험서를 통해 단 한 번의 시험으로 합격하는 것이 가장 효율적이다.

이제 누구나 직업상담사 2급 자격증 취득의 주인공이 될 수 있을 것이다.
왜냐하면, 20여 년간의 오프라인 및 온라인 동영상 강의를 통하여 최소의 시간 투자로 여러분이 뜻하는 바를 이룰 수 있는 지금까지의 교재와는 전혀 다른 교재가 출간되었기 때문이다.

본 교재의 특징을 요약하면 다음과 같다.

첫째, 시험에 나오는 문제와 답을 한눈에 볼 수 있도록 정리하였다.
둘째, 반드시 알아야 문제와 중요한 문제를 체크하여 단기간에 합격할 수 있도록 하였다.
셋째, 오프라인 및 온라인강의를 통하여 수험생들이 암기에 어려워하는 부분을 최대한 명확하고 간략하게 정리하였다.
넷째, 마인드맵을 통하여 최소의 시간을 투자하여 최대의 효과를 얻을 수 있도록 극대화하였다.

본 교재를 통하여 누구나 좋은 직업상담사가 될 수 있기를 희망한다.

저자 일동

VOCATIONAL COUNSELOR

차 례
CONTENTS

직업상담학

VOCATIONAL COUNSELOR

01 직업상담의 개념

제 1 절 직업상담의 기초

01 상담목표를 기술하시오.

> **정답**
> 1) 개인적 효율성의 증진에 있다.
> 2) 행동의 변화 촉진에 있다.
> 3) 정신건강의 증진에 있다.
> 4) 의사결정능력의 향상에 있다.
> 5) 문제의 해결을 돕는다.

02 직업상담의 목적을 5가지 이상 쓰시오.

> **정답**
> 1) 직업 문제를 인식하게 한다.
> 2) 직업 의사결정 능력을 배양한다.
> 3) 직업 선택에 대한 책임을 진다.
> 4) 직업 세계를 이해한다.
> 5) 실업 등 직업에 대한 위기 관리능력을 배양한다.

03 기즈버스(Gysbers)의 직업상담의 목적 3가지를 쓰시오.

정답

1) <u>예언과 발달</u> : 전 생애에 걸쳐 발달 가능한 개인의 적성과 흥미를 탐색한다.
2) <u>처치와 자극</u> : 내담자의 직업문제를 처치하고 필요한 지식과 기능 습득을 자극한다.
3) <u>유능과 결함</u> : 결함보다는 유능을 개발하도록 돕는다.

04 직업상담의 단계를 쓰시오.
직업상담의 단계를 5단계로 쓰시오.

정답

1) 1단계 : <u>관계형성 및 구조화</u>
2) 2단계 : <u>진단 및 측정</u>
3) 3단계 : <u>목표설정</u>
4) 4단계 : <u>개입</u>
5) 5단계 : <u>평가</u>

05 상담목표(Goal)를 설정할 때 고려해야 할 사항 4가지를 설명하시오.

정답

1) 목표는 <u>구체적이어야 한다.</u>
2) 목표는 <u>실현가능해야 한다.</u>
3) 목표는 <u>내담자가 원하고 바라는 것이어야 한다.</u>
4) 목표는 <u>상담자의 기술과 양립 가능해야만 한다.</u>
5) 내담자와 함께 상담목표를 설정한다.

06 직업상담사가 갖추어야 할 자질 4가지를 쓰시오.
직업상담사의 일반적인 자질에 대해 설명하시오.

정답

1) <u>내담자에 대한 존경심을 가져야 한다.</u>

2) 자신에 대한 정당한 이해가 있어야 한다.
3) 상담업무를 수행하는데 결함이 없는 성격을 갖추어야 한다.
4) 심리학적 기초지식을 갖추어야 한다.
5) 직업정보분석 능력과 전산운영 능력을 갖추어야 한다.
6) 정신장애에 대한 해박한 지식을 갖추어야 한다.

07 개방형 질문과 폐쇄형 질문의 차이를 서술하시오.

정답

1) 개방형 질문
   ① 내담자의 대답이 자유롭다.
   ② 다양한 반응을 얻을 수 있다.
   ③ 적극적인 참여를 유도할 수 있다.
   ④ 내담자의 생각과 느낌을 명확하게 해 준다.
   ⑤ 분석과정이 어렵고 응답거부율이 높다.
2) 폐쇄형 질문
   ① 내담자의 대답이 한정적이다.
   ② 짧은 시간 안에 많은 정보수집이 가능하다.
   ③ 질문을 제작할 때 문항들은 상호 배타적이어야 한다.
   ④ 질문을 제작할 때 문항에 대해 충분한 이해를 가져야 한다.
   ⑤ 분석이 용이하고 응답거부율이 낮다.

08 상담에서 대화 중의 중단 또는 내담자의 침묵은 자주 일어나는 일이다. 내담자의 침묵이 발생하는 원인을 3가지만 쓰시오.

정답

1) 혼돈으로 인한 침묵 : 상담자의 말을 이해하지 못하거나 애매한 질문의 경우, 상담자는 자신의 말이나 의도를 분명하게 전달해야 한다.
2) 저항으로 인한 침묵 : 상담자에 대한 불신으로 인한 침묵의 경우에는 상담자와 내담자 간의 관계에 대하여 논의하여야 한다.
3) 사고의 중단으로 인한 침묵 : 이 경우에는 상담자와 내담자는 새로운 대화의 방향을 함께 찾는다.

09 내담자와의 초기면담 수행 시 상담자가 유의해야 할 사항 5가지를 쓰시오.

정답

1) 면담 시작 전에 <u>가능한 모든 사례자료 검토하기</u>
2) <u>내담자와 만나기</u>
3) 내담자의 <u>직업상담에 대한 기대를 결정하기</u>
4) <u>비밀유지에 대해 설명하기</u>
5) <u>요약하기</u>
6) 내담자의 초기목표를 명확히 하기

제 **2** 절 **집단상담**

01 집단상담의 크기(인원)와 결정 시 고려할 점에 대해 기술하시오.

정답

1) 집단의 크기 : <u>6~10명</u>이 적당하다.
2) 고려할 점
   ① <u>성별, 연령, 성격 등을 고려한다.</u>
   ② 상담목적에 따라 <u>공개집단과 폐쇄집단으로 구성할 수 있다.</u>
   ③ <u>상담의 횟수는 주 1~2회가 적당하다.</u>
   ④ 장소는 <u>신체활동이 자유롭고 편안한 분위기가 좋다.</u>
   ⑤ <u>상담의 종결 시기는 상담 시작 전에 결정한다.</u>

02 집단의 크기가 너무 큰 경우와 작은 경우를 비교 설명하시오.

정답

1) 집단의 크기가 너무 크면 : 내담자의 <u>일부는 상담에 참여할 수 없게 되고 상담자가 각 개인에게 적절한 주의를 기울이지 못하게 된다.</u>
2) 집단의 크기가 너무 작으면 : 내담자들의 <u>상호관계 및 행동의 범위가 좁아지고, 각 구성원은 각자가 받는 압력이 너무 커지므로 비효율적이 된다.</u>

●○○
03 집단상담은 그 형태와 접근 방식에 따라 여러 가지로 나눌 수 있다. 집단상담의 형태를 3가지 쓰고 각각 설명하시오.

정답

1) 지도집단
   개인적 요구나 관심사에 대한 적절한 정보를 제공하려는 목적으로 실시된다.
2) 상담집단
   주제나 문제보다 사람에게 초점을 두고, 안전하고 신뢰감을 주는 분위기 속에서 개인적 문제를 나누는 것을 통해 개인의 행동변화를 꾀한다.
3) 치료집단
   전문적인 훈련을 받은 지도자가 집중적인 심리치료를 필요로 하는 사람을 대상으로 심리치료를 목적으로 한다.
4) 자조집단
   유사한 문제를 가진 사람들이 모여 자신들의 공통된 문제를 서로 이야기하고, 격려하며, 도움을 주고받는 집단이다.

●●●
04 Butcher의 집단상담을 위한 3단계 모델에 대해서 쓰시오.
부처(Butcher)는 집단상담을 위한 3단계 모델을 제시하였다. 첫단계인 탐색단계에서 이루어져야 하는 것을 4가지 쓰시오.

정답

1) 탐색단계 : 자기개방, 흥미와 적성에 대한 측정, 측정결과에 대한 피드백, 불일치의 해결이 이루어진다.
2) 전환단계 : 자아와 피드백 간의 일치가 이루어지면 직업세계와 연결하고, 일과 삶의 가치를 조사한다.
3) 행동단계 : 목표설정, 목표달성을 촉진하기 위한 정보의 수집과 공유, 의사결정이 이루어지는 단계이다.

05 Tolbert가 제시한 것으로 직업 집단상담의 과정에서 나타나는 5가지 활동유형을 제시하시오.

> **정답**

1) 자기탐색
2) 상호작용
3) 개인적 정보의 검토 및 목표와의 연결
4) 직업적·교육적 정보의 획득과 검토
5) 의사결정

06 집단상담의 장점을 5가지 쓰시오.
집단상담은 개인상담과 더불어 가장 많이 사용되고 있는 상담형태이다. 집단 상담의 장점들에 대해 설명하시오.
집단상담의 장점을 개인상담과 비교해서 3가지 적으시오.

> **정답**

1) 집단상담의 장점
   ① 시간, 경제적인 면에서 효과적이다.
   ② 소속감과 동료의식을 발전시킬 수 있다.
   ③ 개인상담보다 더 편하게 느낀다.
   ④ 집단에서 새로운 행동을 실천해 볼 수 있다.
   ⑤ 학습경험을 풍부히 할 수 있다.
   ⑥ 대인관계 능력이 향상된다.
2) 집단상담의 단점
   ① 개인적 문제가 충분히 다루어지지 않을 가능성이 크다.
   ② 집단 압력을 받을 수 있다.
   ③ 비밀유지가 어렵다.
   ④ 모든 내담자에게 적절한 상담은 아니다.
   ⑤ 개인생활의 균열을 경험할 수 있다.

07 전화상담의 장단점을 2가지씩 쓰시오.

> 정답

1) 전화상담의 장점
   ① <u>신속성</u> : <u>급한 위기에 처했을 때 바로 상담이 가능하다.</u>
   ② <u>접근성</u> : <u>전화는 어디에나 있기 때문에 접근이 용이하다.</u>
   ③ <u>익명성</u> : <u>자신의 정보를 공개하지 않아도 된다.</u>
   ④ 친밀성 : 전화라는 자체가 주는 친밀감이 있다.
   ⑤ 경제성 : 경제적 형편이 어려운 사람도 이용가능하다.
   ⑥ 편의성 : 전화의 이용으로 거리나 시간제약을 받지 않는다.
2) 전화상담의 단점
   ① <u>1회적인 경우가 많다.</u>
   ② <u>내담자로부터 얻는 정보가 제한적이다.</u>
   ③ <u>익명성으로 인한 무책임감이 생긴다.</u>
   ④ 심층적 상담이 불가능하다.

08 인터넷을 이용한 사이버 상담의 필요성에 대하여 6가지 쓰시오.

> 정답

1) 인터넷과 컴퓨터의 발달로 <u>쉽고 편리하게 접근할 수 있다.</u>
2) 청소년, <u>젊은 층의 내담자가 보다 더 친밀감을 느낀다.</u>
3) 익명성이 보장되어 내담자의 불안 등을 감소시킨다.
4) 글을 써 내려가면서 내담자는 <u>감정의 정화 효과를 얻을 수 있다.</u>
5) <u>저렴한 비용으로 상담을 받을 수 있다.</u>
6) 상담내용은 통신에서 <u>저장, 유통, 가공이 용이하다.</u>

02 상담이론

제 1 절 정신분석 상담

01 정신분석 상담에서 필수적인 개념인 불안의 3가지 유형을 쓰고, 각각에 대해 설명하시오.

정답

1) 현실적 불안 : 외부 세계로부터 오는 위협에 대한 두려움으로 현실 세계의 위험에 대한 불안
2) 신경증적 불안 : 자아가 본능적 충동을 통제하지 못함으로써 어떤 일이 일어날 것 같은 위협에 대한 불안
3) 도덕적 불안 : 자신의 양심에 대한 두려움으로 자신의 도덕적 기준에 위배되는 일을 할 때 느끼는 죄의식

02 프로이드의 방어기제 5가지를 쓰고, 이를 설명하시오.

정답

1) 억압 : 의식하기에는 현실이 너무 고통스러워 무의식 속으로 억눌러 버리는 것
2) 거부 : 고통스러운 현실을 인정하지 않음으로써 불안을 방어해 보려는 수단
3) 고착 : 다음 단계로 발달하지 않음으로써 다음단계가 주는 불안에서 벗어나려는 것
4) 퇴행 : 초기의 발달단계로 후퇴하는 행동
5) 합리화 : 실망을 주는 현실에서 도피하기 위해 그럴듯한 구실을 붙이는 것
6) 승화 : 사회적으로 용납되는 형태와 방법을 통해 충동과 갈등을 발산하는 것
7) 투사 : 자신의 심리적 속성이 타인에게 있는 것처럼 생각하고 행동하는 것
8) 전위(치환) : 전혀 다른 대상에게 자신의 감정을 발산하는 것
9) 반동형성 : 반대행동을 함으로써 오히려 금지된 충동이 표출되는 것을 방어

●○○
03 지나치게 상담자에게 의존하려는 전이가 나타난 경우 원인과 치료법을 쓰시오.
내담자가 상담자에게 지나치게 의존하려는 전이(Transference)가 일어났을 때 그 의미
와 해결방안을 설명하시오.

정답

1) 전이 : 과거에 어떤 중요한 타인에게 느꼈던 감정을 현재 상담자에게 느끼는 것을 의미
   한다.
2) 원인 : 상담자가 내담자의 관심에 너무 지나치게 동일시하거나 좋은 말만 골라하면 상담
   에 대한 객관성을 잃어버리게 되고, 내담자의 상담자에 대한 의존심을 더욱 조장하게
   된다.
3) 치료법 :
   ① 상담자는 내담자 스스로 상황을 판단하고 해석하여 자신을 통제할 수 있도록 해야
      한다.
   ② 내담자가 과거의 영향으로부터 벗어나 전이의 감정을 해소할 수 있도록 돕는다.

04 상담에서 "역전이"의 의미를 기술하고, 그 해결책을 작성하시오.

정답

1) 의미 : 상담자가 전에 다른 사람에게 느꼈던 감정을 내담자에게서 느끼게 되는 현상을
   말한다.
2) 해결책 :
   ① 자기 분석과 교육 분석을 통해 그 원인을 제거한다.
   ② 자기분석을 통해 그 원인이 제거되지 않으면 지도감독을 받는다.
   ③ 그래도 역전이 문제가 해결되지 않으면 내담자를 다른 상담자에게 보낸다.

제 **2** 절   **개인주의 상담**

●●●
01 Alder의 개인주의 상담 과정의 목표 5가지를 쓰시오.

정답

1) 사회적 관심을 갖도록 돕는다.

2) 사회의 구성원으로 기여하도록 돕는다.

3) 잘못된 동기를 바꾸도록 돕는다.

4) 타인과의 동질감을 갖도록 돕는다.

5) 패배감을 극복하고 열등감을 감소시킬 수 있도록 돕는다.

6) 내담자의 잘못된 가치와 목표를 수정하도록 돕는다.

02 Adler의 개인주의 상담의 4단계 치료과정을 순서대로 쓰시오.

정답

1) 상담관계 형성
   내담자의 긍정적인 영역에 초점을 맞추고 격려와 지지의 방법을 사용한다.

2) 개인 역동성 탐색
   내담자의 생활양식을 이해하고 현재 어떻게 기능하는지를 이해한다.

3) 통합과 요약
   자료를 통합하고 요약하고 해석한다.

4) 재교육
   해석을 통해 획득된 내담자의 통찰이 실제 행동으로 전환되게 하는 단계이다.

03 아들러의 생활양식 4가지 유형을 쓰고 설명하시오.

정답

1) 지배형
   활동수준은 높으나 사회적 관심이 낮다.
   타인을 배려하지 않고, 부주의하며, 공격적이다.

2) 기생형
   활동수준은 중간이며 사회적 관심은 낮다.
   자신의 욕구를 다른 사람에게 의존하여 충족한다.

3) 도피형
   활동수준과 사회적 관심이 모두 낮다.
   삶의 문제를 회피함으로써 모든 실패의 두려움에서 벗어나려고 한다.

4) 사회형
   활동수준과 사회적 관심이 모두 높다.
   사회적 관심과 활동성이 모두 높은 유형이다.

04 아들러의 개인주의 상담이론에서 열등감콤플렉스의 원인 3가지를 쓰시오.

> 정답

1) 기관열등감
   신체에 관련된 것으로 개인이 부모에게 물려받은 자신의 신체를 어떻게 생각하는가에 달려있다.
2) 과잉보호
   자녀를 얼마나 독립적 혹은 의존적으로 키우느냐에 달려있다.
3) 양육태만
   부모가 자녀에 대해 무관심하고 최소한의 역할, 도리를 하지 않은 데서 기인한다.

05 직업상담에서 프로이드의 정신분석적 접근과 아들러의 개인 심리학적 접근의 인간관을 비교 설명하시오.

> 정답

1) 프로이드는 과거에 초점을 두었으나 아들러는 현재에 초점을 둔다.
2) 프로이드는 무의식을 강조하였으나 아들러는 의식을 강조한다.
3) 프로이드는 인간을 결정론으로 보았으나 아들러는 창조적인 실체로 보았다.
4) 프로이드는 인간의 성격구조를 원초아·자아·초자아로 보았으나 아들러는 분리할 수 없는 완전한 전체로 보았다.

제 **3** 절   실존주의 상담

01 실존주의 상담에서 나타나는 인간본성에 대한 기본가정 3가지를 쓰시오.

> 정답

1) 인간 존재의 불안의 원인은 시간의 유한성과 죽음에 대한 공포에 기인한다.
2) 정서적 장애는 실존적 신경증에 기인한다.
3) 문제해결 방법은 인간존재의 참의미를 발견하는 것이다.
4) 실존적 신경증은 상담자와 내담자의 인간적 신뢰관계의 만남을 통해서 상담이 가능하다.

02 실존주의 상담에서 내담자의 자기인식 능력향상을 위한 상담자 치료원리 3가지를 설명하시오.

정답

1) 죽음의 실존적 상황에 직면하도록 격려한다.
2) 삶의 의미를 발견하고 창조하도록 돕는다.
3) 삶에 대한 자유와 책임을 자각하도록 촉진한다.
4) 인간관계 양식을 점검하도록 돕는다.

03 실존주의적 상담에서 실존적 존재로서의 인간이 갖는 궁극적 관심사에 대한 자각이 불안을 야기한다고 본다. 실존주의 상담자들이 내담자의 궁극적 관심사와 관련하여 중요하게 생각하는 주제 4가지만 쓰고 각각에 대하여 간략히 설명하시오.

정답

1) 삶의 의미 : 삶의 중요성과 목적을 향한 노력은 인간의 독특한 특성이다.
2) 죽음과 비존재 : 언젠가는 자신이 죽는다는 것을 스스로 자각한다.
3) 자유와 책임 : 인간은 선택할 수 있는 자유를 가진 존재이기 때문에 책임을 져야 한다.
4) 진실성 : 진실적인 존재로 있다는 것은 우리를 정의하고 긍정하는 데 필수적인 어떤 것이든지 한다는 것을 의미한다.

04 실존주의 상담의 양식세계 3가지를 쓰고 설명하시오.

정답

1) 물리적 세계 : 자연세계를 의미한다.
2) 사회적 세계 : 인간관계나 상호작용과 관계된 세계를 의미한다.
3) 내면적 세계 : 개인의 심리적 경험과 연관된 개인적 세계를 의미한다.
4) 영적 세계 : 영적 차원의 이상적 세계를 의미한다.

제 **4** 절 　내담자중심상담

01 내담자중심상담을 성공적으로 이끌기 위하여 상담자가 갖추어야 할 기본적인 태도 3가지를 설명하시오.
내담자중심상담 기법에서 상담자의 태도 3가지를 쓰시오.
촉진관계의 바람직한 태도 3가지를 기술하시오.

정답

1) 무조건적 수용
　내담자를 한 인간으로서 존중하며 평가하거나 판단하지 않고 있는 그대로 받아들이는 것
2) 공감적 이해
　상담자가 내담자의 입장이 되어 내담자를 깊이 있게 주관적으로 이해하면서도 자기 본연의 자세는 버리지 않는 것
3) 일치성
　상담자가 내담자와의 관계에서 솔직하게 인정하고 표현하는 것

02 로저스의 인간중심상담의 철학적 가정을 5가지 쓰시오.

정답

1) 개인은 자기확충을 향한 적극적인 성장력을 지니고 있다.
2) 개인을 알려면 그의 주관적 생활에 초점을 두어야 한다.
3) 개인은 가치를 지닌 독특한 존재이다.
4) 개인은 근본적으로 선하며, 이성적이고 믿을 수 있는 존재이다.
5) 개인은 자신이 결정을 내릴 권리와 장래를 선택할 권리도 지니고 있다.

03 내담자중심상담에서 직업정보 활용의 원리는 검사 해석의 원리와 같다. 이를 패터슨(Patterson)은 어떻게 설명하고 있는지 기술하시오.

정답

1) 상담자는 자진해서 직업정보를 제공하지 않는다.
2) 내담자 스스로 정보를 얻도록 격려한다.

3) 내담자의 감정과 태도는 자유롭게 표현되어야 한다.
4) 내담자에게 부정적인 영향을 주거나 조작하기 위해 활용되어서는 안 된다.

04 로저스(Rogers)가 제시한 상담관계의 3가지 필수조건을 제시하고 설명하시오.

정답

1) 두 사람이 심리적으로 접촉해야 한다.
2) 내담자는 불일치 상태이며 불안정상태이다.
3) 상담자는 관계성에 있어서 균형적이며 일치상태에 있다.
4) 상담자는 내담자에 대한 무조건적인 긍정적 관심과 수용을 경험하도록 한다.
5) 상담자는 내담자의 내적 준거들에 대하여 공감적 이해를 경험하여야 한다.

05 인간중심치료에서 '완전히 기능하는 사람'의 특성 3가지를 쓰시오.

정답

1) 경험에 대해 개방적이다.
2) 실존적인 삶을 사는 사람이다.
3) 자신의 행동 선택이 자유롭다.
4) 유기체적인 신뢰가 있다.
5) 창조적이다.

제 **5** 절 **특성요인상담**

01 Parsons(파슨스)의 직업상담 3요인설에 대해서 설명하시오.
파슨스(Parsons)의 특성요인 상담에서 상담자가 해야 할 일 3가지를 쓰시오.
특성 – 요인상담의 기본원리 3가지를 쓰시오.

정답

1) 자신에 대한 이해 : 면담, 심리검사를 통해 나의 적성, 흥미, 능력을 파악한다.

2) 직업에 대한 이해 : 직업정보를 통한 보수, 승진제도를 이해한다.
3) 자신과 직업의 합리적 연결 : 내담자 스스로가 직업을 선택하는데 지원을 한다.

02 월리암슨에 의한 특성요인이론 중 인간본성에 대한 5가지 기본 가정을 기술하시오.

정답

1) 인간은 선과 악의 잠재력을 모두 지니고 있다.
2) 인간은 선을 실현하는 과정에서 타인의 도움을 필요로 한다.
3) 인간이 선한 생활을 결정하는 것은 바로 자기 자신이다.
4) 선의 본질은 자아의 완전한 실현이다.
5) 인간은 누구나 자신의 독특한 세계관을 지닌다.

03 월리암슨의 변별진단 4가지를 쓰고 설명하시오.
월리암슨의 변별진단의 4가지 범주를 적으시오.

정답

1) 무선택
   미래의 진로에 대해 잘 모른다고 말한다.
2) 불확실한 선택
   선택은 했으나 자신의 선택에 의심을 나타낸다.
3) 현명하지 못한 선택
   충분한 적성을 가지고 있지 않은 직업을 선택한다.
4) 흥미와 적성 간의 불일치
   본인이 말하는 흥미와 적성 사이의 불일치일 수도 있고, 측정된 흥미와 적성사이의 불일치일 수도 있다.

04 월리암슨 상담 중 검사해석과정(단계)에서 사용할 수 있는 상담기법 3가지를 설명하시오.

정답

1) 직접충고 : 상담자가 자신의 견해를 솔직히 표명하는 것이다.

2) 설득 : 합리적이고 논리적인 방법으로 자료를 정리한 후에 내담자가 이해할 수 있는 방법으로 설득을 한다.

3) 설명 : 내담자가 검사결과가 주는 의미를 이해해서 현명한 선택을 하도록 하기 위해 검사결과를 설명해 준다.

05 Darley가 제시한 특성 - 요인 직업상담에서 상담자가 지켜야할 상담원칙을 3가지만 쓰시오.

정답

1) 내담자에게 강의하려 하거나 거만한 자세로 말하지 않는다.

2) 상담사는 자신이 내담자가 지니고 있는 여러 가지 태도를 제대로 파악하고 있는지 확인한다.

3) 어떤 정보나 해답을 제공하기 전에 내담자가 정말로 그것을 알고 싶어 하는지 확인한다.

06 특성 - 요인 직업상담의 과정을 순서대로 쓰고 설명하시오.

정답

1) 분석 : 검사, 질문지, 면담 등 가능한 자원으로부터 정보를 모으는 것

2) 종합 : 내담자의 강점과 약점을 확인할 수 있도록 자료를 요약하고 종합해야 함

3) 진단 : 강점과 약점에 관한 판단을 근거로 하여 추론을 하는 과정

4) 예후(처방, 처치) : 내담자의 미래의 적응적 성과를 예언하는 과정

5) 상담 : 일반화된 방식으로 생활 전체를 다루는 학습단계

6) 추수지도 : 다시 문제가 발생하였을 때 실시

07 Brayfield가 제시한 직업정보의 정보적 기능, 재조정 기능, 동기화 기능에 대해 설명하시오.

정답

1) 정보제공 기능 : 모호한 의사결정을 돕고 진로선택에 관한 지식을 증가시켜 주는 기능

2) 재조정 기능 : 내담자가 현실에 비추어 부적당한 선택을 했는지 재조명해 보는 기능

3) 동기화 기능 : 내담자가 의사결정과정에 적극 참여하도록 동기화시켜 주는 기능

08 인본적(비지시적) 상담기법과 특성-요인(지시적) 상담기법을 비교 설명하시오.

정답

1) 지시적 상담은 상담자 중심의 상담, 비지시적 상담은 내담자 중심의 상담이다.
2) 지시적 상담은 문제를 중시, 비지시적 상담은 문제보다 개인 그 자체를 중시한다.
3) 지시적 상담은 지적인 요소를 중시, 비지시적 상담은 정의적인 면을 강조한다.
4) 지시적 상담은 개인의 과거 경험을 중시하는데 반해, 비지시적 상담은 개인의 현재 상태를 중시한다.
5) 지시적 상담은 진단을 중요시하는데 반해 비지시적 상담은 진단을 배제한다.
6) 지시적 상담에서도 라포를 중요하게 취급하나 반드시 그런 것은 아닌데 비해, 인간중심적 상담은 공감이 기본이 되며, 라포는 필수조건이 된다.

제 6 절 형태주의 상담

01 게슈탈트 상담기법 3가지를 쓰고 설명하시오.

정답

1) 빈 의자 기법 : 현재 상담에 참여하고 있지 않은 사람과 직접 대화를 나누는 형식을 취함으로써 그 사람과의 관계를 직접 탐색해 볼 수 있다.
2) 과장하기 : 상담자는 감정 자각을 돕기 위해 내담자의 어떤 행동이나 언어를 과장하여 표현하게 한다.
3) 자기 부분들 간의 대화 : 내담자의 인격에서 분열된 부분을 찾아서 서로 대화를 시킴으로써 분열된 자기부분을 통합할 수 있다.
4) 신체 자각 : 내담자가 현재 상황에서 느끼는 신체 감각에 대해 지각하게 함으로써 자신의 감정이나 욕구 혹은 무의식적인 생각을 알아차리게 해 줄 수 있다.
5) 환경 자각 : 상담자는 내담자의 감정과 욕구의 지각을 명확히 하기 위해 주위환경에서 체험하는 것을 자각하게 한다.
6) 언어 자각 : 내담자가 사용하는 언어에서 자신의 감정과 동기에 대해 책임을 지는 형식의 문장으로 바꾸어 말하게 함으로써 자신의 욕구나 감정에 대한 책임의식을 높여줄 수 있다.

●○○
02 형태주의 상담의 주요 목표를 3가지 쓰시오.

> **정답**

1) 알아차림 : 자신의 삶에서 현재 일어나는 중요한 현상들을 있는 그대로 지각하고 체험하는 행위이다.
2) 통합 : 감정, 지각, 사고, 신체가 모두 하나의 전체로서 통합된 기능을 발휘하도록 한다.
3) 성장 : 내담자가 성숙하고 책임감을 갖도록 돕는다.

03 Perls의 케슈탈트 상담이론에서 인간의 인격은 양파껍질을 까는 것과 같다고 했다. 인간이 심리적 성숙을 얻기 위해 벗어야 한다고 가정한다. 버려야 할 신경증의 층 3가지를 쓰고 설명하시오.

> **정답**

1) 피상층(허위층, 가짜층, 진부층) : 다른 사람들과 형식적이며, 의례적인 규범에 따라 피상적으로 접촉하는 수준을 말한다.
2) 역할연기층(공포층) : 자기 고유의 모습으로 살기보다 주위 환경의 기대에 따라 행동하는 단계이다.
3) 곤경층(난국층, 교착층) : 역할연기의 무의미함을 깨닫고 역할연기를 그만두지만, 스스로 자립할 수 있는 능력이 생기지 않아 무기력과 두려움을 느끼는 단계이다.
4) 내파층(내적 파열층) : 억압하고 차단해 왔던 욕구와 감정을 자신의 내부로 발산하는 단계이다.
5) 외파층(외적파열층, 폭발층) : 자신의 감정이나 욕구를 외부 대상에게 표현하게 되는 단계이다.

제 **7** 절 **교류분석 상담**

●●○
01 의사교류분석(TA) 상담기법에서 역동적(열정적) 자아상태 3가지에 대해 쓰시오.

> **정답**

1) 부모자아(P)
   부모 또는 연장자들의 말과 행동을 무비판적으로 받아들여서 내면화시킨 것이다.

2) 어른자아(A)

자신에 대한 자각과 독창적 사고가 가능해지고 판단력이 강해지면서 상황에 대응하는 경험반복의 행동 방식이 인격화된 것이다.

3) 어린이자아(C)

부모로부터 받은 감각적·감정적인 자극에 대해 받았던 느낌이나 반응방식이 축적되어 내면화된 것이다.

●○○
02 형태주의 상담의 주요 목표를 3가지 쓰시오.

정답

1) 알아차림 : 자신의 삶에서 현재 일어나는 중요한 현상들을 있는 그대로 지각하고 체험하는 행위이다.
2) 통합 : 감정, 지각, 사고, 신체가 모두 하나의 전체로서 통합된 기능을 발휘하도록 한다.
3) 성장 : 내담자가 성숙하고 책임감을 갖도록 돕는다.
4) 실존적 삶
5) 자립
6) 책임

●○○
03 교류분석상담이론에서 상담자가 내담자를 조력하기 위해서 할 수 있는 생활을 분석할 때 사용할 수 있는 분석 유형 3가지를 설명하시오.

정답

1) 구조분석

세 가지 자아 상태가 어떻게 구성되어 있는지 분석
2) 교류패턴분석

일상생활에서 주고받는 말, 태도, 행동 등을 분석
3) 각본분석

자기각본을 이해하고 거기서 벗어나도록 하는 것
4) 게임분석

암시적 의사교류를 구체적인 게임의 종류 및 만성부정적 감정의 유형과 관련지어 분석하는 것

04 의사교류분석 상담의 제한점 3가지를 설명하시오.

정답

1) 인지적이므로 지적 능력이 낮은 내담자의 경우 부적절할 수도 있다.
2) 추상적이어서 실제 적용에 어려움이 있다.
3) 과학적인 증거로 제시되었다고 보기는 어렵다.

제 8 절 행동주의 상담

01 행동주의 상담기법의 기본가정 3가지를 쓰시오.

정답

1) 대부분 인간행동은 학습된 것이므로 수정이 가능하다.
2) 특정한 환경의 변화는 개인의 행동을 적절하게 변화시키는데 도움이 될 수 있다.
3) 상담의 절차란 환경을 변화시킴으로써 내담자들의 행동을 변화시키려는 것이다.
4) 강화와 사회모방 등과 같은 사회학습 원리가 상담방법을 발전시키기 위해서 이용될 수 있다.
5) 상담의 효율성과 상담결과는 상담장면 밖에서 비추어진 내담자들의 구체적 행동의 변화로 평가한다.
6) 상담의 방법이란 정적이거나 고정된 것이거나 사전에 결정된 것이 아니라, 각 내담자의 특수한 문제를 해결하기 위해서 각기 독특하게 고안될 수 있는 것이다.

02 행동주의 상담에서 내적인 행동변화를 촉진시키는 방법과 외적행동변화를 촉진시키는 방법을 각각 5가지 쓰시오.

정답

1) 내적인 행동변화를 촉진시키는 방법
   체계적 둔감법, 근육이완훈련, 인지적 모델링, 인지적 재구조화, 사고정지
2) 외적인 행동변화를 촉진시키는 방법
   모델링, 토큰법, 주장훈련, 혐오치료, 역할연기, 행동계약, 자기관리프로그램

03 단계적 둔감법의 구체적 단계와 내용에 대해 설명하시오.

행동주의 직업상담기법 중 체계적 둔감화에 대해 설명하시오.

행동주의 직업상담기법 중 체계적 둔감화 단계를 설명하시오.

다음의 내담자에게 단계적 둔화법을 실시하려고 한다. 단계적 둔화법의 의미와 실시절차를 쓰시오.

다음의 이 내담자에 대해 단계적(체계적) 둔화(Systematic Desensitization)의 방법을 적용하여 면접 상황에서의 긴장과 불안을 완화시켜 나가는 구체적인 절차와 단계들에 대해 설명하시오.

> 필답시험 성적은 우수하지만 취업면접에서 지나친 긴장과 불안 때문에 몇 차례에 걸친 취업기회에도 불구하고 실패를 거듭해온 내담자에 대해 상담자는 면접상황에서의 긴장과 불안을 완화시키지 않고는 이 내담자가 취업에 성공하기 힘들다는 판단을 내리게 되었다.

정답

1) 체계적 둔화법

내담자로부터 불안을 없애기 위해 불안반응을 체계적으로 증대시키면서 동시에 불안과 대립되는 이완반응을 야기시키는 방법이다.

2) 단계 및 절차

① 근육이완훈련 : 마음의 안정을 위하여 근육이완 훈련을 실시한다.

② 불안 위계목록 작성 : 불안위계 목록을 순차적으로 10~20개 작성한다.

③ 체계적 둔감화 : 가장 낮은 불안 정도에서부터 시작하여 가장 높은 불안으로 상상하게 하고, 더 이상 불안하지 않으면 종료한다.

3) 내용

① 근육이완훈련

② 불안위계목록 작성

③ 가장 적게 불안을 일으키는 장면 상상

④ 가장 크게 불안을 일으키는 장면 상상

⑤ 내담자가 불안을 느끼지 않게 되면 종료

●○○
04 면접에 대한 불안을 갖는 최모 씨에게 단계적 둔화법을 사용하여 상담하는 절차를 쓰시오.

정답

1) 최모 씨의 마음을 안정시키기 위해 근육이완훈련을 실시한다.
2) 최모 씨의 면접에 대한 불안위계목록을 10~20개 작성한다.
3) 최모 씨가 면접을 하러 가기 전 연습과 준비장면을 상상하게 한다.
4) 최모 씨가 실제 면접관과 면접을 보는 장면을 상상하게 한다.
5) 최모 씨가 면접에 대한 불안이 소거되면 종료한다.

●○○
05 직업상담의 문제유형 중 청소년들이 진로나 직업선택 시 의사결정을 미루는 2가지 유형을 쓰고 설명하시오.
행동주의 상담에서 의사결정을 내리지 못하는 내담자의 유형과 상담의 목적에 대해 쓰시오.

정답

1) 의사결정을 내리지 못하는 유형
   ① 무결단성 : 학습한 정보를 제대로 이용하지 못하여 적절한 의사결정을 할 수 없는 입장으로 사회적 압력과의 갈등으로 불안을 느낀다.
   ② 우유부단 : 정보의 부족, 학습·적응의 기회 부족으로 인해 적절한 의사결정을 하지 못하는 것으로 사회적인 압력과 갈등이 생겨 불안을 느낀다.
2) 상담의 목적
   불안으로 인해 결정을 내리지 못함으로 불안을 제거하거나 줄여서 올바른 의사결정방법을 습득하게 하는데 목적이 있다.

06 외적 행동 변화인 주장훈련의 절차를 쓰시오.

정답

1) 주장적 행동과 비주장적 행동을 구분한다.
2) 비주장적 행동의 이유를 확인한다.
3) 비주장적 행동에 관련된 비합리적 사고를 합리적 사고로 바꾸어 주장적으로 사고한다.
4) 불안을 극복하기 위해 근육이완 훈련이나 자기 진술을 실시한다.
5) 주장적으로 행동한다.

07 행동주의에서 말하는 "강화"가 무엇인지에 대해 설명하시오.

(정답)

1) 강화

조작적 조건형성에서 <u>원하는 반응을 하게 할 확률을 더 높이는 것</u>

① 정적 강화

<u>행동의 결과로써 자극의 제시에 의해 이후의 행동 빈도가 증가하는 것</u>

② 부적 강화

<u>행동의 결과로써 자극이 사라짐으로 이후의 행동 빈도가 증가하는 것</u>

08 행동과학적 상담기법에서 내담자의 부정적·자기패배적 사고를 긍정적 자기 발전적 사고로 치료하는 기법을 쓰시오.

(정답)

<u>인지적 재구조화 기법</u>

09 행동주의 직업상담의 상담기법을 크게 불안감소기법과 학습촉진기법의 유형으로 구분할 수 있다. 각 유형별 대표적 방법을 각각 3가지 쓰시오.

행동주의 상담기법 중 불안감소기법과 학습촉진기법을 3가지씩 쓰고, 각각에 대해 설명하시오.

행동주의 상담의 치료기법 중 적응행동증진 기법 3가지를 설명하시오.

(정답)

1) 불안을 완화시키기 위한 방법

① 체계적 둔감화

<u>불안을 일으키는 자극을 가장 약한 정도에서 출발하여 가장 강한 자극으로 점차적으로 자극력을 감소해나가는 방법</u>

② 반조건형성

<u>증상에 상반되는 바람직한 행동을 강화함으로써 증상행동이 없어지거나 약화되게 하는 방법</u>

③ 금지적조건형성

<u>불안을 일으킬만한 단서를 반복적으로 제시함으로써 불안반응을 제거하는 방법</u>

25

2) 학습촉진기법(적응행동증진기법)

① 강화

상담자가 내담자의 진로선택이나 결정에 대해 긍정적 또는 부정적인 반응을 보임으로써 바람직한 행동을 강화시킨다.

② 대리학습

다른 사람의 진로결정 행동이나 결과를 관찰함으로써 의사결정의 학습을 촉진시킨다.

③ 변별학습

바람직한 행동과 바람직하지 않은 행동을 구별할 수 있도록 학습시키는 방법이다.

10 행동주의 상담의 노출치료법 3가지를 설명하시오.

정답

1) 실제적 노출법 : 실제로 공포자극에 노출하는 방법
2) 심상적 노출법 : 공포자극을 상상하게 하여 노출하는 방법
3) 점진적 노출법 : 공포나 자극의 수위를 낮은 것에서부터 높은 쪽으로 점차 강도를 높이는 방법
4) 홍수법 : 단번에 강한 공포자극에 노출시키는 방법

제 9 절 인지적-정서적 상담

01 인지적-정서적 상담(RET)의 기본개념인 A-B-C-D-E-F의 의미를 쓰시오. (단, 영문표기는 기재할 필요없음)
REBT(인지-정서-행동 상담)의 기본 개념을 A-B-C-D-E 이론을 이용하여 설명하시오.
근거없는 신념 확인하기를 엘리스(Ellis) A~F 이론으로 설명하시오.

정답

1) A : 선행사건 : 내담자에게 발생한 사건이나 행동
2) B : 신념체계 : 선행사건에서 비롯된 비합리적 신념
3) C : 결과 : 비합리적 신념에 의한 부적절한 결과
4) D : 논박 : 내담자의 비합리적인 신념을 수정하기 위한 방법

5) E : 효과 : 비합리적 신념을 논박함으로써 합리적인 신념으로 대치
6) F : 새로운 감정 : 합리적인 신념에서 비롯된 긍정적인 감정

02 REBT의 상담 원리에 대해서 쓰시오.
인지・정서・행동적 상담(REBT)의 기본원리를 6가지만 쓰시오.
인지적・정서적 상담기법에서의 인간에 대한 기본가정과 RET의 기본개념, 그리고 상담의 목표에 대해 설명하시오.

정답
1) 인간에 대한 기본가정
   ① 인간은 합리적 사고와 비합리적 사고의 잠재성을 모두 가지고 태어났다.
   ② 비합리적 신념은 쉽지는 않지만 변화시킬 수 있다.
2) RET의 기본개념(원리)
   ① 인지는 인간정서의 핵심적 요소이다.
   ② 역기능적 사고는 정서 장애의 중요한 결정요인이다.
   ③ 비합리적 사고의 분석부터 시작한다.
   ④ 행동에 대한 과거의 영향보다 현재에 초점을 둔다.
   ⑤ 비록 쉽게 이루어지지는 않지만 인간의 신념은 변화한다고 믿는다.
   ⑥ 인간의 비합리적 사고는 유전과 환경 모두에 영향을 받는다.
3) 상담의 목표
   ① 내담자의 비합리적 신념 체계를 논박을 통해 합리적 신념으로 바꾸고, 궁극적으로 내담자의 삶의 철학 자체를 변화시키는 것이다.
   ② 내담자가 정서적 장애를 최소화하고, 자기 파괴적 행동을 감소시키며, 보다 행복한 삶을 영위하도록 조력한다.

03 비합리적 신념의 뿌리인 당위성 3가지를 쓰시오.
인지-정서적 상담이론에서 개인을 파멸로 몰아넣는 근본적인 문제는 개인이 갖고 있는 비합리적 신념 때문이라고 한다. 대체적으로 비합리적 신념의 뿌리를 이루고 있는 것은 3가지 당위성과 관련되어 있다. 3가지 당위성의 각각의 예를 들어 설명하시오.

정답
1) 자신에 대한 당위성
   나는 반드시 타인으로부터 인정을 받아야만 한다.

2) 타인에 대한 당위성

타인은 반드시 나를 공정하게 대우해야만 한다.

3) 세상에 대한 당위성

세상의 조건들은 내가 원하는 방향으로 돌아가야만 한다.

04 엘리스(Ellis)의 인지·정서·행동적 상담(REBT)에서 사용하는 상담기법을 3가지 쓰고, 각각에 대해 설명하시오.

정답

1) 비합리적 신념 논박하기

내담자가 가지고 있는 비합리적 사고나 신념을 합리적 사고나 신념으로 바꾸도록 촉구한다.

2) 인지적 과제 주기

내담자에게 자신의 문제목록표를 만들고 당위론적 신념을 밝히며 논박하게 하고 비합리적 신념을 줄이기 위한 과제를 부여한다.

3) 내담자의 언어를 변화시키기

상담자는 내담자에게 새로운 자기진술 방식을 학습하게 한다.

4) 합리적 정서 상상

내담자 자신에게 일어날 수 있는 최악의 상황을 상상하게 하여 그 상황과 맞지 않는 부적절한 감정을 적절한 감정으로 변화시키는 방법

5) 유머의 사용

내담자가 필요 이상으로 심각하게 받아들이는 것에 대하여 반박하고 틀에 박힌 생활 철학을 논박하고 조언하는데 사용한다.

05 엘리스의 ABCDE모형에 따라 실직으로 인한 우울증에 걸린 내담자의 상담단계를 쓰시오.

정답

1) A(선행사건) : 내담자가 실직을 경험한다.

2) B(신념체계) : 모든 것이 끝나버렸다.

3) C(결과) : 절망감, 좌절감을 느낀다.

4) D(논박) : 정말 어떤 일도 할 수 없을까? 비합리적 신념에 대한 논박

5) E(효과) : 다른 직장을 찾아 보려고 열심히 노력한다.

06 다음 내용은 내담자의 짧은 호소문이다. 이 호소문의 내용을 참고하여 아래의 각 물음에 답하시오.

> 저는 어렸을 때부터 모범생이었으며, 항상 부모님을 실망시키지 않았습니다. 대학교에서도 우수한 성적으로 졸업하였습니다. 그리고 부모님이나 친척들이 저에게 많은 기대를 하고 있지요.
>
> 좋은 직업을 갖고 내노라하는 직장에 취업할 수 있다고 믿고 있습니다. 사실 제 형제들은 저보다 공부도 잘하지 못했고 좋은 대학도 나오지 못했습니다. 그래서 항상 부모님들은 제가 기쁘게 해드릴 수 있다고 생각합니다. 대학의 학과선택도 부모님의 의견을 존중했었습니다. 전 부모님을 실망시켜 드리고 싶지 않아 열심히 취업준비를 하였습니다.
>
> 그런데 어쩐 일인지 아무리 노력해도 취업하기가 힘듭니다. 이번에 Y회사에 이력서를 냈는데 그르칠까봐 걱정입니다. 더군다나 이번이 그럴듯한 회사의 채용공고가 거의 마지막 기회이기 때문에 실패하게 된다고 생각하니 숨이 막힐 것 같습니다. 어떻게 해서라도 좋은 회사에 취업을 해야만 한다고 생각하니 하루하루 생활이 힘듭니다.

정답

1) 이 내담자를 진단하고, 어떤 기법을 사용해야 하는지를 제시하시오.
   ① 진단 : 강박적 사고
   ② 기법 : REBT 기법

2) 직업 상담을 실시한다면 각 치료단계(5단계)마다 어떤 내용으로 상담을 진행해야 하는지 간략하게 가상적인 상담내용을 기록하시오.
   ① 1단계 : 선행사건 A : 내담자가 Y회사에 입사하려고 한다.
   ② 2단계 : 신념체계 B : 반드시 Y회사에 들어가야만 한다.
   ③ 3단계 : 결과 C : 입사하지 못하면 숨이 막힐 것 같다.
   ④ 4단계 : 논박 D : Y회사 입사에 실패하는 것이 인생의 실패인가?
   ⑤ 5단계 : 효과 E : Y회사보다 좋은 곳이 많으며 재도전의 기회도 존재한다.

3) 호소문에 제시되지는 않았으나 이 내담자가 갖고 있는 예측될 수 있는 문제는 무엇이 있는지 6가지를 쓰시오.
   ① 무기력감   ② 스트레스
   ③ 긴장   ④ 불안
   ⑤ 초조   ⑥ 좌절
   ⑦ 분노   ⑧ 우울감

07 김대리는 업무능력이 높고 남보다 승진이 빠르다. 그러나 사소한 실수를 했다. 상사나 다른 동료들은 아무렇지 않다고 말했지만 김대리는 아니었다. 김대리는 "실수하면 안 된다. 실수하면 회사 생활은 끝이다."라는 생각을 했고, 심리적 혼란을 겪었다. 그래서 전직을 위해 직업상담사를 찾았다. 상담사는 RET 기법으로 김대리를 상담하면 될 것 같아 그렇게 하기로 했다.

정답

1) 이 내담자를 상담할 때의 목표는 어떤 것인가?
   비합리적 신념체계를 제거하고 좀 더 합리적인 신념체계를 가질 수 있도록 돕는다.
2) 이 내담자가 전직하려고 하고, 심리적 혼란을 겪는 원인은 무엇인가?
   "실수하면 안 된다. 실수하면 회사생활은 끝이다."라는 비합리적 신념 때문이다.

08 면접 준비하는 A는 금연을 하기로 결심하였다. 우선 취업면접을 위해 흡연량을 조절하기로 하였는데 이 사례에 있어서 내담자의 상담 목표를 설정하고 그 목표설정의 원리를 3가지 쓰시오.

정답

1) 상담목표 : 현재 하루 2갑의 흡연을 1개월 후 한갑으로 줄인다.
2) 목표설정의 원리
   ① 목표는 구체적이어야 한다.
   ② 목표는 실현가능해야 한다.
   ③ 목표는 내담자가 원하고 바라는 것이어야 한다.
   ④ 목표는 상담자의 기술과 양립 가능해야만 한다.

제 **10** 절 Beck 인지치료법

01 베크(Beck)의 인지적 오류에 대한 치료 절차를 설명하시오.

정답

1) 심리적 문제를 구체화하여 상담목표로 정한다.
2) 인지치료의 기본원리를 설득력 있게 설명

3) 심리적 문제를 불러일으키는 환경적 자극과 자동적 사고를 탐색하고 조사

4) 자동적 사고의 현실적 타당성을 따져본다.

5) 환경적 자극에 대한 보다 객관적이고 타당한 대안적 해석을 탐색해보고 이를 기존의 부정적인 자동적 사고와 대치

6) 역기능적 인지도식의 내용들을 탐색

7) 역기능적 인지도식의 내용을 현실성, 합리성, 유용성 측면에서 검토

8) 현실적이고 합리적인 대안적 인지를 탐색하여 이를 내면화할 수 있도록 유도

02 인지치료에서의 인지적 오류 유형 4가지를 쓰고 간략히 설명하시오.

정답

1) 흑백논리 : 사건의 의미를 이분법적인 범주의 둘 중에 하나로 해석하는 오류

2) 과잉 일반화 : 한두 번의 사건에 근거하여 일반적인 결론을 내리는 오류

3) 선택적 추상화 : 특정한 일부의 정보에만 주의를 기울여 전체의 의미를 해석하는 오류

4) 의미확대, 의미축소 : 사건의 의미를 지나치게 과장하거나 축소하는 오류

5) 임의적 추론 : 어떤 결론을 내리기에 충분한 근거가 없는데도 최종적인 결론을 성급하게 내려버리는 오류

03 실직하고 나서 "나는 무능하다"라는 부정적인 자동적 사고가 떠올라 우울감에 빠진 내담자에게 베크(Beck)의 인지행동적 상담을 한다. 이 내담자의 부정적인 자동적 사고와 이에 대한 반박, 긍정적인 대안적 사고를 찾게 하기 위한 방법에 대해 설명하시오.

정답

1) 내담자의 부정적인 자동적 사고
실직하면 무능하다는 이분법적 사고이다.

2) 반박
실직한 모든 사람이 모두 무능하다고 생각하는 이유가 뭐죠?

3) 긍정적 사고를 찾게 하기 위한 방법
자신감을 가질 수 있는 문장을 외워서 긍정적 사고로 전환할 수 있게 한다.

04 정신분석적 심리치료, 인간중심의 치료, 행동수정 및 인지적 접근은 모든 심리 상담에 영향을 미치는 기초이론이라고 할 수 있다. 이 4가지 상담이론들의 공통적인 접근 방법 3가지를 쓰시오.

> **정답**
>
> 1) 상담과정의 노력은 자기 이해의 촉진에 있다.
> 2) 상담자의 개입은 내담자의 수준 및 문제의 속성에 맞게 점진적으로 진행한다.
> 3) 상담의 결과는 대인관계의 학습과 불안 및 긴장의 감소이다.

제 11 절   포괄적 직업상담

01 Crites는 직업상담에서의 문제유형 분류에서 흥미와 적성을 3가지 변인들과 관련지어 분류하였다. 3가지 변인을 쓰고, 각각에 대해 설명하시오.

> **정답**
>
> 1) 적응성 : 적응형과 부적응형으로 분류된다.
> 2) 결정성 : 다재다능형과 우유부단형으로 분류된다.
> 3) 현실성 : 비현실형, 불충족형, 강압형으로 분류된다.

02 크리츠(Crites)의 포괄적 직업상담의 3단계 상담과정을 설명하시오.

> **정답**
>
> 1) 진단의 단계
>   내담자에 대한 검사자료와 상담을 통한 자료가 수집되는 단계
> 2) 명료화 또는 해석의 단계
>   의사결정 과정을 방해하는 태도와 행동을 명료화하고 해석하여 대안을 탐색하는 단계
> 3) 문제해결의 단계
>   내담자가 문제해결을 위해 어떤 행동을 취해야 하는지 결정하는 단계

제 **12** 절　정신역동 직업상담

01 Bordin은 정신역동적 직업상담을 체계화 하면서 직업문제의 진단에 관한 새로운 관점을 제시하였다. 그가 제시한 직업문제의 심리적 원인 5가지를 열거하시오.

정답

1) 의존성
　자신의 진로문제를 해결하고 책임을 지는 것이 어렵다고 느껴서 지나치게 다른 사람들에게 의존한다.
2) 정보의 부족
　적합한 정보에 접할 기회가 없기 때문에 현명한 선택을 하지 못하는 경우가 많다.
3) 문제가 없음(불확신)
　내담자가 현명한 선택을 한 후에 확신감이 없다.
4) 선택의 불안
　진로 선택 시 개인은 불안을 경험한다.
5) 자아갈등(내적갈등)
　진로선택이나 기타 삶에서 중요한 결정을 내려야 하는 경우에 개인은 갈등을 겪게 된다.

02 정신역동적 직업상담 모형을 구체화시킨 보딘은 직업상담 과정을 3단계로 구분하였다. 각 단계를 쓰고 각각에 대해 설명하시오.

정답

1) 1단계 : 탐색과 계약체결
　방어의 의미를 탐색하고 상담과정을 구조화하여 계약을 체결
2) 2단계 : 중대한 결정의 단계
　성격에 맞춰 직업을 선택할 것인지 직업에 맞춰 성격을 변화시킬 것인지를 결정
3) 3단계 : 변화를 위한 노력의 단계
　성격, 흥미, 욕구 등에서 변화가 필요하면 그 부분에 대해 변화하려는 노력이 이루어지는 단계

03 보딘의 정신역동적 직업상담의 주요기법을 쓰시오.

> 정답

1) 명료화

　내담자의 생각과 감정을 명료화한다.

2) 비교

　유사점과 차이점을 비교한다.

3) 소망－방어체계

　소망과 방어체계를 해석해 준다.

제 **13** 절　**발달적 직업상담**

01 슈퍼의 발달적 직업상담 6단계를 순서대로 쓰시오.

슈퍼의 발달적 직업상담 6단계를 설명하시오.

> 정답

1) 문제탐색 : 내담자가 자신의 문제를 탐색하고 자아개념을 추구할 수 있도록 한다.
2) 심층적 탐색 : 내담자 자신에 대하여 심층적 탐색을 하여 주제를 설정한다.
3) 자아수용 : 자아를 수용하고 통찰할 수 있도록 사고와 감정을 명료화한다.
4) 현실검증 : 현실검증을 위해 심리검사, 직업정보 분석 등 현실성을 탐색한다.
5) 태도와 감정의 탐색과 처리 : 현실검증으로 얻은 태도와 느낌을 통해 자신과 일의 세계에 대해 탐색하고 처리한다.
6) 의사결정 : 의사결정을 돕기 위한 대안과 행동에 대해 고찰한다.

02 슈퍼의 발달적 직업상담에서 진단을 위한 3가지 평가유형을 설명하시오.

발달적 직업상담에서 Super는 진단이라는 용어 대신에 평가라는 말을 사용했다. Super가 제시한 3가지 평가를 쓰고 설명하시오.

> 정답

1) 문제의 평가 : 내담자가 경험하고 있는 어려움과 진로상담에 대한 기대가 평가된다.

2) <u>개인의 평가</u> : 심리 검사와 사회적인 각종 통계자료 등을 통해 내담자의 적성, 흥미, 능력 등을 평가한다.

3) <u>예언의 평가</u> : 문제의 평가와 개인의 평가를 바탕으로 내담자가 성공하고 만족할 수 있는 직업에 대한 예언이 이루어진다.

03 발달적 직업상담에서 직업상담사가 사용할 수 있는 기법으로 '진로자서전'과 '의사결정일 기'가 있다. 각각에 대해 설명하시오.

정답

1) <u>진로자서전</u> : 내담자가 과거에 진로 의사결정을 어떻게 했는지를 알아보는 재검토 자료이다.

2) <u>의사결정 일기</u> : 내담자가 매일 어떤 결정을 하는지 현재 상황을 설명해 주는 것으로 진로자서전의 보충역할을 한다.

03 직업상담 기법

 제 1 절 **초기 면담의 의미**

01 상담자가 내담자에게 좋은 영향을 줄 수 있는 언어적 행동과 비언어적 행동을 3가지씩 쓰시오.

정답

1) 언어적 행동
   ① 해명
   ② 재진술
   ③ 종합적 느낌
2) 비언어적 행동
   ① 눈맞춤　　　　　　② 미소
   ③ 끄덕임　　　　　　④ 몸짓
   ⑤ 기울임

02 상담에서 상담자와 내담자의 대화를 가로막을 수 있는 상담자의 반응을 3가지만 쓰고 각각에 대해 설명하시오.

정답

1) 이른조언 : 상담초기에 상담자는 내담자에 대해 충분히 알지 못하기 때문에 부적합하다.
2) 가르치기 : 내담자는 자신에 대한 이야기를 더 이상 하지 않거나, 방어적인 태도를 보이게 된다.
3) 과도한 질문 : 내담자는 상담하는 것이 아니라 상대가 캐묻는다고 느끼게 된다.

03 생애진로사정 시 사용되는 직업가계도의 의미와 활용에 대해 설명하시오.
직업가계도에 대해 설명하시오.

정답

1) 의미

   내담자의 부모, 숙모와 삼촌, 형제자매 등의 직업들을 도해로 표시하는 것
2) 활용

   ① 내담자의 가계력을 분석하여 직업에 대한 고정관념을 알아본다.

   ② 내담자의 직업적 가치와 흥미에 대한 근본 원인을 알아본다.

   ③ 내담자 집안사람들의 성공담과 실패담을 알아본다.

   ④ 내담자의 역할을 명확히 인식하도록 도와준다.

04 직업상담의 구조화된 면담법으로 생애진로사정의 구조 4가지에 대하여 설명하시오.
생애진로 평가의 의미를 쓰고 알 수 있는 정보 3가지를 쓰시오.

정답

1) 의미

   내담자에 관한 가장 기초적인 직업상담정보를 얻는 질적 평가절차이며, 아들러(Adler)의
   개인주의 심리학에 기반을 두고 있다. 생애진로사정은 내담자가 인생의 가치관이 무엇인
   지, 또 그런 가치관이 어떻게 자신의 행동을 지배하는지를 확인하고 명확하게 인식하도록
   돕기 위한 과정이다.
2) 생애진로사정(LCA)의 구조

   ① 진로사정

   내담자의 직업경험, 교육훈련, 여가활동 등에 대해 파악한다.

   ② 전형적인 하루

   내담자가 일상생활을 어떻게 조직하는가를 파악한다.

   ③ 강점과 장애

   내담자가 믿고 있는 장점과 단점, 잘하는 일과 못하는 일이 무엇인지 물어본다.

   ④ 요약

   수집된 정보를 강조하고 진로계획을 향상시키기 위해 상담을 통해 목표를 성취하도록
   자극한다.
3) 구체적으로 얻을 수 있는 정보

   ① 내담자의 직업경험과 교육수준을 나타내는 객관적인 사실

   ② 내담자 자신의 기술과 능력에 대한 자기평가

   ③ 내담자 자신의 가치와 자기인식

05 생애진로사정의 구조 중 진로사정의 3가지 부분을 설명하시오.

> **정답**

1) 직업 경험

과거 또는 현재의 직업을 서술하게 하고 가장 좋았던 것과 싫었던 것을 적도록 한다.

2) 교육 또는 훈련

교육 또는 훈련경험에 대한 일반적인 진로경로를 작성하게 한다.

3) 여가활동

여가시간에 무엇을 하는지 질문한다.

제 2 절 내담자 사정

01 상호역할관계 사정법 3가지를 쓰시오.

> **정답**

1) 질문을 통해 사정하기

2) 동그라미로 역할관계 그리기

3) 생애-계획연습으로 전환하기

02 상호역할관계 사정의 주요용도 3가지를 쓰시오.

> **정답**

1) 작업(일)의 인식을 높여주는 자극제로 쓰인다.

2) 삶의 다른 역할들에 부정적인 영향을 주는 직업전환을 피해갈 수 있도록 내담자를 돕는 수단으로 쓰인다.

3) 보완적인 역할들을 찾아내는 수단으로 쓰인다.

03 내담자의 성격사정 목적 3가지를 설명하시오.

정답

1) 자기인식을 증진시킬 수 있다.
2) 작업 불만족의 근원을 확인할 수 있다.
3) 좋아하는 일역할, 작업기능, 작업환경을 확인할 수 있다.

04 자기보고식 가치사정 방법 6가지를 쓰시오.

정답

1) 체크목록의 가치에 순위 매기기
2) 존경하는 사람 기술하기
3) 백일몽 말하기
4) 과거의 선택 회상하기
5) 자유시간과 금전의 사용
6) 절정경험 조사하기

05 가치사정의 용도 3가지를 쓰시오.

정답

1) 저수준의 동기·성취의 확인
2) 개인의 성격, 흥미 사정의 예비단계
3) 진로선택이나 전환의 전략
4) 자기인식의 발전
5) 현재의 직업불만족의 근거 확인
6) 역할갈등의 근거 확인

06 코틀의 원형검사에서 원의 의미, 원의 크기, 원의 배치의 의미를 설명하시오.

정답

1) 원의 의미 : 과거, 현재, 미래의 시간 차원을 나타낸다.
2) 원의 크기의 의미 : 시간차원에 대한 상대적 친밀감을 나타낸다.
3) 원의 배치의 의미 : 시간차원의 연관성을 나타낸다.

07 진로시간전망 검사 중 원형검사(The Circles test)에서 시간전망 개입의 3가지 차원을 쓰고 각각에 대해 설명하시오.

정답

1) 방향성 : 미래에 대한 낙관적인 입장을 구성하여 미래지향성을 증진시킨다.
2) 변별성 : 미래를 현실처럼 느끼게 하고, 목표를 신속하게 설정하도록 하는 데 있다.
3) 통합성 : 현재 행동과 미래의 결과를 연결시키고, 진로에 대한 인식을 증진시킨다.

08 진로시간 전망 검사지의 용도 5가지를 쓰시오.

정답

1) 미래 방향성 증대
2) 미래가 실제인 것처럼 느끼도록 하기 위해
3) 미래에 대한 희망주기
4) 기술계획 연습하기
5) 목표설정 촉구하기
6) 진로의식 높이기
7) 계획에 대한 긍정적인 태도 강화

09 인지적 명확성의 부족을 나타내는 내담자 유형을 6가지만 쓰시오.

정답

내담자의 유형	개입
1) 강박적 사고	REBT 기법
2) 원인과 결과 착오	논리적 분석
3) 양면적 사고	역설적 사고
4) 파행적 의사소통	저항에 다시 초점맞추기
5) 가정된 불가능/불가피성	논리적 분석, 격려
6) 단순오정보	정보제공
7) 구체성 결여	구체화시키기

제 **3** 절 **내담자의 정보 및 행동에 대한 이해**

01 진로상담과정에서 관계를 수립하고 문제를 파악하는데 필요한 기본 상담기술 5가지를 설명하시오.
적극적 경청, 명료화, 직면, 공감 4가지 상담기법에 대해 설명하시오.
상담자가 갖추어야 할 기본 기술인 적극적 경청, 공감, 직면에 대하여 각각 설명하시오.

정답

1) 적극적 경청
   내담자의 생각이나 기분을 이해하고 감정까지 파악하는 것
2) 명료화
   내담자의 이야기 중에서 모호한 부분에 대하여 분명하게 하는 작업
3) 반영
   내담자의 말을 다른 참신한 말로 부연해주는 것
4) 직면
   내담자의 말에 모순이 있는 경우 상담자의 지적해주는 것
5) 공감
   상담자가 내담자의 입장이 되어 이해하고 받아들이는 것

6) 환언

내담자의 이야기를 듣고 나서 상담자가 자기의 표현양식으로 바꾸어 말해주는 것

7) 구조화

시간·행동·역할 등의 제한 범위를 분명히 정의해 주는 것

8) 요약

어러 생각과 감정을 상담이 끝날 무렵 정리하는 것

9) 해석

내담자로 하여금 자기의 문제를 새로운 각도에서 이해하도록 그의 생활경험과 행동의 의미를 설명하는 것

10) 수용

내담자의 말을 받아들이고 있다는 상담자의 태도와 반응

---

02 **내담자의 말에 대하여 높은 수준으로 공감적 이해로 상담하시오.**

> 내담자 : 남자직원들과 똑같이 입사시험을 치르고 정당하게 입사를 했는데 여직원들
> 에게만 커피를 타게 해요.

정답

정말 힘드시겠네요. 다른 직원들과 똑같이 입사시험을 치르고 합격을 했음에도 불구하고, 여직원이라는 이유로 커피 심부름을 시키다니, 다른 남자직원들과 차별받는다는 생각에 화가 많이 나실 것 같아요. 업무능력이나 실력이 아니라 단지 여성이라는 이유만으로 차별적인 처우를 받는다고 생각하니 제 마음도 많이 아프네요.

---

03 **직면(사례)에 대해 대응(상담)하라.**

> 내담자 : 대학원에 가고 싶고, 상담을 배워서 상담사가 되고 싶은데 놀고만 싶어요.

정답

대학원에 가고 싶은 이유가 상담사가 되기 위해서라기보다는 힘들게 느껴지는 사회생활과 취업이 어려운 현실을 회피하고 좀 더 편하게 지내고 싶어서 대학원에 진학하려고 하는 것 아닌가요?

04 상담을 위한 면접에서 기본적으로 활용하는 방법인 '해석'을 하는데 있어서 중요한 제한점을 2가지 기술하시오.

정답

1) 내담자에게 저항이 일어났다면 이때는 내담자의 자기탐색을 감소시키는 결과를 초래한다.
2) 내담자가 내면적 감정을 들어내지 않으려는 방어수단으로 주지화 하려는 경향을 초래할 수 있다.
3) 자기이해가 이루어지지 않았을 때 성급한 해석을 내리지 말아야 한다.
4) 내담자가 해석을 받아들일 준비가 되었을 때 해석하여야 한다.

05 상담 시 구조화의 방법을 쓰시오.
상담의 초기에 상담진행방식에 대한 교육(구조화)에서 이루어져야 할 내용들을 설명하시오.

정답

1) 상담자와 내담자의 역할에 대하여 설명한다.
2) 상담의 시간과 비용에 대하여 설명한다.
3) 비밀보장의 한계에 대하여 설명한다.
4) 상담자와 내담자의 책임에 대하여 설명한다.
5) 상담과정과 목표를 구조화 한다.

06 내담자와 관련된 정보를 수집하고 내담자의 행동을 이해하고, 해석하는데 기본이 되는 상담기법 6가지를 쓰시오.
내담자의 정보 및 행동에 대한 이해 기법 중 가정 사용하기, 왜곡된 사고 확인하기, 변명에 초점 맞추기를 간략히 설명하시오.

정답

1) 가정 사용하기
   내담자가 그러한 행동이 이미 존재했다는 것을 가정하여 내담자의 행동을 추측하는 것이다.
2) 왜곡된 사고 확인하기
   결론도출, 정보의 부적절하거나 부분적인 일반화, 관념 등에서 정보의 한 부분만을 보는 경우이다.

3) 변명에 초점 맞추기

책임회피하기, 결과를 다르게 조직하기, 책임을 변형시키기 등과 같은 변명의 개념을 조사해보는 것이다.

4) 전이된 오류 정정하기

정보의 오류, 한계의 오류, 논리적 오류가 있다.

5) 저항감 재인식하기 및 다루기

저항의 목적이 무엇인지를 이해하고 재인식하여 다루는 기술이 필요하다.

6) 의미있는 질문 및 지시 사용하기

가정법을 지지하는 의미있는 질문과 지시를 사용하는 기법이다.

7) 분류 및 재구성하기

내담자의 표현을 분류하고 재구성하여 내담자가 자신의 세계를 다른 각도에서 바라볼 수 있는 기회를 갖게 해 준다.

8) 근거없는 믿음 확인하기

잘못된 믿음을 가진 사람들에게 그들의 믿음과 노력이 근거 없는 잘못된 것이라는 것을 알게한다.

9) 반성의 장 마련하기

내담자 자신, 타인, 내담자가 살고 있는 세상 등에 대해 판단을 내릴 수 있는 상황을 만들어 주는 것이다.

07 내담자의 정보 및 행동 이해하기 기법 중 전이된 오류의 유형 3가지를 쓰고 설명하시오.

정답

1) 정보의 오류

내담자가 실제의 경험과 행동을 이야기함에 있어서 대강대강 이야기할 때 나타난다.
① 삭제
② 불확실한 인물의 인용
③ 불명확한 동사의 사용
④ 참고자료
⑤ 제한된 어투의 사용

2) 한계의 오류

내담자가 경험이나 느낌의 한정된 정보만을 노출시킬 때 나타난다.
① 예외를 인정하지 않는 것
② 불가능을 가정하는 것
③ 어쩔 수 없음을 가정하는 것

3) 논리적 오류

내담자가 논리적인 관계가 맞지 않는 왜곡된 생각을 가질 때 나타난다.

① 잘못된 인간관계의 오류

② 마음의 해석

③ 제한된 일반화

08 직업상담 시 저항적이고 동기화되지 않은 내담자들을 동기화시키기 위한 효과적인 전략 3가지를 쓰고 설명하시오.

정답

1) 내담자와 친숙해지기

상담자는 내담자를 이해하고 있음을 내담자에게 알림으로써 친숙해질 수 있다.

2) 은유 사용하기

내담자가 이야기 속에서의 문제해결 방법을 통하여 자신의 문제해결의 실마리를 찾을 수 있다.

3) 대결하기

내담자의 구체적인 행위를 지적하는 것이다.

4) 변형된 오류 수정하기

변형된 오류에 초점을 맞춤으로써 내담자가 피하고 싶은 유형과 부정적 독백을 부정하는 데 도움이 된다.

09 상담자가 자신의 관심을 충족시키기 위하는 질문이 아니라 내담자 스스로가 자신과 자신의 문제를 자유로이 탐색하도록 허용함으로써 내담자 자신의 이해를 증진시키는 탐색적 질문을 하는 과정에서 상담자가 유의해야 할 사항 3가지를 쓰시오.

정답

1) 폐쇄형 질문보다 개방형 질문을 사용하도록 한다.

2) 내담자의 감정을 이끌어 낼 수 있는 질문을 사용하도록 한다.

3) 내담자 자신의 문제를 명료화 하도록 돕는 질문을 사용하도록 한다.

제 4 절 직업상담 기법 활용하기

01 12개월된 장기 만성적 직업부적응자에게 적용할 상담 프로그램에 대해서 서술하시오.

정답

1) 이 내담자에게 적용하는 프로그램 모형(6가지)의 목적과 내용
   ① 목적 : 프로그램을 적용하여 <u>내담자의 취업효능감과 경쟁력을 높인다.</u>
   ② 내용 : <u>실업스트레스 대처 프로그램</u>
   　　　　　<u>자기관리 프로그램</u>
   　　　　　<u>무력감 극복 프로그램</u>
   　　　　　<u>취업 효능감 증진 프로그램</u>
   　　　　　<u>경쟁력 강화 프로그램</u>
   　　　　　<u>구직활동 증진 프로그램</u>
2) 평가 및 상담단계 (6단계)
   ① 장기 만성적 직업 부적응자는 <u>적성 및 흥미검사를 실시하여</u> 자신의 적성, 흥미, 능력을 이해하고 자신이 필요로 하는 <u>직업정보를 수집, 분석, 종합하여 만족스러운 결정을 내려서 직업을 갖도록 해야 한다.</u>
   ② <u>분석－종합－진단－예후－상담－추수지도</u>
3) 누구들의 어떤 이론에 근거하는가?
   <u>윌리암슨의 특성－요인 이론</u>

02 구조조정으로 인한 실직자의 특성과 직업지도 방법을 2가지씩 쓰시오.

정답

1) 구조조정 당한 실직자의 특성
   ① <u>조직에 대한 신뢰감을 상실한다.</u>
   ② <u>무력감을 느끼고 구직활동에 대한 열의가 낮다.</u>
2) 직업지도방법
   ① <u>내담자의 비합리적 신념을 합리적 신념으로 전환한다.</u>
   ② <u>직업전환프로그램이나 취업알선 프로그램에 대한 정보를 제공한다.</u>

03 공황장애에 대하여 설명하고 인지 행동적 치료기법으로 치료하는 방법에 대해 설명하시오.

정답

1) 정의 : 공포의 생리적 증후(숨이 참, 근육경련, 어지러움)가 수반되면서 공포와 불안을 느끼는 하나의 불안 장애이다.
2) 치료방법 : 왜곡된 생각과 행동을 교정해서 불안이나 공포를 감소시켜 준다.

04 자살 의향을 가진 내담자를 상담하는 방법을 설명하시오.

정답

1) 우선 내담자가 상담에 임할 수 있는 분위기를 조성한다.
2) 내담자와 라포 형성을 위해 노력한다.
3) 근육이완훈련으로 긴장과 불안을 감소시킨다.
4) 자살하고 싶은 구체적인 이유를 탐색하여 체계적 둔감법을 실시한다.
5) 실존주의 상담을 통한 인간존재의 참된 의미와 긍정적 사고를 갖도록 도와준다.

05 리프탁(Liptak)이 제시한 자발적 실직을 경험한 내담자들에게서 나타나는 5가지 비합리적 신념을 쓰시오.

정답

1) 직업을 구하기 위해 완전한 직업탐구가 이루어져야 한다는 신념
2) 직업상담가는 전문가이기 때문에 내담자에게 직업을 찾아 줄 것이라는 신념
3) 면접 후 거절 당하는 것은 재앙과도 같다라는 신념
4) 직업탐구가 더 이상 필요로 하지 않을 것이기 때문에 직업탐색 기법을 습득할 필요가 없다는 신념
5) 직업탐색 과정에 대하여 신경 쓰고 몰두해야만 한다는 신념

06 재직한 근로자가 실업자보다 잠재적인 5가지 특성을 가지는 요인이 있다. 박탈이론에 의한 재직 근로자의 잠재적 특성 5가지를 약술하시오.
실업과 관련된 Jahoda의 박탈이론에 따르면 일반적으로 고용상태에 있게 되면 실직상태에 있는 것보다 여러 가지 잠재효과가 있다고 한다. 고용으로 인한 잠재적 효과를 5가지만 기술하시오.

정답

1) 시간 조직화 효과 : 근무일에 대한 시간을 계획하고 조직한다.
2) 사회적 접촉 효과 : 가족 이외의 사람들과 접촉하여 사교적인 범위를 넓힐 수 있다.
3) 공동의 목표에 참여 : 공동의 목표에 참가함으로써 자신이 쓸모 있음을 느낄 수 있다.
4) 사회적인 정체감/신분획득 : 사회에서 인증받는 직장에 있음으로써 자신의 정체감을 느끼고 사회적 지위를 가진다.
5) 활동/활발함의 효과 : 육체적인 활동을 활발히 하여 의미있는 정규적인 활동으로 바쁘다.

07 Healy의 긍정적으로 자기를 인지하고 자신감을 높이기 위한 8가지 원칙 중 5가지를 기술하시오.

정답

1) 그들의 삶이 의미있게 관찰되고 숙고될 때 자기 인식이 증가한다.
2) 다양한 행위를 경험하고 그것을 숙고할 때 자기인식능력이 증가한다.
3) 노력의 결과를 긍정적으로 강화하고 성공하는 방법을 배울 때 자기인식이 증가한다.
4) 역량이 있다고 기대되는 것을 개발하고 독려할 때 자기인식과 자신감이 증가한다.
5) 관찰한 피드백을 얻고 통합할 때 자기인식과 자신감이 증가한다.
6) 보조적인 수단이 줄어들고 기록과 성취가 검토될 때 증가한다.
7) 상담가가 체계적으로 목표와 목적을 갖고 적당한 모델을 가지고 프로그램을 계획할 때 자기인식과 자신감이 증가한다.
8) 다른 사람들에게 가르치기 위해서 정보를 얻고 조직화하도록 안내를 받을 때 자기인식과 자신감이 증가한다.

08 Lazarus가 개발한 다중양식치료의 핵심개념인 BASIC - ID를 설명하시오.

정답

1) B(행동)
   얼마나 행동적인가?
2) A(정서, 감정)
   얼마나 정서적인가?
3) S(감각)
   얼마나 감각으로부터 오는 쾌와 고통에 초점을 맞추는가?
4) I(심상)
   생생한 상상을 하는가?
5) C(인지)
   일이 되는 과정을 추론하기를 좋아하는가?
6) I(대인관계)
   얼마나 사교적인가?
7) D(약물/섭식)
   불필요한 약물과 해로운 물질의 복용을 피하는가?

09 저항의 의미와 유형을 설명하시오.

정답

1) 의미
   상담을 방해하고 상담자에게 협조하지 않으려는 내담자의 무의식적인 행동
2) 유형
   ① 침묵
   ② 대답 회피하기
   ③ 약속어김
   ④ 지각

직업심리학

VOCATIONAL COUNSELOR

직업심리검사 개론

제 1 절   직업심리검사의 이해

●○○
01 심리검사의 목적 3가지를 쓰고 이를 간단히 설명하시오.
심리검사의 목적 3가지를 기술하시오.

정답

1) 예측 : 심리검사를 통하여 <u>그 사람의 장래 행동이나 성취 등을 예측한다.</u>
2) 분류 및 진단 : 심리검사 결과를 통하여 <u>피검자에 대한 분류 및 진단을 할 수 있다.</u>
3) 자기 이해의 증진 : 현명한 의사결정과 합리적 행동을 위한 <u>자기이해를 증진시킬 수 있다.</u>
4) 측정과 평가 : 내담자의 현재의 발달 정도와 수준을 측정하고 평가한다.

●●○
02 직업상담에서 사용할 검사를 선정할 때 고려해야 하는 기준 5가지를 설명하시오.
직업상담에서 검사선정의 대표적 기준을 쓰시오.

정답

1) 내담자의 <u>문제에 적합한 검사를 선정해야 한다.</u>
2) 상담의 <u>목적에 적합한 검사를 선정해야 한다.</u>
3) <u>신뢰도와 타당도가 높은 표준화된 검사를 선정해야 한다.</u>
4) <u>사회 윤리적으로 문제가 없는 검사를 선정해야 한다.</u>
5) 검사의 <u>실시가 간편하고 채점이 쉬운 검사를 선정해야 한다.</u>

03 직업상담에서 검사선택 시 고려해야 할 사항 3가지를 쓰시오.

정답

1) 검사의 사용여부
2) 검사도구의 심리측정적 속성
3) 검사선택에 내담자 포함시키기

04 검사점수의 변량에 영향을 미치는 요인 중 개인의 일시적이고 독특한 특성 4가지를 기술하시오.

정답

1) 특수한 검사과제에 대한 이해
2) 특정한 검사자료를 다루는 독특한 기교나 기술
3) 특정한 검사에 대한 순간적인 마음가짐
4) 특수한 기능이 포함된 분야에서의 연습의 정도
5) 특별한 검사에 대해 일시적으로 특정하게 반응하는 습관

05 검사점수의 변량에 영향을 미치는 요인 중에서 개인의 일시적이고 일반적인 특성 4가지는 무엇인가?

정답

1) 피로
2) 동기
3) 물리적 조건과 환경
4) 육체적 건강
5) 정서적 건강

06 심리검사의 결과에 영향을 미치는 검사자 변인과 수검자 변인 중 강화효과, 기대효과, 코칭효과를 설명하시오.

> **정답**

1) 강화효과 : 수검자에 대한 강화는 특별한 의미가 있고, 이러한 강화는 검사점수에 결정적인 영향을 미칠 수 있다.
2) 기대효과 : 검사자가 어떻게 기대하는가에 따라 기대하는 방향과 유사한 검사결과가 나타나는 것이다.
3) 코칭효과 : 어떤 검사를 받으려는 수검자가 그 검사나 유사한 검사로 검사내용과 방법에 대해 설명, 지시, 조언 또는 훈련하는 행위를 말한다.

제 2 절　측정과 검사

01 중앙값(대푯값) 3가지를 쓰시오.

> **정답**

1) 평　균 : 집단에 속한 모든 점수를 합해서 사례수로 나눈 값이다.
2) 중앙값 : 자료를 크기 순서대로 나열하여 중앙에 위치하는 값을 말한다.
3) 최빈값 : 측정값 중 빈도가 가장 많은 값을 말한다.

02 어떤 집단의 심리검사 점수가 분산되어 있는 정도를 판단하기 위하여 사용되는 기준 3가지를 쓰고, 그 의미를 설명하시오.
심리검사점수의 분포정도를 판단하는 기준 2가지를 설명하시오.

> **정답**

1) 범위
   한 점수 분포에서 최고점수와 최저점수의 차를 의미
2) 표준편차
   각 점수가 평균치에서 얼마나 멀리 떨어져 있는가를 나타내는 것
3) 사분위 편차
   점수를 크기순으로 나열한 후 상위 25%와 하위 25%의 위치에 해당하는 점수의 범위를 2로 나누어 계산

03 규준을 만들기 위한 표집방법 3가지를 쓰고 각각에 대해 설명하시오.
확률표집 방법에 대하여 3종류를 쓰시오.

정답

1) 단순무선표집
   구성원에게 일련의 번호를 부여하고 무작위로 필요한 만큼 표집
2) 층화표집
   모집단을 몇 개의 이질적인 하위집단으로 구분하고 각 집단으로부터 무작위로 필요한
   만큼 표집
   예 대학 구성원의 특성을 성별, 전공으로 층별한 후 각 층으로부터 필요한 만큼 단순무선
   표집하는 방법
3) 집락표집
   모집단을 서로 동질적인 하위집단으로 구분하고 집단자체를 표집
   예 서울의 15개 구 중에서 2개구를 뽑아 전수조사 하는 방법

04 계통표집에 대해 각각 사례를 들어 설명하시오.

정답

첫 번째 요소를 무작위로 선정한 다음 그 요소로부터 매 n번째의 요소를 계속 선정하는
방법
예 1,000명의 대학생 집단에서 50명의 표본을 선정하고자 한다면 1~20 숫자 가운데 한
숫자를 무작위로 선정한 다음 매 20번째 요소를 표집하는 방법

05 측정의 신뢰성(reliability)을 높이기 위해서는 측정오차(measurement error)를 최대한
줄여야 한다. 이의 구체적인 방법들에 대하여 기술하시오.

정답

1) 오차변량을 줄인다.
2) 검사실시와 채점과정을 표준화한다.
3) 신뢰도에 나쁜 영향을 주는 문항을 제거한다.
4) 문항수를 늘린다.
5) 신뢰성이 검증된 표준화된 검사를 사용한다.

06 표준화된 심리검사에는 집단내 규준이 포함되어 있다. 집단내 규준을 3가지만 쓰고, 각각에 대해 간략히 설명하시오.
규준의 유형 중 백분위 점수, 표준점수, 표준등급의 의미를 기술하시오.
집단내 규준의 종류를 3가지 적고 설명하시오.

정답

1) 백분위 점수
   개인의 점수가 규준집단에서 차지하는 상대적 위치를 백분위로 나타낸 점수
2) 표준점수
   분포의 표준편차를 이용하여 개인의 점수가 평균으로부터 벗어난 거리를 표시하는 것
3) 표준등급
   원점수를 크기 순서에 따라 배열한 후 백분율에 맞추어 매긴 등급

07 규준의 종류 중 발달규준을 3가지 쓰고, 각각에 대해 설명하시오.

정답

1) 연령규준
   개인의 점수를 규준 집단에 있는 사람들의 연령에 비교해서 몇 살에 해당되는지를 해석할 수 있게 하는 방법이다.
2) 학년규준
   학년별 평균이나 중앙치를 이용해서 규준을 제작하는 방법이다.
3) 단계규준(서열규준, 수준규준)
   한 개인의 행동이 어느 발달단계에 도달해 있는지를 나타내는 방법이다.

08 심리검사는 규준에 의한 검사와 준거에 의한 검사로 나눌 수 있는데 그 의미와 예를 들어 설명하시오.

정답

1) 규준참조검사
   개인의 점수를 다른 사람들의 점수와 비교하여 상대적으로 어떤 점수인지 알아보는 것
   (예 상대평가-심리검사, 선발검사)

2) 준거참조검사

어떤 기준점수와 비교하여 높낮이를 알아보는 검사

(예 절대평가-국가기술자격시험, 운전면허시험)

09 어떤 사람이나 사물을 평가할 때 사용하는 기준, 판단을 할 때 참조점으로 사용하는 것을 준거라고 한다. 개념준거와 실제준거의 의미를 예를 들어 설명하시오.

정답

1) 개념준거

연구자가 측정하고자 하는 준거를 이론적으로 정의한 것

(예 이론적 개념-지적성장, 정서적 성장, 시민의식)

2) 실제준거

개념준거를 실제로 측정하는 준거

(예 통계치-대학평균학점, 정서적 성숙에 대한 지도교수의 평점, 대학생활 중 가입한 자원봉사 조직의 수)

10 측정의 표준오차(SEM)가 무엇인지를 예를 들어 설명하시오.

정답

진점수가 100점이고 측정의 표준오차가 3이라면, 그 검사를 여러번 측정했을 때 개인의 점수의 68%는 97~103점 사이에 위치하며, 95% 신뢰구간에서는 94~106점 사이에 있다고 할 수 있다.

11 척도의 종류 4가지를 설명하시오.

직업심리검사에서 측정의 기본단위인 척도의 4가지 유형을 쓰고 의미를 간단히 설명하시오.

정답

1) 명명척도

숫자의 차이로 측정한 속성이 대상에 따라 다르다는 것만 나타내는 척도

예 운동선수의 번호, 남자1 여자2로 나타내는 경우는 명명척도에 의한 것이다.

2) 서열척도

명명척도가 제공하는 정보 외에 추가로 순위관계에 관한 정보를 나타내는 척도

예 시험결과에 따라 학급석차를 매기는 경우는 서열척도에 의한 것이다.

3) 등간척도

위의 두 가지 척도가 제공하는 정보 외에 추가로 수치사이의 간격이 동일하다는 정보를 나타내는 척도

예 온도의 10℃와 20℃는 40℃와 50℃와의 간격은 같다. 이 경우는 등간척도에 의한 것이다.

4) 비율척도

위의 세가지 척도가 제공하는 정보 외에 추가로 수의 비율에 관한 정보를 나타내는 척도

예 50kg의 몸무게가 25kg의 두배인 것은 비율척도에 의한 것이다.

12 심리검사에서 가장 흔히 사용되고 있는 전통적인 척도화 방식을 3가지 쓰고, 각각에 대해 설명하시오.

정답

1) 리커트 척도 : 응답자들의 개인적인 차이를 알아보려 할 때 사용한다.
2) 서스톤 척도 : 자극들의 특성차이를 알아보려는 것이다.
3) 거트만 척도 : 응답자의 개인특성의 차이와 자극특성의 차이를 동시에 알아보려는 방법이다.

제 **3** 절 **점수해석**

01 심리검사 결과 해석 시 유의점 4가지를 기술하시오.
심리검사의 해석과정에서 유의점에 대해 쓰시오.

정답

1) 검사결과에 대해 중립적 입장을 취한다.
2) 내담자의 점수범위를 고려해야 한다.
3) 검사결과에 대해 이해하기 쉬운 언어를 사용하여 전달한다.
4) 검사해석에 대한 내담자의 반응을 고려해야 한다.

5) 검사결과에 대한 <u>내담자의 방어를 최소화 한다.</u>
6) 검사의 대상과 용도를 명확히 한다.

02 직업상담사는 내담자의 검사결과를 해석하기에 앞서 검사결과를 검토해야 한다. Tinsley와 Bradley가 언급한 검사결과 검토의 2단계를 쓰고 각각에 대해 설명하시오.

정답

1) 1단계 : <u>이해 단계</u>
   <u>점수가 내담자에게 어떤 의미를 갖는지 알아본다.</u>
2) 2단계 : <u>통합 단계</u>
   <u>내담자에 대해 알고 있는 다른 정보들과 검사 결과를 통합한다.</u>

03 Tinsley와 Bradley가 제시한 심리검사 결과 해석의 4단계를 설명하시오.

정답

1) 1단계 : <u>해석준비단계</u>
   – <u>검사결과가 의미하는 바를 숙고하는 단계이다.</u>
2) 2단계 : <u>내담자가 검사결과 해석을 받아들일 수 있도록 준비시키는 단계</u>
   – <u>측정의 목적이 무엇이며, 검사에 응답하는 동안 어떤 경험을 했는지 생각해 보도록 한다.</u>
3) 3단계 : <u>정보전달단계</u>
   – <u>어려운 용어는 피하고 점수자체보다 그 의미를 강조한다.</u>
4) 4단계 : <u>추후활동단계</u>
   – <u>검사결과를 어떻게 해석했는지 확인하고, 통합할 수 있도록 한다.</u>

04 부정적인 심리검사 결과가 나온 내담자에게 검사결과를 통보하는 방법에 대해서 설명하시오.

정답

1) <u>단순한 점수의 통보가 아니라 상담의 한 부분으로 간주한다.</u>
2) <u>내담자가 충격을 받지 않도록 진점수의 범위를 설명한다.</u>
3) <u>검사결과를 내담자가 호소한 특정 문제에 대한 설명이나 해결책으로 활용한다.</u>
4) 어려운 용어는 피하고 일상적인 용어를 사용한다.

05 심리검사 제작을 위한 예비문항 제작 시 고려해야 할 3가지를 설명하시오.
심리검사 제작을 위한 예비문항 작성 시 가장 바람직한 태도 3가지를 기술하시오.
심리검사 제작을 위한 예비문항 제작 시 고려해야 할 5가지를 쓰시오.

정답

1) 문항의 적절성 : 내용을 얼마나 잘 측정하고 있는가를 의미한다.
2) 문항의 난이도 : 문항의 난이도가 적절해야 한다.
3) 문항의 구조화 : 질문이 모호하지 않고 구체적이어야 한다.
4) 문항의 동기유발 : 학습동기를 유발시킬 수 있는지를 고려한다.
5) 문항의 참신성 : 학습자에게 얼마나 새로운 경험을 주느냐로 결정된다.
6) 문항의 복합성 : 문항의 특징을 고려해 정신 능력을 측정할 수 있는 문항이어야 한다.

06 심리검사와 관련하여 준수해야 할 윤리강령이 있다. 이 중 평가기법과 관련하여 준수해야
할 윤리강령 3가지를 기술하시오.
심리검사의 평가과정에서 윤리성에 대해서 쓰시오.

정답

1) 검사의 목적과 절차에 관해 사전 동의를 받아야 한다.
2) 표준화되고 객관적인 평가를 사용하고 개입한다.
3) 충분한 교육훈련을 받은 사람만이 심리검사를 시행하여야 한다.
4) 검사결과를 결정적, 획일적, 절대적인 것으로 해석하지 않는다.
5) 평가환경이나 규준의 부적절성 때문에 타당도나 신뢰도에 다소 문제가 있을 수 있음을
지적한다.
6) 검사기법을 개발하고 표준화 할 때에는 과학적 방법을 따른다.
7) 모든 직업, 모든 유형, 모든 피검자가 가치가 있으며 존중되어야 한다.

07 심리검사의 윤리적 고려사항을 4가지 이상 쓰시오.
심리검사 사용의 윤리적 문제와 관련하여 주의하여야 할 사항을 6가지만 쓰시오.

정답

1) 유자격 검사자만이 사용한다.
2) 검사내용이 수검자에게 미리 알려져선 안 된다.

3) 수검자의 사생활은 보호되어야 한다.

4) 수검자를 부당하게 차별시키는 도구로 사용되어서는 안 된다.

5) 검사의 한계를 인식하고 검사의 질적인 향상을 위해 노력한다.

6) 검사의 목적과 절차에 관해 사전 동의를 받아야 한다.

08 지필검사나 평정이 요구되는 관찰 혹은 면접 시 채점자, 평정자로 인해 발생하는 오차의 유형을 3가지 제시하고 설명하시오.

정답

1) 후광효과

내담자의 한가지 측면을 다른 측면으로 일반화 하는 경향

2) 관용의 오류

실제보다 더 호의적으로 평가하는 경향

3) 중앙집중 경향

모든 사람을 평균에 가깝게 평정하려는 경향

09 문항의 난이도, 문항의 변별도, 오답의 능률도의 의미를 설명하시오.

문항의 난이도와 변별력을 각각 점수의 예(특정점수의 의미 등)를 포함해서 설명하시오.

정답

1) 문항의 난이도 : 특정 문항을 맞춘 사람들의 비율이다.

예 문항 난이도 값이 높을수록 쉬운 문제이다.

2) 문항의 변별도 : 개개의 문항이 피험자 능력의 상하를 구별해 줄 수 있는 정도

예 변별도 지수가 크게 나올수록 변별도가 높다.

3) 오답의 능률도(문항반응분포) : 문항의 각 답지에 대한 반응의 분포상태를 분석함으로써 각 답지가 제 구실을 하고 있는지 알아보는 것

10 심리검사의 개발과정에 대해 순서별로 간략히 설명하시오.

정답

1) 구성개념의 영역을 규정한다.
2) 문항표본을 작성한다.
3) 사전검사 자료를 수집한다.
4) 측정의 세련화를 위해 문항을 분석한다.
5) 본검사 자료를 수집한다.
6) 신뢰도·타당도를 평가한다.
7) 규준을 개발한다.

02 신뢰도와 타당도

제 1 절 신뢰도

01 검사의 신뢰도란 검사가 얼마나 일관성 있는가를 의미하는 것이다. 신뢰도의 종류와 신뢰도에 영향을 미치는 요인을 각각 3가지씩 쓰시오.
심리검사의 신뢰도에 영향을 주는 요인 5가지를 쓰시오.

정답

1) 신뢰도의 종류
   ① 검사-재검사 신뢰도
   ② 동형검사 신뢰도
   ③ 반분 신뢰도

2) 영향을 미치는 요인
   ① 문항 반응수 : 문항 반응수가 높을수록 신뢰도가 높아진다.
   ② 응답자의 속성변화 : 측정기간 중에 특정사건이 발생하면 신뢰도가 달라진다.
   ③ 검사 문항의 수 : 검사문항수가 많을수록 신뢰도가 높아진다.
   ④ 검사시간과 속도 : 검사시간이 길수록, 속도가 빠를수록 신뢰도가 높아진다.
   ⑤ 개인차 : 개인차가 클수록 신뢰도가 높아진다.
   ⑥ 문항난이도 : 문제의 난이도에 따라 신뢰도가 달라진다.

●○○
02 심리검사에서 검사 - 재검사 신뢰도와 내적일관성 신뢰도에 대해서 쓰고, 어떤 계수로 쓰고 어떻게 구하는지 설명하시오.

검사 - 재검사 신뢰도, 동형검사신뢰도, 내적합치도를 설명하시오.

직업심리검사의 신뢰도를 추정하는 방법 3가지를 설명하시오.

> **정답**

1) 검사-재검사 신뢰도(안정성계수)
   동일한 검사를 동일한 사람에게 서로 다른 시간에 두 번 시행하여 얻은 두 점수 간의 상관계수로 신뢰도를 추정하는 것이다.
2) 동형검사신뢰도(동등성 계수)
   동형의 두 검사를 동일한 사람에게 실시하여 얻은 두 점수 간의 상관계수로 신뢰도를 추정하는 것이다.
3) 반분신뢰도(내적합치도 계수)
   하나의 검사를 문항수가 같도록 반씩 나누어 실시하여 얻은 두 점수 간의 상관계수로 신뢰도를 추정하는 것이다.

●●●
03 신뢰도 추정방법 중 사람들이 하나의 검사에 대해 서로 다른 시점에서 얼마나 일관성 있게 반응하는지 알아보는 검사 - 재검사의 단점을 4가지 쓰시오.

검사 - 재검사 신뢰도에 영향을 미치는 요인 4가지 형태를 쓰고 각각에 대하여 간략히 설명하시오.

> **정답**

1) 이월효과 : 앞의 시험 문제를 기억함으로써 높은 신뢰도 계수를 얻게 되는 것이다.
2) 반응민감성 : 망각효과로 인해 측정 시간 간격이 긴 경우 낮은 신뢰도 계수를 얻게 된다.
3) 측정 속성의 변화 : 측정기간 중에 특정 사건이 발생하면 점수가 달라질 수 있다.
4) 물리적 환경의 변화 : 온도·날씨·소음 등에 따라 점수가 달라질 수 있다.

●○○
04 검사 - 재검사 신뢰도 추정 시 충족되어야 할 조건 3가지를 쓰시오.

> **정답**

1) 측정내용 자체는 일정시간이 경과하더라도 변하지 않을 것이라는 가정
2) 어떤 학습활동이 두 번째 검사의 점수에 영향을 미치지 않을 것이라는 가정

3) 동일한 수검자에게 검사를 두 번 실시하지만 처음 검사의 경험이 재검사의 점수에 영향을 미치지 않을 것이라는 확신이 있어야 한다.

05 신뢰도 추정의 검사 – 재검사 방법과 동형검사 방법의 의미와 단점을 적으시오.

정답

1) 검사－재검사 신뢰도
   동일한 검사를 동일한 사람에게 서로 다른 시기에 두 번 시행하여 얻은 두 점수 간의 상관계수로 신뢰도를 추정하는 것으로 안정성계수라고 한다. 문제점은 이월효과, 반응민 감성, 측정 속성의 변화, 물리적 환경의 변화 등을 들 수 있다.
2) 동형검사의 의미
   동형의 두 검사를 동일한 사람에게 실시하여 얻은 두 점수 간의 상관계수로 신뢰도를 추정하는 것이다.
3) 단점
   ① 문항을 비슷한 형식으로 제작하기 어렵다.
   ② 문항수와 검사체계를 동형으로 제작하기 어렵다.
   ③ 비슷한 변별도를 나타내는 검사를 제작하기 어렵다.

06 동일한 유형의 A적성검사와 B적성검사를 실시했다. 두 검사 간 점수 차이가 심했는데 이러한 동일명의 유사한 검사를 실시했을 때 점수 차이가 나는 원인을 설명하시오.
어떤 사람의 직업적성을 알아보기 위해 같은 명칭의 A적성검사와 B적성검사를 두 번 반복실시를 했는데 두 검사의 점수가 차이를 보여 이 사람의 정확한 적성을 판단하기 매우 어려운 상황이 발생하였다. 이와 같은 동일명의 유사한 심리검사의 결과가 서로 다르게 나타날 수 있는 가능한 원인 5가지를 쓰시오.

정답

1) 응답자의 속성변화
2) 두 검사 간의 내용차이
3) 문항 속성의 차이
4) 시행 기간의 차이
5) 시행 절차상의 차이

07 반분신뢰도를 추정하기 위해 가장 많이 사용하는 3가지 방법을 쓰고, 각각에 대해 설명하시오.

정답

1) 전후 절반법 : 검사 문항을 배열된 순서에 따라 전반부와 후반부로 나누는 방법이다.
2) 기우 절반법 : 검사 문항의 번호가 홀수인지 짝수인지에 따라 두 부분으로 나누는 방법이다.
3) 짝진 임의배치법 : 비교적 상관성이 높은 두 문항끼리 짝을 지은 다음, 각 짝에서 한 문항씩을 임의로 선택하여 양분하는 방법이다.

08 직업상담사가 구직자 A와 B에게 각각 동형검사인 직무능력검사(Ⅰ형)와 직무능력검사(Ⅱ형)를 실시한 결과 A는 115점, B는 124점을 얻었으나 검사유형이 다르기 때문에 두 사람의 점수를 직접 비교할 수 없다. A와 B 중 누가 더 높은 직무능력을 갖추었는지 각각 표준점수인 Z점수를 산출하고 이를 비교하시오. (각각의 Z점수는 소수점 둘째자리까지 산출하며, 계산과정은 반드시 기재해야 한다.)
단, 직무능력검사(Ⅰ형) 표준화 집단 평균 : 100, 표준편차 : 7
　　직무능력검사(Ⅱ형) 표준화 집단 평균 : 100, 표준편차 : 15

정답

A : $\dfrac{(115-100)}{7} = 2.14$

B : $\dfrac{(124-100)}{15} = 1.60$

A의 표준점수가 B의 표준점수보다 높으므로 A의 직무능력이 더 높다고 할 수 있다.

09 표준화를 위해 수집된 자료가 정규분포에서 벗어나는 것은 검사도구의 문제라기보다 표집절차의 오류에 원인이 있다. 이를 해결하기 위한 방법을 세 가지 쓰고 각각에 대해 설명하시오.

정답

1) 절미법
　 편포의 꼬리를 잘라내는 방법이다.

2) 완곡화하는 방법
   정상분포의 모양을 갖추도록 점수를 보태거나 빼주는 방법이다.
3) 면적환산법
   각 점수들의 백분위를 구하고 그 백분위에 해당하는 표준점수를 찾는 방법이다.

제 2 절 타당도

●○○
01 타당도의 종류 4가지를 기술하시오.

정답

1) 내용타당도
   측정하고자 하는 내용영역을 얼마나 잘 반영하는가를 알아보는 것
2) 안면타당도
   검사문항을 수검자가 읽고 그 검사가 얼마나 타당한지를 알아보는 것
3) 준거타당도
   심리검사와 특정준거가 얼마나 관련이 있는지를 알아보는 것
4) 구성타당도
   검사의 이론적 구성개념이나 특성을 잘 측정할 수 있는지를 알아보는 것

02 다음 (   ) 안에 알맞은 타당도의 종류를 아래에 쓰시오.

> • (A   )는 검사의 각 문항을 주의깊게 검토하여, 그 문항이 검사에서 측정하고자
> 하는 것을 재는지 여부를 결정하는 것이다. 이것은 그 분야의 자격을 갖춘 사람들에
> 의해 판단된다.
> • (B   )의 유형으로는 공인타당도와 예언타당도가 있다.
> • (C   )는 조작적으로 정의되지 않은 인간의 심리적 특성이나 성질은 심리적 구인으
> 로 분석하여 조작적 정의를 부여한 후, 검사점수가 이러한 심리적 구인으로 구성되
> 어 있는가를 검정하는 방법이다.

정답
- A : 내용타당도
- B : 준거타당도
- C : 구성타당도

●●●
03 구성타당도를 분석하는 대표적인 방법인 수렴타당도와 변별타당도에 대해 설명하시오.
구성타당도를 분석하는 방법 3가지를 제시하고 각 방법에 대해 설명하시오.
수렴타당도, 변별타당도에 대해 쓰고, 중다특성중다방법행렬표(MTMM)로 확인하는 절차
에 대하여 쓰시오.
심리검사 타당도 검사 중 수렴타당도의 분석하는 방법을 예를 들어 설명하시오.

정답
1) 수렴타당도
   - 그 속성과 관계있는 변인들과 높은 상관관계를 갖고 있는지의 정도를 측정하는 것
     예 수학적성검사는 수학학년점수와 관련이 있어야 한다.
2) 변별타당도
   - 그 속성과 관계없는 변인들과 낮은 상관관계를 갖고 있는지의 정도를 측정하는 것
   - 상관관계가 낮을수록 변별타당도가 높다.
3) 요인분석법
   - 검사를 구성하고 있는 문항들 간의 상호관계를 분석해서 서로 관련성이 높은 문항들
     을 묶어주는 방법이다.
4) 중다특성중다방법 행렬표 확인절차
   둘 이상의 특성을 둘 이상의 방법으로 측정할 때 동일한 특성을 서로 다른 방법에 의해
   측정한 후 어느 정도 상관관계가 있는지 알아보는 방법

●●●
04 준거관련 타당도 종류와 내용, 직업상담에서 중요한 이유에 대해 설명하시오.
동시타당도와 예언타당도에 대해 각각의 예를 포함하여 설명하시오.
예측타당도(predictive validity)와 동시타당도(concurrent validity)의 차이점을 설명하
시오.

정답

1) 준거타당도의 종류와 내용을 설명하시오.

① 예언타당도
- 먼저 검사를 실시하고 그 후에 준거를 측정해서 얻은 두 점수 간의 상관계수를 측정하는 것
   예 자격시험에 합격한 사람이 해당분야에서 일을 제대로 수행하지 못하면 그 자격시험은 예측타당도가 낮아 자격시험의 개편을 고려해야 한다.

② 동시타당도
- 일정시점에서 검사와 준거를 동시에 측정해서 얻은 두 점수 간의 상관계수를 측정하는 것
   예 외국어 시험의 동시타당도를 높이기 위해 TEPS나 TOEFL 같은 공인된 시험을 같이 시행하고 상호 비교하여 시험점수가 높으면 타당도가 높다고 판단한다.

2) 여러 가지 타당도 중에서 특히 직업상담에서 준거타당도가 중요한 이유 2가지를 설명하시오.
① 선발, 배치, 훈련 등의 인사관리에 관한 의사결정의 설득력을 제공한다.
② 어느정도 명확한 준거를 가지고 미래를 예측할 수 있기 때문이다.

3) 실증연구에서 얻은 타당도 계수와 실제연구에서의 타당도 계수가 다른데, 실제 연구에서의 타당도 계수가 낮은 이유를 예를 들어 설명하시오.
① 독립변인의 조작이 어렵다.
② 가외변인의 통제가 어렵다.
③ 실험과정 전체를 엄격히 통제하기 어렵다.

4) 차이점
동시타당도는 심리검사가 피검자 현재의 상태를 잘 나타내는지를 알아보는 것이며, 예언타당도는 피검자의 미래행동을 예측하기 위한 것이다.

● ○ ○
05 준거타당도는 직업상담이나 산업장면에서 검사를 사용할 때 다른 어떤 타당도보다 중요하다. 준거타당도의 의미를 쓰고 준거타당도가 낮은 검사를 사용하는 것이 왜 문제가 되는지를 설명하시오.

정답

1) 준거타당도의 의미
심리검사와 특정준거가 얼마나 관련이 있는지를 알아보는 것

2) 문제가 되는 이유
① 선발, 배치, 훈련 등의 인사관리에 관한 의사결정의 설득력을 제공해 주지 못한다.
② 명확하지 못한 준거를 가지고 미래를 예측하기 어렵기 때문이다.

06 준거타당도 계수의 크기에 영향을 미치는 요인 3가지를 쓰고 설명하시오.

정답

1) 표집오차
표본이 모집단을 잘 대표하지 못할 경우 검사의 준거타당도는 낮아진다.
2) 준거측정치의 신뢰도
준거측정치의 신뢰도가 낮으면 검사의 준거타당도는 낮아진다.
3) 준거측정치의 타당도
준거 측정치의 타당도가 낮으면 검사의 준거타당도는 낮아진다.
4) 범위제한
전체 범위를 포괄하지 못하고 일부의 범위를 포괄하는 경우를 말한다.

07 직업심리검사의 중요한 두가지 기준인 신뢰도와 타당도의 의미를 비교하여 설명하시오.

정답

1) 신뢰도
검사가 측정하고자 하는 것을 얼마나 일관성 있게 측정하는지를 나타낸다.
2) 타당도
검사가 측정하고자 하는 것을 얼마나 정확하게 측정하는지를 나타낸다.

03 직업심리검사

 제 **1** 절 **심리검사의 분류**

•••
01 직업심리검사 중 투사적 검사의 장단점을 각각 3가지 쓰시오.
투사적 검사의 장점을 자기보고식과 비교 설명하시오.

정답

1) 장점
   ① 반응의 독특성이 있다.
   ② 방어가 어렵다.
   ③ 무의식적 내용의 반응이 나타난다.
   ④ 반응이 풍부하다.
2) 단점
   ① 검사의 신뢰도가 낮다.
   ② 검사의 타당도가 낮다.
   ③ 상황적인 요인의 영향을 받는다.

02 심리검사의 유형을 투사적 검사와 객관적 검사로 구분할 때 객관적 검사의 장점에 대해 설명 하시오.
심리검사 중 선다형이나 예, 아니오 등 객관적 형태의 자기보고형 검사(설문지 형태의 검사)가 가진 4가지 장점을 설명하시오.
심리검사에서 예, 아니오 형식이나 객관적 자기보고식형(설문지형식)의 장단점을 쓰시오.
자기보고식 검사(질문지법)의 장점을 기술하시오.

> **정답**

1) 장점
   ① 검사의 객관성이 보장된다.
   ② 채점의 결과가 채점자에 관계없이 동일하다.
   ③ 검사의 실시가 간편하다.
   ④ 투사적 검사보다 쉽게 응한다.
   ⑤ 신뢰도와 타당도가 높다.
2) 단점
   ① 사회적으로 바람직한 것에 대해 긍정적으로 반응하는 경향이 나타날 수 있다.
   ② 반응 경향성이 나타날 수 있다.
   ③ 응답의 범위가 제한적이다.

03 심리검사 분류 중 검사의 실시 방식에 따른 분류를 쓰시오.

> **정답**

1) 실시 시간에 따라 속도검사와 역량검사로 나눌 수 있다.
2) 수검자의 수에 따라 개인검사와 집단검사로 나눌 수 있다.
3) 검사도구에 따라 지필검사와 수행검사로 나눌 수 있다.

04 역량검사와 속도검사에 대해 설명하시오.
역량검사(power test)의 개념을 예를 포함하여 설명하시오.

> **정답**

1) 역량검사(power test)
   ① 시간제한이 없으며,
   ② 어려운 문제들로 구성되며

③ 숙련도보다는 문제해결력을 측정하는 검사이다.

④ 수학경시대회

2) 속도검사

① 시간제한이 있으며,

② 쉬운 문제들로 구성되며

③ 문제해결력보다는 숙련도를 측정하는 검사이다.

④ 웩슬러지능검사 바꿔쓰기

05 직업심리검사의 분류에서 극대수행검사와 습관적 수행검사를 설명하고 각각의 대표적 유형 2가지를 쓰시오.

성능검사, 성향검사를 각각 2가지씩 쓰시오.

심리검사는 검사 내용에 따라 능력적인 요소를 측정하는 성능검사와 습관적인 행동경향을 측정하는 성향검사로 분류할 수 있다. 성능검사와 성향검사에 해당하는 검사명을 각각 3가지씩만 쓰시오.

정답

1) 극대수행검사(성능검사)

① 일정 시간이 주어지고 그 시간 내에 자신의 능력을 최대한 발휘할 것을 요구한다.

② 정답이 있어서 시간 내에 몇 문제를 맞췄는지에 따라 결정한다.

③ 지능검사(K－WAIS), 적성검사(GATB), 성취도검사(토익,토플)

2) 습관적 수행검사(성향검사)

① 시간제한이 없고 최대한 정직한 응답을 요구한다.

② 정답이나 오답이 없고 평소 행동·습관을 측정하는 것이다.

③ 성격검사(MBTI), 흥미검사(직업선호도 검사중 흥미검사), 태도검사(직무만족도검사)

06 심리검사 도구를 검사장면에 따른 모의장면검사, 축소상황검사, 경쟁장면검사를 설명하시오.

정답

1) 모의장면검사 – 실제 상황과 거의 유사한 장면을 인위적으로 만들어 놓은 검사이다.

2) 경쟁장면검사 – 작업장면과 같은 상황에서 경쟁적으로 문제해결을 요구하는 검사이다.

3) 축소상황검사 – 실제 장면에서의 구체적인 과제나 직무를 매우 축소시킨 검사이다.

07 직업상담에서 내담자 이해를 위한 질적 측정도구 3가지를 쓰고 설명하시오.

정답

1) 직업가계도 : 내담자의 부모, 숙모와 삼촌, 형제자매 등의 직업들을 도해로 표시하는 것이다.
2) 생애진로사정 : 구조화된 면담기술로서 내담자의 직업경험과 교육수준, 강점과 장애 등에 관한 정보를 수집할 수 있다.
3) 직업카드분류 : 홀랜드 유형론에 따라서 내담자에게 일련의 카드를 주고 선호군, 협오군, 미결정군으로 분류하는 기법이다.
4) 역할놀이 − 내담자로 하여금 다른 사람의 역할을 해보도록 하거나 내담자가 되고 싶은 사람처럼 행동으로 실행해 보도록 하는 절차이다.

제 **2** 절 **주요심리검사**

01 지능검사로 알 수 있는 정보 3가지와 적성검사와의 차이점을 쓰시오.

정답

1) 지능검사로 얻을 수 있는 정보 3가지는 다음과 같다.
   ① 개인의 지적인 능력 수준
   ② 개인의 인지적・지적 기능의 특성
   ③ 기질적인 뇌 손상 유무
   ④ 합리적인 치료목표 설정
   ⑤ 임상적 진단의 명료화
2) 지능검사
   연령에 따른 일반적인 지적능력의 발달 정도를 측정한다.
3) 적성검사
   직업의 특정분야에 필요한 지적능력 수준을 알아보는 검사이다.

02 웩슬러 지능검사는 비네 지능검사와는 다르게 지능검사에 동작성 검사를 추가하고 있다. 지능검사에서 동작성 검사의 장점 3가지를 쓰시오.

> **정답**
>
> 1) 선천적 문제해결 능력을 알아볼 수 있다.
> 2) 동작성 지능검사로 비언어적 지능을 측정할 수 있다.
> 3) 동작을 수행함으로 인해 관찰되는 여러 행동을 알아볼 수 있다.

03 스피어먼(Spearman)의 2요인을 설명하시오.

> **정답**
>
> 스피어먼은 지능을 두 가지로 나누어 설명하였다.
> 1) 일반지능요인 : 모든 지적 활동에 작용하는 일반적인 능력을 말한다.
> 2) 특수지능요인 : 특정 과제 수행에만 작용하는 구체적인 능력을 말한다.

04 A씨는 지능검사 결과 전체 지능지수가 102고 언어성과 동작성 지능은 각각 88점과 121점이었다. A씨의 구체적인 검사지능지수는 다음과 같을 때 A씨의 지능검사결과에 대해 해석하시오.

기본 지식	숫자 외우기	어휘	산수	이해	공통성	빠진 곳 찾기	차례 맞추기	토막 짜기	모양 맞추기	바꿔 쓰기
9	7	7	10	8	9	10	11	16	16	8

> **정답**
>
> IQ검사 요강에 의해 A씨의 지능지수는 102로 보통지능지수로 나타났다.
> 언어성 지능이 88점, 동작성 지능이 121점으로 언어성 지능지수보다 동작성 지능지수가 더 높으므로 교육수준은 낮으나 일상생활 대처 능력은 높은 것으로 판단해 볼 수 있다. 그러나 언어성과 동작성의 지능지수 차이가 33점으로 웩슬러 지능검사에서는 20점 이상 차이가 나는 경우 뇌손상이나 정신장애의 영향일 가능성이 높다고 판단함으로 A씨의 정신장애 여부를 알아보는 MMPI검사를 실시한 후 정신치료를 받을 필요가 있을 것으로 판단된다.

05 일반 적성검사(General Aptitude Test Battery ; GATB)에서 사용되는 9개의 적성항목을 설명하시오.

정답

1) 지능(G) : 일반적인 학습능력
2) 언어능력(V) : 언어의 뜻과 개념을 이해하는 능력
3) 수리능력(N) : 빠르고 정확하게 계산하는 능력
4) 사무지각(Q) : 문자나 전표 등의 세부를 식별하는 능력
5) 공간적성(S) : 공간상의 형태를 이해하는 능력
6) 운동반응(K) : 빠르고 정확한 운동을 할 수 있는 능력
7) 형태지각(P) : 실물이나 도해를 바르게 지각하는 능력
8) 손의 재치(M) : 손을 마음대로 정교하게 조절하는 능력
9) 손가락 재치(F) : 손가락을 정교하게 움직이는 능력

06 흥미를 사정하는 목적을 3가지만 쓰시오.

정답

1) 여가선호와 직업선호 구별하기
2) 자기인식 발전시키기
3) 직업대안 규명하기
4) 직업·교육상의 불만족의 원인 규명하기
5) 직업탐색 조장하기

07 흥미사정기법을 3가지를 쓰고 간략히 설명하시오.

정답

1) 흥미평가기법
   종이에 알파벳을 쓰고 알파벳에 맞춰 흥밋거리를 기입한다.
2) 직업카드 분류
   일련의 카드를 주고 선호군, 혐오군, 미결정군으로 분류하는 기법이다.
3) 작업경험분석
   내담자의 과거 작업경험을 분석한다.

08 흥미검사는 특정 직업 활동에 대한 선호도를 측정하기 위해 만들어진 것이다. 현재 사용할 수 있는 흥미검사의 종류를 5가지만 쓰시오.

정답

1) 스트롱 직업흥미검사
2) 쿠더식 직업흥미검사
3) 직업선호도검사
4) 진로사정검사
5) 직업카드분류법

09 스트롱(Strong) 직업흥미검사의 척도를 3가지 쓰고 각각에 대해 간략히 설명하시오.

정답

1) 일반직업분류(GOT) : 홀랜드이론이 반영된 6개의 주제로 구성되며 피검자의 흥미에 관한 포괄적 전망을 제공한다.
2) 기본흥미척도(BIS) : 특정 활동과 주제에 관한 세부척도로 특정 흥미분야를 제공한다.
3) 개인특성척도(PSS) : 일상생활과 일의 세계에 관련된 광범위한 특성에 대해 개인이 선호하고 편안하게 느끼는 것을 측정한다.

10 어떤 직업흥미검사에서 평균 100점, 표준편차가 20점인 A라는 사람의 검사결과가 다음과 같을 때 이를 해석하시오.

직업군	I 기계·기술	II 전문·연구	III 생물·의료	IV 대인·사회	V 창작·예술	VI 사무	VII 서비스	VIII 수공·기능
표준점수	92	76	78	121	139	99	122	105

정답

평균이 100점, 표준편차가 20점인 검사의 결과이므로 대인사회, 창작예술, 서비스는 120에서 140 사이의 범위에 있고, 상위 16%에 속한다고 볼 수 있다.
그렇기 때문에 A씨는 창작예술과 대인사회, 서비스 영역에 있는 직업에 대한 흥미가 높다고 해석할 수 있으며 이 영역에 있는 직업을 선택할 경우 직업에 대한 적응 및 성공가능성이 높다고 판단할 수 있다.

11 노동부 성격검사는 성격의 5요인 모델에 근거하고 있다. 5요인을 열거하고 각 요인을 간단히 설명하시오.

정답

1) 외향성 : 타인과의 상호작용을 원하고 타인의 관심을 끌고자하는 정도
2) 호감성 : 타인과 편안하고 조화로운 관계를 유지하는 정도
3) 정서적 불안정성 : 정서적으로 얼마나 안정되어 있고 자신이 세상을 얼마나 통제할 수 있으며, 세상을 위협적이지 않다고 생각하는 정도
4) 성실성 : 사회적 규칙, 규범을 기꺼이 지키려는 정도
5) 경험에 대한 개방성 : 자기자신을 둘러싼 세계에 관한 관심, 호기심, 다양한 경험에 대한 추구 및 포용력 정도

12 MBTI 4가지 양극차원의 선호부분을 적으시오.
마이어스 – 브리그스 유형지표(MBTI)는 자기보고식의 강제선택 검사이다. 이 검사에서 나타나는 4가지 차원의 선호부분은?

정답

1) 에너지 방향 : 외향형, 내향형
2) 인식기능 : 감각형, 직관형
3) 판단기능 : 사고형, 감정형
4) 생활양식 : 판단형, 인식형

13 MMPI 검사의 타당성 척도 중 L척도와 F척도, K척도에 대해서 설명하시오.

정답

1) ? 척도
   수검자가 응답하지 않거나 두가지 모두 응답한 문항들의 합이다.
2) L 척도
   자신을 좋게 보이려고 하는 다소 고의적이고도 부정직한 정도를 측정하는 척도이다.
3) F 척도
   보통사람과 다르게 응답하는 사람들을 가려내기 위한 척도이다.

4) K 척도

정신장애가 분명한데 정상 프로파일을 보이는 사람들을 가려내기 위한 척도이다.

14 발달적 직업상담에서 활용되는 진로성숙도 검사(CMI)를 예를 들어 설명하시오.
태도척도와 능력척도의 내용을 3가지씩 적으시오.
CMI 능력척도 3가지를 쓰고 설명하시오.

정답

1) 태도척도
   ① 결정성 : 선호하는 진로의 방향에 대한 확신의 정도
   ② 참여도 : 진로선택과정에의 능동적 참여의 정도
   ③ 독립성 : 진로선택을 독립적으로 할 수 있는 정도
   ④ 성향 : 진로결정에 필요한 사전이해와 준비의 정도
   ⑤ 타협성 : 진로선택 시 욕구와 현실을 타협하는 정도
2) 능력척도
   ① 자기평가 : 자신의 흥미, 성격 등에 대한 이해의 능력
   ② 직업정보 : 직업에 대한 지식, 고용정보 등을 얻고 평가하는 능력
   ③ 목표선정 : 자아와 직업세계에 대한 지식을 토대로 합리적인 직업선택을 하는 능력
   ④ 계획 : 직업목표를 달성하기 위한 계획을 수립하는 능력
   ⑤ 문제해결 : 진로선택이나 의사결정 과정에서 다양한 문제들을 해결하는 능력

15 진로개발을 평가하는데 사용되는 방법으로 진로결정척도(ACDM)가 있다. 이 방법 외에
진로개발을 평가하는데 사용될 수 있는 검사 혹은 척도를 3가지 쓰시오.

정답

1) 진로신념검사(CBI)
2) 진로발달검사(CDI)
3) 진로성숙도검사(CMI)

04 직업발달이론

제 1 절 홀랜드 직업선택이론

01 홀랜드가 제시하는 6가지 직업적 성격의 특징을 기술하시오.
홀랜드의 흥미유형에 따라 각 유형의 직업 특성에 대해서 기술하시오.

정답

1) 현실형(R)
   기계, 도구, 동물에 관한 체계적인 조작 활동을 좋아하나 사회적 기술이 부족하다.
   직업 : 기술자, 정비사, 농부
2) 탐구형(I)
   분석적이며 호기심이 많으나 리더십 기술이 부족하다.
   직업 : 과학자, 수학자, 의사
3) 예술형(A)
   표현이 풍부하고 독창적이나 규범적인 기술은 부족하다.
   직업 : 음악가, 화가, 배우
4) 사회형(S)
   다른 사람과 함께 일하거나 돕는 것을 좋아하지만 조직적인 활동을 싫어한다.
   직업 : 교사, 상담가, 사회복지사
5) 진취형(E)
   조직목표나 경제적 목표를 달성하기 위해 타인을 조작하는 활동을 좋아하지만 과학적
   능력이 부족하다.
   직업 : 경영자, 세일즈맨, 정치가
6) 관습형(C)
   체계적으로 자료를 처리하고 기록을 정리하거나 자료를 재생산하는 것을 좋아하지만
   예술적 능력이 부족하다.
   직업 : 은행원, 사서, 회계사

02 홀랜드 유형론에서 5개의 주요개념을 설명하시오.

Holland 이론의 개인과 개인 간의 관계, 개인과 환경 간의 관계, 환경과 환경 간의 관계를 설명하는 개념 3가지를 쓰고 설명하시오.

정답

1) 일관성
   ① 홀랜드 코드의 두 개의 첫문자가 육각형에 인접할 때 일관성이 높게 나타난다.
   ② 6가지 유형에는 공통점이 더 많은 쌍이 있는데 예술적-사회적 유형은 탐구적-진취적 유형보다 공통점이 많다.
2) 차별성
   하나의 유형에는 유사성이 많지만 다른 유형에는 별로 유사성이 없다.
3) 정체성
   개인의 정체성이란 목표, 흥미, 재능에 대한 명확하고 견고한 청사진을 말하고, 환경정체성이란 조직의 투명성, 안정성, 목표·일·보상의 통합으로 규정된다.
4) 일치성
   사람은 자신의 유형과 비슷하거나 정체성이 있는 환경에서 일하거나 생활할 때 일치성이 높아진다.
5) 계측성
   육각형 모형에서 유형 간의 거리는 그 사이의 이론적 관계에 반비례한다.

03 Holland의 직업선호도 검사에 대한 것이다. 다음을 기술하시오.

정답

1) Holland 직업선호도 검사 중 흥미검사를 해석할 때 직업목록에서 찾아낼 수 있는 3가지 정보는?
   ① 3가지 정보 : 흥미 유형, 직업명 사전상의 코드, 필요한 교육수준

2) 일관성에 대해서 서술하고, 예를 들어 설명하시오.
   ① 개념 : 홀랜드 코드의 두 개의 첫 문자가 육각형에 인접할 때 일관성이 높게 나타난다.
   ② 예 : 6가지 유형에는 공통점이 더 많은 쌍이 있는데 예술적-사회적 유형은 탐구적-진취적 유형보다 공통점이 많다.

04 홀랜드 성격 육각형 모형의 비판점을 2가지 쓰시오.

정답

1) 남녀 차별을 보여주고 있다.
2) 성격발달 측면을 도외시 하고 있다.
3) 사람들이 어떻게 그런 유형이 되는지에 대한 설명이 없다.

05 홀랜드(Holland) 검사를 실시한 대학생 한명이 그 결과가 SAE일 때 이것이 의미하는 바를 설명하시오.

정답

1) 이 학생의 흥미는 사회형, 예술형, 진취형의 성향을 나타낸다.
2) 다른 사람과 함께 일하거나 돕는 것을 좋아하고, 표현이 풍부하고 독창적이며, 조직목표나 경제적 목표를 달성하기 위해 타인을 조작하는 활동을 좋아한다.
3) 선호하는 직업은 교사, 상담가, 사회복지사이다.

제 **2** 절 **직업적응 이론**

01 직업적응 이론에서 개인이 환경과 상호작용하는 특성을 나타내는 4가지 성격 유형을 가정한다. 이 성격유형 요소들 중 3가지를 제시하고 각각에 대해 간략히 쓰시오.

정답

1) 리듬 : 활동에 대한 다양성을 의미한다.
2) 민첩성 : 과제를 얼마나 일찍 완성하느냐와 관계되는 것으로 정확성보다는 속도를 중시한다.
3) 지구력 : 개인이 환경과 상호작용하는 다양한 활동수준의 기간을 의미한다.
4) 역량 : 작업자의 평균활동 수준을 말한다.

02 Lofquist와 Dawis의 직업적응이론에서 직업적응방식의 유형 3가지를 쓰고 설명하시오.

> 정답

1) 융통성 : 개인이 <u>작업환경과 개인적 환경 간의 부조화를 참아내는 정도</u>
2) 끈기 : <u>환경이 자신에게 맞지 않아도 오랫동안 견뎌낼 수 있는 정도</u>
3) 적극성 : <u>자신과 환경을 좀 더 조화롭게 만들어 가려고 노력하는 정도</u>
4) 반응성 : 개인이 <u>작업성격의 변화로 인해 작업환경에 반응하는 정도</u>

03 직업적응이론(TWA)에서 중요하게 다루는 6가지 직업가치를 쓰시오.

> 정답

1) <u>편안함</u> : 직무에 대해 스트레스 받지 않고 편안한 직업환경을 바라는 욕구
2) <u>지위</u> : 타인에 의해 자신이 어떻게 지각되는지와 사회적 명성에 대한 욕구
3) <u>성취</u> : 자신의 능력을 발휘하고 성취감을 얻는 일을 하려는 욕구
4) <u>이타주의</u> : 타인을 돕고 그들과 함께 일하고자 하는 욕구
5) 안정성 : 혼란스러운 조건이나 환경을 피하고 정돈되고 예측가능한 환경에서 일하고자 하는 욕구
6) <u>자율성</u> : 자신의 의사대로 일할 기회를 가지고 자유롭게 생각하고 결정하고자 하는 욕구

04 Davis와 Lofquist의 직업적응 이론을 기초하여 개발한 직업적응과 관련된 검사도구 3가지를 쓰시오.

> 정답

1) <u>MIQ</u>(minnesota importance questionaries) — 미네소타 중요도 질문지 : 개인이 일의 환경에 대하여 지니는 20개의 욕구와 6개의 가치관을 측정하는 도구로 190개 문항으로 구성
2) <u>MJDQ</u>(minnesota job description questionaries) — 미네소타 직무기술 질문지 : 일의 환경이 MIQ에서 정의한 20개의 욕구를 만족시켜 주는 정도를 측정하는 도구, 하위측도는 MIQ와 동일
3) <u>MSQ</u>(minnesota satisfaction questionaries) — 미네소타 만족 질문지 : 직무만족의 원인이 되는 일의 강화요인을 측정하는 도구로 능력의 사용, 성취, 승진, 활동, 다양성, 작업조건, 회사의 명성, 인간자원의 관리체계 등의 척도로 구성

제 3 절 발달적 이론

01 긴즈버그 등에 따르면 직업선택은 환상기, 잠정기 및 현실기의 3단계로 거쳐 이루어진다. 현실기의 3가지 하위단계를 쓰고 각각에 대해 설명하시오.

정답

1) 탐색단계 : 진로선택을 위해 필요하다고 판단되는 교육이나 경험을 쌓으려고 노력하는 단계
2) 구체화단계 : 특정직업 분야에 몰두하는 단계
3) 특수화단계 : 자신의 결정을 구체화하고 보다 세밀한 계획을 세우는 단계

02 Super의 발달단계 5단계를 설명하시오.
Super의 경력개발 5단계 개발 방법을 적으시오.

정답

1) 성장기(출생~14세)
   가정과 학교에서 중요한 타인에 대한 동일시를 통하여 자아개념을 발달시키는 단계
2) 탐색기(15~24세)
   학교생활, 여가활동 등과 같은 활동을 통하여 자아를 검증하고 역할을 수행하며 직업탐색을 시도하는 단계
3) 확립기(25~44세)
   자신에게 적합한 직업을 찾아서 안정과 만족, 지위, 소속감을 갖는 시기
4) 유지기(45~64세)
   개인이 비교적 안정된 속에서 만족스런 삶을 살아가는 시기
5) 쇠퇴기(65세 이후)
   직업전선에서 은퇴하게 되는 시기로, 다른 새로운 역할과 활동을 찾는 시기

03 수퍼의 경력개발 방법 중 성장기의 하위 3단계를 설명하시오.

정답

1) 환상기 : 욕구가 지배적이며 역할수행이 중시되는 시기이다.
2) 흥미기 : 진로를 결정하는데 있어서 흥미가 중시되는 시기이다.
3) 능력기 : 능력을 중시하며 직업에서의 훈련조건을 중시한다.

04 고트프레드슨의 직업포부 발달단계를 쓰시오.
고트프레드슨(Gottfredson)이 제시한 직업포부 4단계를 나이에 따라 설명하시오.

정답

1) 힘과 크기 지향성(3~5세)
   사고과정이 구체화되며 어른이 된다는 것의 의미를 알게 된다.
2) 성역할 지향성(6~8세)
   자아개념이 성의 발달에 의해서 영향을 받게 된다.
3) 사회적 가치 지향성(9~13세)
   사회계층에 대한 개념이 생기면서 자아를 인식하게 된다.
4) 내적, 고유한 자아 지향성(14세~)
   자아인식이 발달되며 타인에 대한 개념이 생겨난다.

05 직업포부발달이론의 제한과 절충에 대하여 쓰시오.

정답

1) 제한(한계) : 자신의 자아개념과 일치하지 않는 직업대안들을 제거하는 과정
2) 절충(타협) : 제한을 통해 선택된 직업대안들 중에서 자신이 극복할 수 없는 문제를 가진 직업을 어쩔 수 없이 포기하는 과정

제 **4** 절 **욕구이론**

01 진로선택이론 중 Roe의 욕구이론은 성격이론과 직업분류라는 두 가지 영역을 통합한데 의미가 있다. Roe의 욕구이론에 영향을 미친 성격이론과 직업분류체계를 쓰시오.

정답

1) 영향을 미친 성격이론
   매슬로우의 욕구위계이론 : 생리적욕구, 안전욕구, 사회적욕구, 존중욕구, 자아실현욕구
2) 8가지 직업군집(흥미에 기초) : 단체직, 기술직, 과학직, 옥외활동직, 비즈니스직, 서비스직, 예체능직, 일반문화

02 흥미사정에서 로(Roe)의 두 가지 분류체계 중 6가지 수직차원을 쓰시오.

정답

1) <u>고급 전문 관리</u> : 중요하고 독립적이며 높은 책임을 진다.
2) <u>중급 전문 관리</u> : 중요성과 다양성의 측면에서 중간정도의 책임을 진다.
3) <u>준 전문 관리</u> : 타인에 대한 낮은 수준의 책임을 진다.
4) <u>숙련직</u> : 견습이나 다른 특수한 훈련과 경험이 요구된다.
5) <u>반숙련직</u> : 약간의 훈련과 경험이 요구된다.
6) <u>비숙련직</u> : 간단한 지시나 단순한 반복활동에 종사하기 위한 능력이 요구된다.

03 인본주의 심리학자인 매슬로우가 말하는 자기 실현한 사람의 특성 중 자신에 대한 관점과 행동특성을 기술하시오.

정답

1) 관점
   ① <u>남을 의식하지 않고 자신과 남을 있는 그대로 바라본다.</u>
   ② <u>남을 가르치거나 바꾸려 하지 않고, 자신에게 해가 되지 않는 한 내버려둔다.</u>
2) 행동특성
   ① <u>현실중심적이다.</u>
   ② <u>문제해결능력이 강하다.</u>
   ③ <u>사생활을 즐긴다.</u>
   ④ <u>창의적이다.</u>
   ⑤ <u>인간적이다.</u>
   ⑥ 사회적인 압력에 굴하지 않는다.

제 5 절 사회학습이론

01 진로선택이론 중 사회학습이론에서 크롬볼츠(krumboltz)가 제시한 진로선택에 영향을 주는 요인 3가지를 쓰시오.
진로선택이론 중 사회학습이론에서 크롬볼츠(krumboltz)가 제시한 진로선택에 영향을 주는 요인 3가지를 설명하시오.

> **정답**

1) 유전적 요인과 특별한 능력 : 타고난 특질을 포함하는 요인이다.
2) 환경조건과 사건 : 개인환경에서의 특정한 사건이 진로선호 등에 영향을 미친다.
3) 학습경험 : 과거에 학습한 경험은 직업적 의사결정에 영향을 미친다.
4) 과제접근기술 : 문제해결기술, 작업습관 등과 같이 개인이 개발시켜 온 기술일체를 말한다.

02 사회인지이론(SCCT)의 세 가지 영역모델을 쓰고 설명하시오.

> **정답**

1) 흥미모형 : 자기효능감과 결과기대가 개인의 흥미발달에 영향을 준다.
2) 선택모형 : 개인차와 주위환경은 학습경험에 영향을 주고 그 학습경험은 자기효능감과 결과기대에 영향을 준다.
3) 수행모형 : 개인이 목표를 추구함에 있어서 얼마나 지속할 것인가와 어느 정도 수준의 수행을 해낼 것인지 예측한다.

03 반두라의 사회인지이론에서 진로발달의 개인적 결정요인 2가지를 쓰고 설명하시오.

> **정답**

1) 자기효능감
   특정 과업을 수행할 수 있는 자신의 능력에 대한 신념이다.
2) 결과기대
   행동의 결과로 얻게 될 것에 대한 기대이다.
3) 개인적 목표
   어떤 특정한 활동에 열중하거나 어떤 것을 이루겠다는 것에 대한 결심이다.
4) 진로장벽
   진로를 선택하고 실행하는 과정에서 개인의 진로목표 실현을 방해하는 요인들을 의미한다.

05 직무분석/경력개발

01 직무분석 설문지 선택 시 평가준거 3가지를 설명하시오.

정답

1) 신뢰성 : 설문지를 통해 얻어지는 결과가 일관성을 지녀야 한다.
2) 타당성 : 설문지를 통해 얻어지는 결과의 정확성 정도를 나타낸다.
3) 실용성 : 검사 실시에 드는 시간과 비용이 적게 소요되어야 한다.
4) 만능성 : 여러 종류의 다양한 직무를 분석할 수 있고 직무분석의 다양한 목적을 충족시킬 수 있는 정도이다.
5) 표준성 : 다른 조직에서의 직무와도 비교할 수 있도록 표준화 되어 있는 정도이다.

02 직무분석 자료 활용의 용도 5가지를 쓰시오.

정답

1) 인력수급계획수립
2) 신규작업자의 모집
3) 종업원의 교육 및 훈련
4) 직무평가
5) 직무수행평가(인사고과)

03 직업대안선택 시 대안선택과정에서 내담자가 달성할 과제 4가지를 쓰시오.

정답

1) 한가지 선택을 하도록 준비하기
2) 직업들을 평가하기

3) 직업들 가운데서 한 가지를 선택하기
4) 선택조건에 이르기

04 경력단계별 경력개발 프로그램을 1개씩 쓰시오.

정답

1) 초기 – 인턴십, 사전직무안내, 종업원 오리엔테이션 프로그램
2) 중기 – 직무순환제도, 첨단기술에 대한 교육, 특정 전문분야에 대한 교육
3) 말기 – 은퇴 전 프로그램, 조기퇴직에 대한 보상, 유연작업계획

●○○
05 겔라트가 제시한 진로 의사결정의 단계를 쓰시오.

정답

1) 목적의식
2) 정보수집
3) 대안 열거
4) 대안의 결과 예측
5) 대안의 실현가능성 예측
6) 가치평가
7) 의사결정
8) 평가 및 재투입

06 Hall이 제시한 경력발달 4단계를 순서대로 설명하시오.

정답

1) 탐색단계
   자아개념을 정립하고 경력의 방향을 결정한다.
2) 확립단계
   특정의 직업에 정착하는 단계이다.
3) 유지단계
   다음 세대에 의미있는 것을 만들어내기 위해 노력하는 생산적 시기이다.

4) 쇠퇴단계
   은퇴를 준비하는 시기이다.

07 직무와 조직에서의 주된 스트레스를 받는 원인을 3가지를 쓰고 설명하시오.

정답

1) 과제특성
   복잡한 과제일수록 쉽게 스트레스에 노출된다.
2) 역할갈등
   자신이 생각하는 역할과 상급자가 생각하는 역할 간의 차이에 기인한다.
3) 역할모호성
   개인의 역할이 명확하지 않을 때 발생한다.

08 직장 스트레스의 행동변화에 대하여 5가지를 쓰시오.

정답

1) 결근
2) 이직
3) 사고
4) 직무불만족
5) 직무수행감소

09 직무스트레스의 조절변인 3가지를 쓰고 설명하시오.

정답

1) 성격유형 : A유형의 사람들이 B유형에 비해 스트레스원에 더 취약하다.
2) 통제위치 : 내적 통제자가 외적 통제자에 비해 스트레스 상황에 대한 대처능력이 뛰어나다.
3) 사회적 지원 : 사회적 지원은 우울이나 불안같은 직무스트레스 반응을 감소시킨다.

직업정보론

01 직업정보 제공자료

01 직업정보는 국내의 각종 직업에 관련된 다양한 정보를 체계화한 것이라고 할 수 있다. 그 구체적인 내용을 2가지로 대별하여 설명하고 이의 기능과 역할을 '노동시장', '기업', '국가' 측면에서 기술하시오.

정답

1) 직업정보의 내용
   ① 직업별로 수행되는 직무와 이에 필요한 학력, 적성, 흥미, 자격조건 등의 직업명세 사항
   ② 각 직업별 고용동향, 인력수급현황 및 고용전망 등의 노동시장정보
2) 직업정보의 부문별 기능 및 역할
   ① 노동시장 측면
      ㉠ 미취업 청소년의 진로탐색 및 진로 선택 시 참고자료로 이용
      ㉡ 구직자에게는 구직활동을 촉진시키는 기능을 한다.
   ② 기업적인 측면
      ㉠ 직업별 수행직무를 정확히 파악하여 합리적인 인사 관리를 촉진
      ㉡ 직무분석을 기초로 한 과학적인 안전관리로 산업재해를 예방할 수 있다.
   ③ 국가적 측면
      ㉠ 체계적인 직업정보를 기초로 하여 직업훈련 기준의 설정
      ㉡ 직업훈련 정책을 수립하며 고용정책 결정의 기초 자료로 활용된다.

○○○
02 공공직업정보의 특성 3가지만 쓰시오.
직업정보는 정보의 생산 및 운영주체에 따라 민간직업정보와 공공직업정보로 구분된다.
아래의 표에서 빈칸을 채우시오.

> 정답

구분	민간직업정보	공공직업정보
정보제공의 지속성	불연속적	지속적
직업의 분류 및 구분	① 생산자에 의한 자의적 기준	② 객관적 기준
조사·수록되는 직업의 범위	③ 특정 직업에 대한 제한적 정보	④ 전체 산업, 업종에 대한 포괄적인 정보
다른 정보와의 관계	관련성 낮음	관련성 높음
정보획득비용	유료	무료

●○○
03 고용정보를 미시정보와 거시정보로 구분하여 고용정보 내용 2가지를 적으시오.

> 정답

1) 미시정보
   구인 및 구직정보, 자격정보, 훈련정보
2) 거시정보
   고용전망, 인력수급정책, 노동시장동향

04 직업사전 상 직업기술의 구성요소 5가지를 작성하시오.

> 정답

1) 직업코드
2) 본직업명
3) 직무개요
4) 수행직무
5) 부가직업정보

05 한국직업사전에 수록된 부가직업정보 6가지를 쓰시오.
한국직업사전의 부가직업정보 중 정규교육, 숙련기간, 직무기능의 의미를 기술하시오.

정답

1) <u>정규교육</u> : 해당 직업의 직무를 수행하는데 필요한 일반적인 정규교육수준을 의미하는 것으로 해당 직업 종사자의 평균 학력을 나타내는 것은 아니다.
2) <u>숙련기간</u> : 정규교육과정을 이수한 후 해당 직업의 직무를 평균적인 수준으로 스스로 수행하기 위하여 필요한 각종 교육기간, 훈련기간 등을 의미한다.
3) <u>직무기능</u> : 해당 직업종사자가 직무를 수행하는 과정에서 자료, 사람, 사물과 맺는 관련된 특성을 나타낸다.
4) <u>작업강도</u> : 해당 직업의 직무를 수행하는데 필요한 육체적 힘의 강도를 나타낸 것으로 심리적·정신적 노동 강도는 고려하지 않는다.
5) <u>육체활동</u> : 해당 직업의 직무를 수행하기 위해 필요한 신체적 능력을 나타낸다.
6) <u>작업환경</u> : 해당 직업의 직무를 수행하는 작업자에게 직접적으로 물리적, 신체적 영향을 미치는 작업장의 환경요인을 나타낸 것이다.

06 한국직업사전에서는 각 직업에 대한 부가직업정보를 제공한다. 부가직업정보 중에서 직무기능의 자료, 사람, 사물(Data, People, Thing)에 대해 설명하시오.

정답

1) <u>자료</u> : 자료와 관련된 기능은 만질 수 없으며 숫자, 단어, 기호, 그리고 구두상의 표현을 포함한다.
2) <u>사람</u> : 사람과 관련된 기능은 인간과 인간처럼 취급되는 동물을 다루는 것을 포함한다.
3) <u>사물</u> : 사물과 관련된 기능은 사람과 구분되는 무생물로써 물질, 재료 및 제품 등을 다루는 것을 포함한다.

07 한국직업사전의 부가직업정보 중 작업강도를 결정하는 기준을 4가지 쓰고, 각각에 대해 설명 하시오.

정답

1) <u>들어올림</u> : 물체를 주어진 높이에서 다른 높이로 올리거나 내리는 작업
2) <u>운반</u> : 손에 들거나 팔에 걸거나 어깨에 메고 물체를 한 장소에서 다른 장소로 옮기는 작업

3) 밂 : 일정한 방향으로 움직이도록 반대쪽에서 힘을 가하는 작업
4) 당김 : 물체에 힘을 가하여 자기쪽이나 일정한 방향으로 가까이 오게 하는 작업

●○○
08 한국직업사전의 부가직업정보 중 작업강도는 해당직업의 직무를 수행하는데 필요한 육체적 힘의 강도를 나타낸 것으로 5단계로 분류하였다. 이 5단계를 쓰시오. (단, 순서는 상관없음)

정답

1) 아주 가벼운 작업 : 최고 4kg의 물건을 들어올리고 때때로 장부, 대장, 소도구 등을 들어올리거나 운반한다.
2) 가벼운 작업 : 최고 8kg의 물건을 들어올리고 4kg 정도의 물건을 빈번히 들어올리거나 운반한다.
3) 보통 작업 : 최고 20kg의 물건을 들어올리고 10kg 정도의 물건을 빈번히 들어올리거나 운반한다.
4) 힘든 작업 : 최고 40kg의 물건을 들어올리고 20kg 정도의 물건을 빈번히 들어올리거나 운반한다.
5) 아주 힘든 작업 : 40kg 이상의 물건을 들어올리고 20kg 이상의 물건을 빈번히 들어올리거나 운반한다.

09 한국직업사전 부가직업정보 중 작업환경을 나타내는 "위험내재"는 작업자가 제반위험에 노출되어 있는지 결정한다. 제반위험종류 5가지를 쓰시오.

정답

1) 기계적위험
2) 전기적위험
3) 폭발위험
4) 화상위험
5) 방사선위험

10 한국직업사전 부가직업정보 중 육체활동 4가지를 쓰시오.

> **정답**
>
> 1) 시각
> 2) 청각
> 3) 언어력
> 4) 손사용
> 5) 웅크림
> 6) 균형감각

11 아래의 표는 한국직업사전에 수록된 "특수교육교사"의 직업정보에 관한 내용이다. 아래 표의 숙련기간의 의미와 작업강도의 의미를 설명하시오.

> • 숙련기간 : 1－2년
> • 작업강도 : 보통작업

> **정답**
>
> 1) 숙련기간은 정규교육과정을 이수한 후 해당 직업의 직무를 평균적인 수준으로 스스로 수행하기 위하여 필요한 각종 교육기간, 훈련기간 등을 의미하며 6수준을 나타낸다.
> 2) 작업강도는 해당 직업의 직무를 수행하는데 필요한 육체적 힘의 강도를 나타낸 것으로 최고 20kg의 물건을 들어올리고 10kg 정도의 물건을 빈번히 들어 올리거나 운반한다.

12 한국직업사전의 부가직업정보 직무기능은 자료, 사람, 사물과 연관된 특성을 나타낸다. 자료의 하위직무기능으로 다음 (   )안에 들어갈 직무기능은?

> 종합－(   )－(   )－(   )－(   )－(   )－(   )

> **정답**
>
> 종합－(조정)－(분석)－(수집)－(계산)－(기록)－(비교)

02 한국표준직업분류

01 한국표준직업분류에서 직업분류의 일반원칙을 2가지 쓰시오.

정답

1) 포괄성의 원칙
   모든 직무는 어떤 수준에서든지 분류에 포괄되어야 한다.
2) 배타성의 원칙
   동일하거나 유사한 직무는 어느 경우에든 같은 단위직업으로 분류되어야 한다.

02 한국표준직업분류의 직무 유사성의 판단기준 4가지를 쓰시오.

정답

1) 지식
2) 경험
3) 기능
4) 요건

03 한국표준직업분류에서 제시한 직업분류 개념인 직능, 직능수준, 직능유형을 설명하시오.

정답

1) 직능(skill)
   주어진 직무의 업무와 과업을 수행하는 능력

2) 직능수준(skill level)

직무수행능력의 높낮이를 말하는 것으로 정규교육, 직업훈련, 직업경험 그리고 선천적 능력과 사회 문화적 환경 등에 의해 결정된다.

3) 직능유형(skill specialization)

직무수행에 요구되는 지식의 분야, 사용하는 도구 및 장비, 투입되는 원재료, 생산된 재화나 서비스의 종류와 관련된다.

04 한국표준직업분류에서 직능수준을 정규교육과정에 따라 정의하시오.
국제표준직업분류(ISCO)에서 정의한 제 2직능수준을 국제표준직업분류(ISCED)를 포함하여 설명하시오.

정답

1) 제 1직능수준

단순하고 반복적이며 때로는 육체적인 힘을 요하는 과업을 수행한다.

초등교육이나 기초적인 교육(ISCED 수준1)을 필요로 한다.

2) 제 2직능수준

완벽하게 읽고 쓸 수 있는 능력과 정확한 계산능력, 그리고 상당한 정도의 의사소통 능력을 필요로 한다.

중등 이상의 교육과정의 정규교육 이수(ISCED 수준2, 수준3) 또는 이에 상응하는 직업훈련이나 직업경험을 필요로 한다.

일부의 직업은 중등학교 졸업 후 교육(ISCED 수준4)이나 직업교육기관에서의 추가적인 교육이나 훈련을 요구할 수도 있다.

3) 제 3직능수준

복잡한 과업과 실제적인 업무를 수행할 정도의 전문적인 지식을 보유하고 수리계산이나 의사소통 능력이 상당히 높아야 한다.

중등교육을 마치고 1~3년 정도의 추가적인 교육과정(ISCED 수준5) 정도의 정규교육 또는 직업훈련을 필요로 한다.

4) 제 4직능수준

매우 높은 수준의 이해력과 창의력 및 의사소통 능력이 필요하다.

4년 또는 그 이상 계속하여 학사, 석사나 그와 동등한 학위가 수여되는 교육수준(ISCED 수준6 혹은 그 이상)의 정규교육 또는 훈련을 필요로 한다.

05 KSCO의 대분류 중 '관리자, 전문가 및 관련종사자, 기능관련종사자'를 적합한 직능수준과 연결하시오.
KSCO의 대분류 중 '전문가 및 관련종사자, 사무종사자, 서비스종사자, 단순노무종사자, 군인'를 적합한 직능수준과 연결하시오.

정답

구분	대분류	직능수준
1	관리자	제 4직능수준 혹은 제 3직능수준 필요
2	전문가 및 관련 종사자	제 4직능수준 혹은 제 3직능수준 필요
3	사무 종사자	제 2직능수준 필요
4	서비스 종사자	제 2직능수준 필요
5	판매 종사자	제 2직능수준 필요
6	농림어업 숙련 종사자	제 2직능수준 필요
7	기능원 및 관련 기능 종사자	제 2직능수준 필요
8	장치·기계조작 및 조립 종사자	제 2직능수준 필요
9	단순노무 종사자	제 1직능수준 필요
A	군인	제 2직능수준 이상 필요

06 일반적으로 "직업"으로 규명하기 위한 4가지 요건을 쓰고 설명하시오.

정답

1) 경제성 : 경제적인 거래 관계가 성립하는 활동을 수행해야 한다.
2) 계속성 : 일시적인 것이 아니라 계속적으로 행해져야 한다.
3) 사회성 : 사회적으로 가치있고 쓸모있는 일이어야 한다.
4) 윤리성 : 비윤리적인 영리행위나 반사회적인 활동이 아니어야 한다.

07 한국표준직업분류에서 일의 계속성에 해당하는 경우 4가지를 쓰시오.

정답

1) 매일, 매주, 매월 등 주기적으로 행하는 것
2) 계절적으로 행해지는 것

3) 명확한 주기는 없으나 계속적으로 행해지는 것
4) 현재 하고 있는 일을 계속적으로 행할 의지와 가능성이 있는 것

08 한국표준직업분류에서 직업으로 인정되지 않는 활동 5가지를 기술하시오.
한국표준직업분류에서 직업으로 인정하지 않는 활동 3가지를 적으시오.
한국표준직업분류에서 직업으로 인정하지 않는 활동 3가지를 적으시오.

정답

1) 교육기관에 재학하며 학습에만 전념하는 경우
2) 이자, 주식배당, 임대료(전세금, 월세) 등과 같은 자산 수입이 있는 경우
3) 자기 집의 가사 활동에 전념하는 경우
4) 시민봉사활동 등에 의한 무급 봉사적인 일에 종사하는 경우
5) 수형자의 활동과 같이 법률에 의한 강제노동을 하는 경우
6) 사회복지시설 수용자의 시설 내 경제활동
7) 연금법, 국민기초생활보장법, 국민연금법 및 고용보험법 등의 사회보장이나 민간보험에 의한 수입이 있는 경우
8) 경마, 경륜, 경정, 복권 등에 의한 배당금이나 주식투자에 의한 시세차익이 있는 경우
9) 예·적금 인출, 보험금 수취, 차용 또는 토지나 금융자산을 매각하여 수입이 있는 경우
10) 도박, 강도, 절도, 사기, 매춘, 밀수와 같은 불법적인 활동

09 한국표준직업분류에서 말하는 '다수직업 종사자'란 무엇인지 설명하고, 이의 직업을 결정하는 일반적인 원칙을 순서대로 나열하시오.

정답

1) 다수직업 종사자
   한 사람이 전혀 상관성이 없는 두 가지 이상의 직업에 종사하는 자를 말한다.
2) 분류원칙
   ① 취업시간 우선의 원칙
      가장 먼저 분야별로 취업시간을 고려하여 보다 긴 시간을 투자하는 직업으로 결정한다.
   ② 수입 우선의 원칙
      위의 경우로 분별하기 어려운 경우는 수입이 많은 직업으로 결정한다.

③ 조사 시 최근의 직업 원칙

위의 두 가지 경우로 판단할 수 없는 경우에는 조사시점을 기준으로 최근에 종사한 직업으로 결정한다.

10 한국표준직업분류의 분류원칙 중 포괄적인 업무에 대한 분류를 설명하고 3가지 분류에 대해 약술하시오.

한국표준직업분류 중 '포괄적인 업무에 대한 직업분류 원칙' 중 '주된 직무 우선 원칙'의 의미를 설명하고, 사례를 예시하시오.

정답

1) 포괄적인 업무

직업분류는 국내외적으로 가장 보편적인 업무의 결합상태에 근거하여 직업 및 직업군을 결정한다.

2) 포괄적 업무의 분류원칙

① 주된 직무 우선 원칙

2개 이상의 직무를 수행하는 경우 직무내용을 비교·평가하여 관련 직무 내용상의 상관성이 가장 많은 항목에 분류한다.

예 교육과 진료를 겸하는 의과대학 교수는 강의, 연구, 평가 등과 진료, 처치, 환자상담 등의 직무내용을 파악하여 관련 항목이 많은 분야로 분류한다.

② 최상급 직능수준 우선 원칙

수행된 직무가 상이한 수준의 직무능력을 필요로 한다면, 가장 높은 수준의 직무능력을 필요로 하는 일에 분류하여야 한다.

예 조리와 배달의 직무비중이 같을 경우에는, 조리의 직능수준이 높으므로 조리사로 분류한다.

③ 생산업무 우선 원칙

재화의 생산과 공급이 같이 이루어지는 경우는 생산단계에 관련된 업무를 우선적으로 분류한다.

예 한 사람이 빵을 생산하여 판매도 하는 경우에는, 판매원으로 분류하지 않고 제빵사 및 제과원으로 분류하여야 한다.

11 한국표준직업분류의 동일한 분류수준에서 직무단위를 분류하는 순서배열 원칙을 3가지 설명하시오.

> 정답

1) 한국표준산업분류(KSIC)
   산업의 여러분야에 걸쳐 직업이 있는 경우에 한국표준산업분류의 순서대로 배열하였다.
2) 특수－일반분류
   특수분류를 먼저 배열하고 일반분류를 나중에 배열하였다.
3) 고용자 수와 직능수준, 직능유형의 고려
   직능수준이 비교적 높거나 고용자 수가 많은 직무를 우선하여 배치하였다.

03 한국표준산업분류

01 한국표준산업분류 개요 중 산업, 산업활동의 정의 및 산업활동의 범위를 기술하시오.

정답

1) 산업의 정의
   유사한 성질을 갖는 산업활동에 주로 종사하는 생산단위의 집합을 말한다.
2) 산업활동의 정의
   각 생산단위가 노동, 자본, 원료 등 자원을 투입하여 재화 또는 서비스를 생산 또는 제공하는 일련의 활동과정을 말한다.
3) 산업 활동의 범위
   영리적, 비영리적 활동이 모두 포함되나, 가정 내의 가사활동은 제외된다.
4) 산업분류
   생산단위가 주로 수행하는 산업 활동을 그 유사성에 따라 체계적으로 유형화한 것이다.

02 한국표준산업분류의 산업분류는 주로 수행하고 있는 산업활동을 그 유사성에 따라 유형화 한 것으로 3가지 분류기준에 의해 분류된다. 이 3가지 분류기준을 쓰시오.
한국표준산업분류에서 산업분류기준 3가지를 기술하시오.
한국표준산업분류에서 산업분류의 정의를 쓰시오.

정답

1) 정의 : 한국표준산업분류는 생산단위가 주로 수행하는 산업 활동을 그 유사성에 따라 체계적으로 유형화 한 것이다.
2) 분류기준
   ① 산출물의 특성
   ② 투입물의 특성
   ③ 생산활동의 일반적인 결합형태

●○○
03 한국표준산업분류에서 통계단위는 생산단위의 활동에 관한 통계작성을 위하여 필요한 정보를 수집 또는 분석할 대상이 되는 관찰 또는 분석단위를 말한다. 다음표에 들어갈 생산활동과 장소의 동질성의 차이에 따른 통계단위를 쓰시오.

> 정답

구분	하나 이상의 장소	단일장소
하나 이상의 산업활동	기업집단	지역단위
	기업체단위	
단일산업활동	활동유형단위	사업체단위

04 산업분류의 결정방법 중 생산단위의 활동형태 3가지를 쓰고 설명하시오.

> 정답

1) 주된 산업활동 : 생산된 재화 또는 제공된 서비스 중에서 부가가치가 가장 큰 활동
2) 부차적 산업활동 : 주된 산업활동 이외의 재화 생산 및 서비스 제공 활동
3) 보조적 산업활동 : 회계, 창고, 운송, 수리 서비스 등의 활동

05 한국표준산업분류의 활동단위는 보조단위로 보아서는 안되며, 활동단위를 별개의 독립된 활동으로 보는 4가지 유형을 쓰시오.

> 정답

1) 고정자산을 구성하는 재화의 생산
2) 재화나 서비스를 보조적으로 생산하더라도 그 생산되는 재화나 서비스의 대부분을 다른 시장에 판매하는 경우
3) 모 생산단위가 생산하는 생산품의 구성부품이 되는 재화를 생산하는 경우
4) 연구 및 개발활동

06 한국표준산업분류에서 통계단위의 산업을 결정하는 방법을 4가지만 쓰시오.
한국표준산업분류 중 사례별 산업결정방법과 산업분류의 적용원칙을 쓰시오.
한국표준산업분류 중 사례별 산업결정방법과 산업분류의 적용원칙 4가지를 쓰시오.

정답

1) 산업결정방법
   ① 생산단위의 산업 활동은 그 생산단위가 수행하는 주된 산업 활동의 종류에 따라 결정된다.
   ② 계절에 따라 정기적으로 산업을 달리하는 사업체의 경우에는 조사시점에서 경영하는 사업과는 관계없이 조사대상 기간 중 산출액이 많았던 활동에 의하여 분류된다.
   ③ 휴업 중 또는 자산을 청산 중인 사업체의 산업은 영업 중 또는 청산을 시작하기 이전의 산업활동에 의하여 결정하며, 설립중인 사업체는 개시하는 산업활동에 따라 결정한다.
   ④ 단일사업체의 보조단위는 그 사업체의 일개 부서로 포함하며, 여러 사업체를 관리하는 중앙보조단위는 별도의 사업체로 처리한다.

2) 산업분류의 적용원칙
   ① 생산단위는 산출물뿐만 아니라 투입물과 생산공정 등을 함께 고려하여 그들의 활동을 가장 정확하게 설명된 항목에 분류해야 한다.
   ② 자기가 직접 실질적인 생산활동은 하지 않고, 다른 계약업자에 의뢰하여 재화 또는 서비스를 자기계정으로 생산케 하고, 이를 자기명의로, 자기 책임하에서 판매하는 단위는 이들 재화나 서비스 자체를 직접 생산하는 단위와 동일한 산업으로 분류하여야 한다.
   ③ 복합적인 활동단위는 우선적으로 최상급 분류단계를 정확히 결정하고, 순차적으로 중·소·세·세세분류 단계 항목을 결정하여야 한다.
   ④ 산업활동이 결합되어 있는 경우에는 그 활동단위의 주된 활동에 따라 분류하여야 한다.

04 직무분석

●○○
01 직무분석 방법에 대하여 3가지만 쓰고 설명하시오.

정답

1) 최초분석법
   조사할 직무대상에 관한 참고문헌이나 자료가 드물고 그 분야에 많은 경험과 지식을
   갖춘 사람이 거의 없을 경우에 직접 현장을 방문하여 실시하는 방법
2) 비교확인법
   참고자료가 충분하고 단기간에 관찰이 불가능한 직무에 적합한 방법
3) 데이컴법
   교과과정을 개발하기 위해 사용되는 방법

●●○
02 직무분석 방법은 최초분석법, 비교확인법, 데이컴법 등이 있다. 이 가운데 최초분석법은
어느 경우에 적합하며, 구체적인 방법은 어떤 것들이 있는지 4가지 기술하시오.

정답

1) 최초분석법
   조사할 직무대상에 관한 참고문헌이나 자료가 드물고 그 분야에 많은 경험과 지식을
   갖춘 사람이 거의 없을 경우에 직접 현장을 방문하여 실시하는 방법이다.
2) 구체적인 방법
   ① 면담법(면접법)
      특정직무에 대하여 오랜 경력을 쌓아 전문지식과 숙련된 기술·기능을 보유하고 있는
      작업자와 면담을 통하여 분석하는 방법이다.
   ② 관찰법
      분석자가 직접 사업장을 방문하여 작업자가 하는 직무활동을 상세하게 관찰하고 그
      결과를 기술하는 방법이다.

③ 체험법

분석자 자신이 직접 직무활동에 참여하여 체험함으로써 직무분석 자료를 얻는 방법이다.

④ 중요사건법(결정적 사건법)

직무수행에 결정적인 역할을 한 사건이나 사례를 중심으로 직무를 분석하는 방법이다.

⑤ 설문지법(질문지법)

현장의 작업자 또는 감독자에게 설문지를 배부하여 직무내용을 기술하게 하는 방법이다.

⑥ 녹화법

녹화법은 반복되는 단순직무이며 작업환경이 소음, 분진, 진동, 습윤 등으로 인하여 장시간 관찰하기 어려운 경우, 비디오로 작업 장면을 촬영, 녹화하여 작업자와 작업 장면을 보면서 분석하는 방법이다.

●○○
03 직무분석방법 중에서 결정적 사건법의 단점 3가지를 쓰시오.

정답

1) 일상적인 수행과 관련된 지식, 기술, 능력들이 배제될 수 있다.
2) 응답자들이 과거에 일어났던 결정적 사건을 왜곡해서 기술할 가능성이 있다.
3) 추론하는 과정에서 주관성이 개입될 수 있다.
4) 수집된 자료를 분류하는 데 많은 시간과 노력이 필요하다.

●○○
04 직무분석의 구조적 면접법, 비구조적 면접법에 대한 각각의 의의와 장단점을 쓰시오.

정답

1) 구조적 면접법 : 질문내용을 미리 준비해두고 순서에 따라 진행한다.
   장점 : 짧은 시간에 많은 정보를 얻을 수 있다.
   단점 : 심층적 정보를 얻지 못한다.
2) 비구조적 면접법 : 사전에 어떤 질문을 할 것인가를 결정하지 않고 응답자의 반응에 따라 융통적으로 면접을 진행한다.
   장점 : 심층적 정보를 얻을 수 있다.
   단점 : 짧은 시간에 많은 정보를 얻기가 어렵다.

05 편파적이지 않고 왜곡되지 않은 직업정보를 수집하기 위한 직업정보의 수집과정 4단계를 쓰시오.

정답

1) 직업분류 제시하기
2) 대안 만들기
3) 목록 줄이기
4) 직업정보 수집하기

06 직무분석을 위한 면접 시 면접진행을 위한 지침 및 유의사항 5가지를 기술하시오.

정답

1) 상사나 감독자의 허락을 먼저 받고 작업자와 면접한다.
2) 면접 내내 정중하고 공손한 태도를 보여야 한다.
3) 직무분석과 관계없는 질문은 하지 않는다.
4) 유도질문을 하지 않는다.
5) 면접은 안정되고 일정한 속도로 진행한다.
6) 간단하고 쉽게 이해되는 언어를 사용한다.

07 직무분석단계는 일반적으로 다음과 같이 구분할 수 있다. 이 중 2단계인 직무분석 설계단계에서 이루어져야 할 일을 3가지만 쓰시오.

정답

[1단계] 행정적 단계(준비단계)
[2단계] 직무분석 설계단계
[3단계] 자료수집과 분석단계
[4단계] 결과정리단계
[5단계] 직무분석결과의 배포단계
[6단계] 통제단계(최신의 정보로 수정하는 단계)

[2단계] 직무분석 설계단계
1) 정보원천 선정(내부전문가, 직업관련자료, 업무메뉴얼, 작업일지 등)
2) 정보수집방법 선정(관찰법, 면접법, 질문지법, 중요사건법 등)

3) 자료분석방법 결정

■ 직무분석단계
[1단계] 행정적 단계(준비단계)
   1) 직무분석의 목적 및 범위결정
   2) 대상직무 선정
   3) 실시시간, 실시방법, 실시조직, 실시예산 결정
[2단계] 직무분석 설계단계
[3단계] 자료수집과 분석단계
   1) 예비조사
   2) 직무단위의 결정
   3) 직무정보수집
   4) 직무분류
   5) 분석
[4단계] 결과정리단계
   1) 직무기술서작성
   2) 직무명세서작성
   3) 성과기준
   4) 보상요소
   5) 직군/직렬/직종/과업분류
[5단계] 직무분석결과의 배포단계
[6단계] 통제단계(최신의 정보로 수정하는 단계)

08 직업능력개발훈련을 훈련목적에 따라 3가지로 구분하여 쓰시오.

정답

1) 양성훈련
   기초적 직무수행능력을 습득시키기 위하여 실시하는 직업능력개발훈련
2) 향상훈련
   기초적 직무수행능력을 가지고 있는 사람에게 더 높은 직무수행능력을 습득시키 위하여
   실시하는 직업능력개발훈련
3) 전직훈련
   종전의 직업과 유사하거나 새로운 직업에 필요한 직무수행능력을 습득시키기 위하여
   실시하는 직업능력개발훈련

09 직무기술서를 작성하는 공통적 양식은 없지만 일반적으로 직무기술서에 포함되는 정보들을 5가지 쓰시오.

정답

1) 직무명
2) 직무절차 및 내용
3) 작업시간
4) 작업조건
5) 고용조건
6) 임금조건

10 직무평가방법 4가지를 쓰시오.

정답

1) 서열법 : 직무의 중요도에 따라 순위를 정하는 방법
2) 분류법 : 정해진 분류 범주에 따라 직무를 분류하는 방법
3) 요소비교법 : 대표 직무의 평가요소와 비교하여 상대적 가치를 결정하는 방법
4) 점수법 : 직무의 구성요소별 중요도에 따라 점수를 부여한 후 총점을 구하여 직무를 평가하는 방법

11 직업안정기관의 규제완화 시 발생하는 장단점을 2가지 이상 기술하시오.

정답

1) 장점
   ① 고용관련 사업에 대한 민간참여가 확대된다.
   ② 직업정보 획득이 용이하다.
2) 단점
   ① 영세업체들의 교육수준이나 전문성이 부족하다.
   ② 직업정보의 악용우려가 있다.

12 한국직업사전의 부가직업정보 중 직무기능은 자료 · 사람 · 사물과 연관된 특성을 나타낸다. 사람과 관련된 특성 5가지를 쓰시오.

정답
1) 자문
2) 협의
3) 교육
4) 감독
5) 설득

13 한국직업사전의 부가직업정보 중 직무기능은 자료, 사람, 사물이 있다. 그중에서 사물의 세부사항 5가지를 쓰시오.

정답
1) 설치
2) 정밀작업
3) 제어조작
4) 조작운전
5) 수동조작
6) 유지

노동시장론

VOCATIONAL COUNSELOR

01 노동시장의 이해

제 1 절 노동의 수요

01 노동수요에 영향을 끼치는 요인을 5가지를 쓰시오.

정답
1) 노동생산성
2) 노동의 가격
3) 다른 생산요소의 가격
4) 생산기술의 변화
5) 상품에 대한 소비자의 크기

02 노동수요 탄력성에 대한 4가지 원리를 쓰시오.
노동수요의 탄력성 결정요인 4가지를 쓰시오.
기업의 노동수요탄력성에 영향을 미치는 요인 4가지를 쓰시오.

정답
1) 다른 생산요소의 공급탄력성이 클수록 노동수요의 탄력성은 커진다.
2) 다른 생산요소와 대체가능성이 클수록 노동수요의 탄력성은 커진다.
3) 생산물의 수요 탄력성이 클수록 노동수요의 탄력성은 커진다.
4) 총 생산비에 대한 노동비용의 비중이 클수록 노동수요의 탄력성은 커진다.

●○○
03 노동수요의 탄력성 및 노동공급의 탄력성을 산출하는 공식을 쓰시오.

정답

$$노동수요탄력성 = \frac{노동수요량의\ 변화율(\%)}{임금의\ 변화율(\%)}$$

$$노동공급탄력성 = \frac{노동공급량의\ 변화율(\%)}{임금의\ 변화율(\%)}$$

●○○
04 시간당 임금이 500원일 때 1,000명을 고용하던 기업에서 시간당 임금이 400원으로 감소하였을 때 1,100명을 고용할 경우, 이 기업의 노동수요 탄력성을 계산하시오. (단, 계산과정과 정답을 모두 기재)

정답

$$노동수요탄력성 = \frac{노동수요량의\ 변화율(\%)}{임금의\ 변화율(\%)}$$

$$노동수요탄력성 : \frac{\dfrac{|1,000 - 1,100|}{1,000} \times 100}{\dfrac{500 - 400}{500} \times 100} = \frac{10\%}{20\%} = 0.5$$

●●○
05 다음 표를 보고 물음에 답하시오.

시간당 임금	A기업 노동수요량	B기업 노동수요량
5,000	22	24
6,000	21	22
7,000	20	20
8,000	19	18
9,000	18	16

정답

1) 시간당 7,000원에서 8,000원으로 인상될 때 각 기업의 임금탄력성을 구하시오.

$$노동수요탄력성 = \frac{노동수요량의\ 변화율(\%)}{임금의\ 변화율(\%)}$$

① A기업

$$\text{노동수요탄력성} = \frac{\dfrac{|20-19|}{20} \times 100}{\dfrac{|7,000-8,000|}{7,000} \times 100} = \frac{5\%}{14.3\%} = 0.35$$

② B기업

$$\text{노동수요탄력성} = \frac{\dfrac{|20-18|}{20} \times 100}{\dfrac{|7,000-8,000|}{7,000} \times 100} = \frac{10\%}{14.3\%} = 0.7$$

2) 7,000원에서 8,000원으로 노동조합이 임금협상을 시도하고자 할 때 그 타결가능성이 높은 기업은?

   A기업

3) 그 이유는 무엇인지 설명하시오.

   노동수요의 임금탄력성이 비탄력적일수록 임금인상 시 고용량의 감소가 작기 때문에 노동조합의 교섭력은 커진다. 따라서 A기업 노동조합의 임금협상 타결가능성이 높다.

06 다음표를 보고 물음에 답하시오.

A기업 임금	A기업 노동시간	B기업 임금	B기업 노동시간
4,000	20,000	6,000	30,000
5,000	10,000	5,000	33,000

정답

1) 두 기업의 노동수요탄력성 값을 계산하시오. (소수점의 경우 셋째 자리에서 반올림 계산)

$$\text{A기업 임금탄력성} = \frac{\dfrac{|20,000-10,000|}{20,000} \times 100}{\dfrac{|4,000-5,000|}{4,000} \times 100} = 2.00$$

$$\text{B기업 임금탄력성} = \frac{\dfrac{|30,000-33,000|}{30,000} \times 100}{\dfrac{|6,000-5,000|}{6,000} \times 100} = 0.60$$

2) 노동조합이 임금협상을 시도하고자 할 때 그 타결 가능성이 높은 기업을 선택하고 그 이유를 설명하시오.

B기업

노동수요의 임금탄력성이 비탄력적일수록 임금인상 시 고용량의 감소가 작기 때문에 노동조합의 교섭력은 커진다. 따라서 B기업 노동조합의 임금협상 타결가능성이 높다.

●○○
07 노동수요 L_d = 5,000 - 2W이며, 1시간당 임금(W)이 2,000원일 때 노동수요의 임금탄력성의 절대값과 근로자 수입은 얼마인지 계산하시오.
단, L은 근로자 수, W는 시간당 임금이다.

정답

1) 노동수요의 임금탄력성의 절대값

$$\text{노동수요의 임금탄력성} = \frac{\text{노동수요량의 변화율(\%)}}{\text{임금의 변화율(\%)}} = \frac{\dfrac{\text{노동수요 변동분}}{\text{원래 노동수요}}}{\dfrac{\text{임금의 변동분}}{\text{원래 임금}}}$$

$$= \frac{\dfrac{\Delta L_d}{L_d}}{\dfrac{\Delta w}{w}} = \frac{\Delta L_d \times w}{\Delta w \times L_d}$$

$\dfrac{\Delta L_d}{\Delta w}$ 는 노동수요를 임금에 대한 미분값이며, L_d = 5,000−2W를 임금에 대해 미분하면 −2이다.

$$\text{노동수요의 임금탄력성} = \frac{dL_d}{dW} \cdot \frac{W}{L_d} = -2 \cdot \frac{2000원}{1000원} = -4$$

노동수요의 임금탄력성의 절대값=4

2) 근로자의 수입

근로자의 수입= 노동수요량×시간당 임금

노동수요량(L_d) =5000−2×2,000원=1,000시간

근로자의 수입=1,000시간×2,000원=2,000,000원

제 2 절 노동의 한계생산체감의 법칙

●○○
01 아래의 예를 보고 노동의 한계생산성체감의 법칙 개념과 원인을 쓰시오.

노동	1단위	2단위	3단위	4단위	5단위	노동1단위 : 150원
생산량	2	4	7	8.5	9	생산품1개 : 100원

정답

1) 노동의 한계생산체감의 법칙 개념

   기업이 다른 생산요소는 고정시키고 노동을 추가적으로 고용하여 생산을 하게 되면 총생산량은 2개, 4개, 7개, 8.5개, 9개로 증가하게 된다. 그런데 고용량을 1단위 증가시킬 때 한계생산은 처음에는 2개, 3개 증가하다가 1.5개, 0.5개로 차츰 감소하는 현상을 한계생산 체감의 법칙이라 한다.

2) 원인

   생산물 한 개를 추가로 생산할 때 소요되는 한계비용이 증가하기 때문이다. 이는 여러 생산요소 가운데 노동의 투입만을 증가시키고 자본은 고정되어 있기 때문에 한계생산이 감소하게 되는 것이다.

●●○
02 아래표를 보고 최적고용단위를 결정하고 근거를 설명하시오.
(단, 노동1단위 임금 : 150원, 생산물1개 단가 : 100원)

노동	1	2	3	4	5	6
생산량	2	4	7	8.5	9	9

정답

노동	1	2	3	4	5	6
생산량	2	4	7	8.5	9	9
한계생산량	2	2	3	1.5	0.5	0
한계생산물의 가치	200	200	300	150	50	0

1) 최적고용단위 : 4단위

2) 근거 : 한계수입＝한계비용일 때 기업의 이윤이 극대화 된다.

   한계수입(한계생산물의 가치)＝한계생산물×시장가격이며, 한계비용＝임금이다.

   따라서 노동1단위가격 150원과 노동의 한계생산물의 가치가 일치하는(1.5개×100원＝150원) 수준인 4단위가 최적고용단위이다.

03 K제과점 근로자 수와 하루 케이크 생산량은 다음과 같다. 아래의 물음에 답하시오. (종업원 일당은 80,000원, 케이크 한 개 가격은 10,000원)

근로자 수	케이크 생산량
0	0
1	10
2	18
3	23
4	27

정답

근로자 수	케이크 생산량	한계생산량	한계수입생산 (한계생산물의 가치)
0	0	0	0
1	10	10-0=10	10×10,000=100,000
2	18	10-8=8	8×10,000=80,000
3	23	18-23=5	5×10,000=50,000
4	27	23-27=4	4×10,000=40,000

1) 근로자 수 2명인 경우 노동의 한계생산은? (계산식과 답)
  노동의 한계생산=18개-10개=8개

2) 근로자수 3명인 경우 노동의 한계수입생산은? (계산식과 답)
  노동의 한계생산=23개-18개=5개
  노동의 한계수입생산(한계생산물의 가치)=5개×10,000원=50,000원

3) 근로자 임금이 하루 80,000원이라면 기업의 이윤극대화 시점의 K제과점의 근로자 수와 케이크 생산량은? (계산식과 답)
  근로자 수가 2명일 때
  노동의 한계수입생산=8개×10,000원=80,000원이고, 이것은 임금 80,000원과 같다.
  이윤극대화 시점의 K제과점의 근로자 수는 2명, 케이크 생산량은 18개이다.

●●○
04 아래 내용을 참조하여 기업의 한계노동비용과 이윤극대화가 이루어질 때 노동공급 등을 구하시오.

노동공급	임금	한계수입생산
5	6	62
6	8	50
7	10	38
8	12	26
9	14	14
10	16	2

※ 최고 우측란은 총 수입생산이 아니고 한계수입생산입니다.

정답

1) 노동공급이 7단위일 때 한계노동비용을 구하시오.

노동공급이 6단위일 때 $6 \times 8 = 48$

노동공급이 7단위일 때 $7 \times 10 = 70$

한계노동비용은 $70 - 48 = 22$

2) 이윤극대화가 이루어지는 노동공급과 임금을 구하시오.

노동공급	임금	노동총비용	한계노동비용	한계수입생산
5	6	$5 \times 6 = 30$	−	62
6	8	$6 \times 8 = 48$	$48 - 30 = 18$	50
7	10	$7 \times 10 = 70$	$70 - 48 = 22$	38
8	12	$8 \times 12 = 96$	$96 - 70 = 26$	26
9	14	$9 \times 14 = 126$	$126 - 96 = 30$	14
10	16	$10 \times 16 = 160$	$160 - 126 = 34$	2

한계수입=한계비용일 때 기업의 이윤이 극대화 된다.

즉, 한계노동비용 26과 한계수입생산이 일치하는 8단위가 최적 고용단위이다.

따라서 이윤극대화가 이루어지는 노동공급은 8단위, 단위당 임금은 12이다.

05 노동력 수요에서 산업의 단기노동수요가 외부조건의 변동에 따라 변화하는 과정을 설명하시오.

> 정답

1) 기업의 노동수요에 있어서 각 기업의 노동수요가 달라지면 산업전체의 생산량이 영향을 받게 됨에 따라서 시장가격이 영향을 받게 되어, 개별기업의 노동수요량을 수평적으로 합계가 곧 산업의 노동수요량을 나타내지는 않는다.

2) 즉, 임금의 하락 → 모든 기업의 고용증가 → 전체 생산량 증가 → 생산물 가격 하락 → 노동의 한계생산물 가치(VMPL) 하락 → 노동의 한계생산물 가치(VMPL) 곡선의 하방 이동 → 고용의 증가폭이 예상보다 적다.

3) 결국, 임금의 하락이 곧 고용의 증대로 이어지지는 않게 되고 산업의 단기 노동수요 곡선은 개별기업의 노동수요곡선에 비해 비탄력적이 된다.

제 3 절 노동의 공급

01 노동공급의 결정요인 5가지를 기술하시오.

> 정답

1) 경제활동 참가율 – 경제활동 참가율이 높을수록 노동공급은 증가한다.
2) 인구의 규모와 구조 – 인구 또는 생산가능인구가 많을수록 노동공급은 증가한다.
3) 임금지불방식 – 임금지불방식은 노동공급에 영향을 미친다.
4) 노동시간 – 노동시간이 증가할수록 노동공급은 증가한다.
5) 동기부여와 사기 – 동기부여와 사기가 높을수록 노동공급은 증가한다.

02 실업률, 경제활동 참가율, 최소 무급종사자(자영업근로자가 90천명일 경우), 경제활동가능 인구 중 취업자가 차지하는 비율 구하시오. (단위 : 천명)

경제활동인구	비경제활동인구	임금근로자	비임금근로자
350	150	190	140

정답

1) 실업률을 구하시오.

실업자 수＝350－(190＋140)＝20천명

실업률＝20÷350×100＝5.71%

2) 경제활동 참가율을 구하시오.

생산가능인구＝350＋150＝500천명

경제활동참가율＝350÷500×100＝70%

3) 자영업주가 90천명일 때 무급종사자는 최소한 얼마인가?

비임금근로자＝자영업자＋무급종사자

무급종사자＝140－90＝50천명

4) 경제활동가능인구 중 취업자가 차지하는 비율을 구하시오.

경제활동가능인구＝350＋150＝500

취업자＝190＋140＝330

경제활동가능인구 중 취업자 비율＝330÷500×100＝66%

03 아래의 주어진 예시를 보고 다음을 계산하시오.

- 15세 이상 인구 : 35,986천명
- 비경제활동인구 : 14,717천명
- 취업자 : 20,149천명(자영업자 5,645천명, 무급가족 종사자 1,685천명, 상용직 근로자 6,113천명, 임시근로자 4,481천명, 일용근로자 2,225천명)

정답

1) 실업률은?

경제활동인구＝15세 이상－비경제활동인구＝35,986－14,717＝21,269

실업자＝경제활동인구－취업자＝21,269－20,149＝1,120

실업율＝실업자÷경제활동인구＝1,120÷21,269×100＝5.266%

2) 임금근로자 수는?

임금근로자 수＝상용직 근로자(6,113)＋임시근로자(4,481)＋일용근로자(2,225)
＝12,819천명

3) 경제활동참가율?

경제활동인구＝35,986－14,717＝21,269

경제활동참가율＝21,269÷35,986×100＝59.10%

●○○
04 A국의 15세 이상 인구(생산가능인구)가 100만명이고 경제활동참가율이 70%, 실업률이 10%라고 할 때 A국의 실업자수를 계산하시오.

> **정답**

(경제활동인구/생산가능인구)×100＝경제활동참가율(%)

(경세활동인구/생산가능인구)×100＝70%

(경제활동인구/100만명)×100＝70%

경제활동인구＝70만명

(실업자수/경제활동인구)×100＝실업율

(실업자수/70만명)×100＝10%

실업자수＝7만명

●○○
05 다음 자료를 보고 경제활동참가율, 실업률, 고용률을 구하시오.
  - 소수점 둘째자리에서 반올림, 계산과정을 포함하여 설명(단위 : 천명)

전체인구 : 500

15세 이상 인구 : 400

취업자 : 200

실업자 : 20

정규직을 희망하는 단시간근로자 : 10

> **정답**

1) 경제활동 참가율 $= \dfrac{경제활동인구수}{15세이상인구수} \times 100 = \dfrac{220}{400} \times 100 = 55\%$

  *경제활동인구수＝ 취업자＋실업자＝200＋20＝220

2) 실업률 $= \dfrac{실업자수}{경제활동인구수} \times 100 = \dfrac{20}{220} \times 100 = 9.1\%$

3) 고용률 $= \dfrac{취업자수}{15세이상인구수} \times 100 = \dfrac{200}{400} \times 100 = 50\%$

06 고용율 50%, 비경제활동인구가 400명인 가상 경제에서 실업자가 50명일 때 실업률을 구하시오. (단, 계산식과 답을 모두 기재)

정답

생산가능인구를 x라 두면,
경제활동인구는 $x-400$이며, 취업자는 $x-450$

$$고용률 = \frac{취업자}{생산가능인구} \times 100 = \frac{x-450}{x} \times 100 = 50\%$$

$x=$ 생산가능인구 $=900$이므로 경제활동인구 500, 취업자 450

$$실업률 = \frac{실업자}{경제활동인구} \times 100 = \frac{50}{500} \times 100 = 10\%$$

07 불경기 시 부가노동자와 실망노동자 수의 증가가 실업률에 미치는 효과를 비교 설명하시오.

정답

1) 실망노동자
   실업자가 경기 불황으로 인해 일자리를 구하지 못해 아예 구직활동을 포기하게 되면 비경제활동인구로 전락하게 되어 경제활동인구가 감소하고 실업률이 낮아지게 된다.
2) 부가노동자
   가구주가 경기 불황으로 인해 실직하게 되면 가족 가운데 비경제활동인구로 머물던 주부나 학생이 노동시장에 참가하여 경제활동인구가 늘어나고 실업률이 증가하게 된다.

08 아래의 물음에 답하세요.

구분	15~19세	20~24세	25~29세	30~50세
생산가능인구	3,284	2,650	3,846	22,982
경제활동인구	203	1,305	2,797	17,356
취업자	178	1,181	2,598	16,859
실업자	25	124	199	497
비경제활동인구	3,081	1,345	1,049	5,626

정답

1) 30~50세 고용률(%)을 계산하시오. (소수점 둘째자리에서 반올림)

$$\frac{16,859}{22,982} \times 100 = 73.4\%$$

2) 30~50세 고용률을 29세 이하 고용률과 비교하여 분석하시오.

$$25 \sim 29세 : \frac{2,589}{3,846} \times 100 = 67.6\%$$

$$20 \sim 24세 : \frac{1,181}{2,650} \times 100 = 44.6\%$$

$$15 \sim 19세 : \frac{178}{3,284} \times 100 = 5.4\%$$

30~50세의 고용률은 73.4%로 29세 이하 고용률에 비해서 높다. 따라서 30~50세는 다른 연령대에 비해 가장 경제활동이 활발한 세대라 볼 수 있다.

●○○ 09 다음 표를 보고 질문에 답변하시오.

	신규구인	신규구직	알선건 수	취업 수
A	103,062	426,746	513,973	36,710
B	299,990	938,855	1,148,534	119,020

정답

1) A기간의 구인배율은?

$$구인배율 = \frac{신규구인}{신규구직} \quad A = \frac{103,062}{426,746} = 0.24$$

2) B기간의 구인배율은?

$$B = \frac{299,990}{938,855} = 0.32$$

3) A기간의 취업률은?

$$취업률 = \frac{취업건 수}{구직자 수} \times 100 \quad A = \frac{36,710}{426,746} \times 100 = 8.6\%$$

4) B기간의 취업률은?

$$취업률 = \frac{취업건 수}{구직자 수} \times 100 \quad B = \frac{119,020}{938,855} \times 100 = 12.68\%$$

5) A기간과 B기간의 경제동향은?

A기간에 비해 B기간 동안의 신구구인인원, 신규구직자 수, 취업자 수, 알선건 수가 증가한 것으로 나타났다. 또한 A기간에 비해 B기간의 취업률은 약 4% 증가하였고, 구인배율도 0.08 높아졌다. 따라서 A기간에 비하여 B기간의 경제상황이 좋아졌다고 볼 수 있다.

10 A회사의 9월말 사원수는 1,000명이었다. 신규채용인원 수는 20명, 전입인원 수는 80명일 때 10월의 입직률과 입직률의 의미를 쓰시오.

정답

1) 입직률의 의미
   월말 노동자 수 대비 월간 증가 노동자 수의 비율
2) 10월의 입직률

$$입직률 = \frac{해당월\ 증가\ 노동자\ 수(신규채용 + 전입)}{전월말\ 고용자\ 수} \times 100$$

$$= \frac{20명 + 80명}{1,000명} \times 100 = 10\%$$

제 4 절 경기변동의 영향

01 여가와 소득의 선택 모형에서 여가의 대체효과와 소득효과의 의미를 쓰고, 여가가 열등재일 때 소득 증가에 따른 노동공급의 변화를 설명하시오.

정답

1) 대체효과
   임금이 상승하게 되면 여가에 활용하는 시간이 상대적으로 비싸게 됨으로써 노동자는 비싸진 여가를 활용하려는 대신 노동공급시간을 증가시키게 된다. 따라서 노동공급이 증가하는 것을 말한다.
2) 소득효과
   임금이 상승하게 되면 노동자의 소득이 증가하게 됨으로써 여가 및 기타소비재를 더 구입하려는 경향을 가지고 있다. 따라서 노동공급이 줄어드는 것을 말한다.
3) 여가가 열등재일 때 소득 증가에 따른 노동공급의 변화
   여가가 열등재라면 소득이 증가할수록 여가의 수요는 감소한다. 따라서 노동공급곡선은 소득이 증가하면 노동시간도 증가하는 우상향 형태가 된다.

02 "여가가 열등재일 경우 노동공급곡선은 우상향한다."라는 말이 참인지 거짓인지를 쓰고 그 이유를 설명하시오.

정답

1) 참이다.
2) 여가가 열등재일 경우 소득효과로 인한 여가의 선택보다 대체효과로 인한 일을 선택하게 됨으로 노동공급이 계속적으로 증가하는 우상향곡선이 된다.

03 법정근로시간이 44시간에서 40시간으로 줄어들었고, 임금할증률이 일정하게 적용될 때 근로자의 소득과 노동공급에는 어떠한 영향을 미치는지 여가와 소득을 비교해서 설명하시오.

정답

임금의 인상에 따라 노동공급이 달라지게 된다. 고임금의 경우 여가의 수요가 늘어나 노동공급이 감소하는 소득 효과가 나타나게 되고, 저임금의 경우 노동시간이 여가시간보다 더 가치있게 되어 노동공급시간이 증가하는 대체효과가 나타나게 된다.

04 "임금률이 상승함에 따른 노동 공급증가 우상향한다."라는 말이 참인지, 거짓인지, 불확실한지 판정하고 여가와 소득의 선택모형에 의거해서 이유를 설명하시오.

정답

1) 판정 : 불확실하다.
2) 이유 : 임금이 상승함에 따라 노동공급이 증가하는 대체효과로 틀린 답은 아니나, 임금이 상승하면서 소득효과와 대체효과로 인하여 노동공급시간은 줄어들 수도 있고 늘어날 수도 있으므로 불확실하다고 판정하는 것이 바람직하다.

05 A씨는 복권으로 100억 원에 당첨되었다. 노동공급과 여가선호의 변화를 소득효과와 대체효과를 이용하여 설명하시오.

정답

1) 여가가 정상재인 경우
비노동소득 발생으로 소득효과가 대체효과보다 크기 때문에 노동공급을 줄이고 여가를 늘리게 된다.

2) 여가가 열등재일 경우

　비노동소득이 발생하였으나 대체효과가 소득효과보다 크기 때문에 노동공급이 증가한다.

06 유산을 400억 원을 받게 된 남자가 직업을 계속 가져야 하는지에 대하여 소득과 여가의 관계를 이용하여 설명하시오.

정답

소득과 여가의 선호에 의한 분석에 의하면 비노동소득이 많으면 경제활동 참가율이 낮아진다. 만약 생산적인 활동에 참여하는 일 없이 임대료나 이자로 살아가고 있다면 사회적으로 바람직하지 못한 여가에 몰두함으로써 만족하지 못하는 여가를 소비하게 되며 반면 자신의 재산을 기업에 투자하여 노력을 기울인다면 그는 생산적인 활동을 하는 사람으로 존경의 대상이 될 것이며, 그로인한 여가도 더욱 만족스러워 질 것이다.

결국 이 남자는 직업을 가짐으로써 능률적이고 생산적인 일에 기여하게 되며, 그로 인한 여가도 더욱 만족스러워질 것이라고 판단된다.

07 인기탤런트 A양은 국내 대재벌 기업 회장의 외아들인 B씨와 결혼 발표를 하였다. 이 A양이 결혼 이후 계속해서 경제활동에 참여할 것인지 아닌지를 여가와 소득의 선택모형을 이용하여 설명하시오.

정답

소득과 여가의 선호에 의한 분석에 따르면 비노동소득(부동산업, 남편의 수입)이 많으면 경제활동 참가율이 낮아진다.

만약 대기업의 외아들과 결혼한 사람이 생산적인 일에 참여하는 일 없이 남편의 수입으로만 살아간다면 그는 노동자라기보다는 단순한 재산 소득자에 불과하며 사회적으로 존경받지 못하는 돈 많은 부자일 뿐이다. 그들은 일상적인 활동으로서의 직업을 갖고 있지 못하기 때문에 사회적으로 바람직하지 못하는 여가에만 몰두함으로써 사회적으로 부정적인 존재로 인식될 수 있을 것이다. 반면 자신의 재능을 살려 탤런트로서 온갖 정성을 기울이는 연예인이 된다면 그는 사회에 기여하는 생산적인 활동을 하는 사람으로서 존경의 대상이 될 것이고 그의 여가도 만족스러울 것이다.

08 정부가 출산 장려를 위하여 근로시간에 관계없이 일정금액의 육아비용 보조금을 지원하기로 했다. 이 육아비용 보조금이 부모의 근로시간에 미치는 효과를 두 가지로 구분하여 설명하시오.

정답

1) 부모가 육아 보조금이 지급되기 전에 경제활동에 참여하지 않고 있었던 경우
   부모의 경제활동 참가는 각자의 보상요구임금 수준에 따라 달라지므로 근로시간은 증가할 수도 있고 아무런 변화가 없을 수도 있다.
2) 부모가 육아 보조금이 지급되기 전부터 근로를 하고 있었던 경우
   임금 이외의 소득 증가에 따라 소득효과가 발생하여 근로시간이 감소할 수 있다. 다만 소득과 여가에 대한 주관적인 선호체계에 따라 달라질 수 있다.

제 **5** 절 **노동시장의 균형**

01 노동시장의 분석이론 중 내부노동시장, 이중노동시장, 인적자본이론의 의미를 간략히 설명하시오.

정답

1) 내부노동시장
   노동의 가격결정, 직무배치, 전환, 승진 등 고용의 여러 측면이 기업내부의 사내규칙이나 절차에 의해 지배되는 기업내부의 구조화된 고용관계를 말한다.
2) 이중노동시장
   근로조건의 우열에 따라 1차 노동시장과 2차 노동시장으로 구분하고, 1차 노동시장은 고임금, 양호한 노동조건, 고용의 안정성, 낮은 노동 이동률, 많은 승진의 기회가 보장되는 노동시장인 반면 2차 노동시장은 저임금, 열악한 노동조건, 높은 노동 이동률, 승진 기회의 부재, 특히 고용의 불안정성이 심한 노동시장이다.
3) 인적자본이론
   인적자본 투자량의 차이가 노동생산성의 차이를 가져오며 그로 인해 임금격차가 발생한다는 이론이다.

02 이중노동시장이론에서 1차 노동시장의 직무 혹은 소속 근로자들이 갖는 특징 5가지를 쓰시오.

정답

1) 고임금
2) 양호한 노동조건
3) 승진기회의 평등
4) 고용의 안정
5) 낮은 이직률

03 내부노동시장의 형성요인 3가지를 설명하시오.
내부 노동시장의 형성요인과 장점을 각각 2가지씩 쓰시오.

정답

1) 형성요인
   ① 숙련의 특수성 : 기업 내의 내부노동자만이 소유하는 숙련을 말한다.
   ② 현장훈련 : 현장 담당자의 고유한 지식을 후임자에게 생산현장에서 직접 전수하는 것을 말한다.
   ③ 관습 : 문서화 되지 않은 기업의 관습이나 규정을 말한다.
2) 장점
   ① 내부승진이 많다.
   ② 장기적인 고용관계가 성립한다.
   ③ 특수한 인적자원 육성에 유리하다.

04 인적자본에 대한 투자의 대상을 3가지만 쓰고, 각각에 대해 설명하시오.

정답

1) 정규교육
   정규교육 또는 학교교육은 가장 일반적인 형태의 인적자본 투자의 대상이 된다.
2) 현장훈련
   취업자가 작업현장에서 작업을 통하여 획득하는 기술훈련을 말한다.
3) 이주
   노동자가 자신의 생산능력을 최대한 발휘하기에 알맞은 곳으로 이동함으로써 자신의 가치를 더욱 증가시키는 과정을 말한다.

4) 건강

건강수준을 높임으로써 노동공급시간을 일정 수준 이상으로 유지시킬 수 있고 결근 등에 따른 경제적 손실을 줄일 수 있다.

5) 정보

노동시장 관련정보를 얻기 위한 투자 비용의 지출은 더 많은 경제적인 편익을 확보할 수 있게 해준다.

05 선별가설을 쓰고 정부의 교육투자방향은 어떻게 나아가야 할지 설명하시오.

정답

선별가설은 인적자본이론을 비판하기 위해 나온 이론으로 유능한 사람을 찾아내는 기구로서의 교육을 강조하는 이론이다.

정부는 국공립대학의 운영, 사립대학에 대한 보조금지급, 장학금지원제도 등을 실시하여야 한다.

06 교육의 사적수익률이 사회적 수익률보다 낮을 때 정부의 인적자본투자의 방향을 설명하시오.

정답

교육의 사적수익률이 사회적 수익률보다 낮을 경우에 개인의 교육에 대한 투자가 줄어들게 된다. 이 경우에 우수한 인재를 양성하는데 있어 어려움이 발생할 수 있으므로 정부는 사적수익률을 높일 수 있도록 학습휴가제, 교육투자 비용에 대한 세제 혜택, 직업 알선 시스템 구축 등의 정책을 펼쳐야 한다.

07 기혼여성의 경제활동참가율을 결정하는 요인 5가지를 기술하시오.
OECD국가 중 우리나라는 기혼여성의 노동참가율이 적다. 기혼여성의 노동참가율에 영향을 끼치는 요인 6가지를 쓰시오.
기혼여성의 경제활동참가율을 낮게하는 요인 6가지를 쓰시오.

정답

1) 배우자 및 타가구원의 소득

배우자 및 타가구원의 소득이 높을수록 기혼여성의 경제활동 참가율은 낮아진다.

2) 자녀의 수 및 연령

   자녀의 수가 많거나, 연령이 낮을수록 기혼여성의 경제활동참가율은 낮아진다.

3) 가사노동의 대체

   가사노동을 대체할 수 있는 서비스나 가전제품이 많을수록 기혼여성의 경제활동 참가율은 높아진다.

4) 전반적인 실업수준

   전반적인 실업률이 높을수록 기혼여성의 경제활동참가율은 낮아진다.

5) 법, 제도적 요인

   여성의 직장생활을 보호하는 법과 제도가 많을수록 기혼여성의 경제활동참가율은 높아진다.

6) 사회적 요인

   사회나 기업의 문화와 의식이 보수적일수록 기혼여성의 경제활동참가율은 낮아진다.

08 남편의 임금상승 시 기혼여성의 경제활동참가율의 변화를 그림으로 나타내시오.

정답

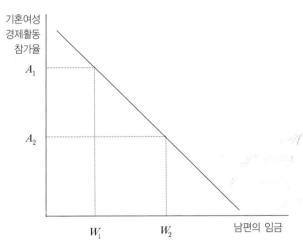

남편의 임금이 W_1 에서 W_2 로 상승하면 기혼여성의 경제활동참가율은 A_1 에서 A_2 로 감소한다.

02 임금의 제개념

 제 **1** 절 **임금의 의의와 결정이론**

01 부가급여의 의미와 종류를 설명하고 사용자가 부가급여를 선호하는 이유를 4가지 쓰시오.
부가급여란 무엇인지 예를 들어 설명하고, 사용자와 근로자가 부가급여를 선호하는 이유
를 각각 2가지만 쓰시오.

정답

1) 의미
   사용자가 종업원에게 지불하는 임금 이외의 모든 보상
2) 종류
   유급휴일, 경조휴일, 퇴직금, 상여금, 의료비지원, 주택자금대출, 생리휴가, 학자금지급,
   산전산후 유급휴가, 교육훈련, 정기승급, 사내복지기금, 복리후생시설, 출퇴근 재해 등
3) 사용자가 선호이유
   ① 근로자 유치가 쉽다.
   ② 조세나 보험료 부담이 감소된다.
   ③ 인사관리수단으로 이용된다.
   ④ 정부의 임금규제를 피할 수 있다.
   ⑤ 종업원의 장기근속을 유도할 수 있다.
4) 근로자가 선호이유
   ① 근로소득세 부담이 감소한다.
   ② 현물형태의 급여는 대량할인되어 구입함으로 근로자에게 유리하다.
   ③ 연금이나 퇴직금의 노령기 수령은 세율이 낮다.

02 보상적 임금격차의 정의와 발생 원인에 대해 설명하시오.

보상적 임금격차가 발생하는 원인 3가지를 쓰고 설명하시오.

탄광촌에서 일하는 광부는 월 200만 원, 봉제공은 월 100만 원을 받는다고 가정할 때 보상적 임금격차의 개념 및 보상적 임금격차가 발생하는 요인을 통해 위 근로자의 임금격차를 설명하시오.

정답

1) 정의

   직종 간에 존재하는 상대적 불리함을 보상해줌으로써 나타나게 되는 임격격차

2) 원인

   ① 고용의 안정성 여부 : 고용이 불안정하여 실업의 가능성이 높다면 높은 임금을 지불해야 한다.

   ② 작업의 쾌적성 여부 : 작업내용이 위험하고, 환경이 열악하다면 높은 임금을 지급해야 한다.

   ③ 성공 또는 실패의 가능성 여부 : 불확실성이 높은 직업에 대해서는 높은 임금을 지급해야 한다.

   ④ 교육훈련비용의 여부 : 어떤 직업에 취업하기 위하여 교육 및 훈련비용이 들어간다면 높은 임금을 지급해야 한다.

   ⑤ 책임의 정도 : 책임이 따르는 일에 종사한다면 높은 임금을 지급해야 한다.

03 임금하방경직성이 무엇인지 쓰고, 이에 영향을 미칠 수 있는 요인 5가지를 쓰시오.

정답

1) 정의

   한 번 상승한 임금은 경제여건이 변하더라도 하락하지 않고 그 수준을 유지하려고 하는 것

2) 영향을 미치는 요인

   ① 노동자의 화폐환상

   ② 노동자의 역선택 발생가능성

   ③ 강력한 노동조합의 존재

   ④ 장기노동계약

   ⑤ 최저임금제의 실시

●○○
04 다음과 같은 조건에서 적정 임금 상승률을 계산하시오. (계산식도 함께 작성하시오)

1인당 GNP	디플레이션	취업자 증가율	실업률
8%	2%	4%	4.5%

정답

8%−2%−4%＝2%

적정 임금 인상율 : 국민총생산 증가율±인·디플레이션−취업자 증가율

●●○
05 생산성임금제에 의하면 명목임금의 상승률을 결정할 때 부가가치, 노동생산성과 일치시키는 것이 적당하다고 한다. 어떤 기업의 2020년 근로자 수 40명, 생산량 100개, 생산물 단가 10원, 자본비용 150원이었다. 2021년에는 근로자 수 50명, 생산물은 120개, 생산물 단가 12원, 자본비용 200원으로 올랐다고 가정하자. 생산성임금제에 근거했을 때 이 기업의 2022년도 적정임금 상승률을 구하시오.

정답

1) 2020년 근로자 1인당 생산량은

근로자 40명＝100개 × 10원 ＝ 1000원

근로자 1인 ＝ $\dfrac{1000원}{40명}$ ＝ 25원/인

2) 2021년 근로자 1인당 생산량은

근로자 50명＝120개 × 12원 ＝ 1440원

근로자 1인당 ＝ $\dfrac{1440원}{50명}$ ＝ 28.8원/인

3) 2020년 기준 근로자 1인당 생산성 변화량은

$\dfrac{25원 - 28.8원}{25원} × 100 = 15.2\%$

따라서, 2022년에는 15.2%의 임금상승이 적정할 것으로 판단된다.

06 최저임금제도의 실시에 따른 기대효과 7가지에 대하여 약술하시오.
최저임금제 도입으로 인한 발생할 수 있는 부정적 효과를 3가지 쓰시오.

정답

1) 긍정적인 효과
   ① 저임금근로자의 소득향상을 가져온다.
   ② 기업경영의 근대화를 촉진한다.
   ③ 산업구조의 고도화에 기여한다.
   ④ 사회복지제도의 기초가 된다.
   ⑤ 기업 간 공정한 경쟁을 확보할 수 있다.
   ⑥ 임금격차를 개선한다.
   ⑦ 노사분규 방지에 기여할 수 있다.
2) 부정적 효과
   ① 고용이 감소하고 실업이 발생하게 된다.
   ② 소득 분배에 역진효과를 가져올 수 있다.
   ③ 지역 간 경제활동의 분배를 왜곡시키고 전반적인 생산을 감소시킨다.

제 2 절 임금격차

01 노동수요 특성별 임금격차를 발생하게 하는 경쟁적 요인 5가지를 적으시오.

정답

1) 인적자본량
2) 기업의 합리적 선택으로써 효율임금정책
3) 보상적임금격차
4) 노동시장의 단기적 불균형
5) 보이지 않는 질적 차이

02 산업별 임금격차가 발생하는 원인 3가지를 쓰시오.

정답

1) 산업 간의 노동생산성의 차이
2) 노동조합의 존재
3) 산업별 집중도의 차이

03 우리나라는 일본과 더불어 남녀근로자의 임금격차가 가장 심한 국가 중 하나로 알려져 있다. 이러한 남녀임금격차가 발생하는 이유를 성차별 이론이 아닌 노동공급 측면의 인적자본 투자이론으로 설명하시오.

정답

인적자본이론에 따르면 인적자본 투자량의 차이가 노동생산성의 차이를 가져오며 그로 인해 임금격차가 발생한다. 즉, 여성은 남성에 비해 교육받을 기회에 있어 불리한 입장에 있고, 이로 인해 학력, 경력 등의 차이가 발생하여 임금격차가 생기게 된다.

04 일반적으로 선진국의 임금수준은 후진국보다 높다. 이러한 현상이 초래하는 이유를 3가지 쓰시오.

정답

1) 노동생산성의 차이
2) 지식 및 기술의 차이
3) 노동조합 조직률의 차이

05 고임금경제가 존재할 경우와 존재하지 않을 경우에 있어서 임금의 상승이 고용에 미치는 효과가 어떻게 다른지 또 그 이유는 무엇인지 설명하시오.

정답

1) 효과
   ① 고임금경제가 존재할 경우 : 고용의 감소폭이 작다.
   ② 고임금경제가 존재하지 않을 경우 : 고용의 감소폭이 크다.

2) 이유

고임금경제가 존재할 경우에는 노동의 한계생산력이 높기 때문에 원래의 노동수요곡선보다 비탄력적이다.

고임금경제가 존재하지 않을 경우에는 노동의 한계생산력이 높지 않기 때문에 원래의 노동수요곡선보다 탄력적이다.

06

일반적으로 대기업의 경우 중소기업보다 종업원들의 근속연수가 길고 임금수준은 높다. 즉 대기업의 경우 내부노동시장이 제도화되어 있는 경우가 많다. 이러한 현상을 초래하는 이유를 '인적자본, 동기유발, 지불능력' 등의 차원에서 설명하시오.

정답

1) 인적자본 : 대기업은 중소기업보다 훈련 및 승진제도가 잘 발달되어 있어 우수한 인적자본의 확보와 유지가 쉽다.
2) 동기유발 : 대기업은 종업원에게 높은 임금과 많은 승진기회를 제공하기 때문에 재직 및 업무에 대한 동기유발 효과가 있다.
3) 지불능력 : 우수한 인적자본과 업무에 대한 동기유발은 노동생산성을 높여주므로 이를 통해 고임금, 장기 고용유지를 위한 지불능력을 보유하게 된다.

07

사용자는 다른 조건이 일정할 때 사직률이 낮은 근로자를 선호한다. 사회적인 관점에서는 바람직하지 않다. 사용자는 왜 낮은 사직률을 갖고 있는 근로자를 선호하고, 낮은 사직율은 사회적으로 바람직하지 못한 결과를 초래하는지를 설명하시오.

정답

1) 사용자가 사직율이 낮은 근로자를 선호하는 이유

근로자가 사직하지 않고 장기근속을 하게 되면
① 숙련도가 향상되어 인적자본의 축적이 용이하며,
② 그 결과 기업의 노동생산성을 향상시켜 경쟁력을 강화시킬 수 있으며,
③ 신규인력채용에 따르는 교육·훈련비용을 절감하여 수익성을 높일 수 있다.
2) 사직율이 낮은 근로자가 사회적으로 바람직하지 못한 이유

사직율이 낮으면
① 사회전반에 걸쳐 노동력의 이동이 줄어들기 때문에 노동시장의 효율성과 유연성이 낮아지고,
② 신규고용이 감소하여 노동시장에 새로 진입한 구직자와 여성들이 구직에 어려움을 겪을 수 있다.

03 실업의 제개념

01 실업은 그 발생 원인에 따라 마찰적 실업, 구조적 실업, 경기적 실업, 계절적 실업으로 나누고 있다. 그 구체적인 내용과 대책을 설명하시오.

비수요부족실업(non-demand-deficient unemployment)에 해당하는 대표적인 실업을 3가지 쓰고, 각각에 대해 설명하시오.

정답

1) 마찰적 실업(자발적 실업)
   ① 신규·전직자가 노동시장에 진입하는 과정에서 직업정보의 부족에 의하여 일시적으로 발생하는 실업의 유형이다.
   ② 대책
      ㉠ 구인정보제공
      ㉡ 구직자세일즈
      ㉢ 구인구직 전산망 확충, 기업의 퇴직예고제
2) 구조적 실업
   ① 경제성장에 따른 산업구조 및 기술력의 변화 등에 노동력의 구조가 적절하게 대응하지 못하여 발생하는 실업의 유형이다.
   ② 대책
      ㉠ 직업전환교육
      ㉡ 이주에 대한 보조금
      ㉢ 산업구조 변화 예측에 따른 인력수급정책
3) 계절적 실업
   ① 기후 또는 계절적 편차에 따라 발생하는 실업의 유형이다.
   ② 주로 관광업, 건설업, 농업, 수산업 등에서 발생하는 실업현상
   ③ 대책
      ㉠ 휴경지 경작 등 유휴 노동력을 활용
      ㉡ 비수기에 근로할 수 있는 대체 구인처 확보

4) 경기적 실업(수요부족 실업)
   ① 불경기에 기업의 고용감소로 인한 유효수요 부족으로 발생하는 실업의 유형이다.
   ② 대책
      ㉠ (재정금융정책을 통한) 총 수요 증대 정책
      ㉡ 공공사업 등의 고용창출 사업
      ㉢ 근무제도 변경 방법

02 실업자에 대한 정의를 쓰고, 마찰적 실업과 구조적 실업의 공통점, 차이점을 설명하시오.

정답

1) 실업자의 정의 : 조사대상주간에 수입 있는 일을 하지 않았고, 지난 4주간 일자리를 찾아 적극적으로 구직활동을 하였던 사람으로서 일자리가 주어지면 즉시 취업이 가능한 사람
2) 마찰적 실업과 구조적 실업의 공통점
   ① 비수요부족실업이다.
   ② 정보부족이나 노동이동이 어려워 발생하는 실업이다.
3) 마찰적 실업과 구조적 실업의 차이점
   ① 마찰적 실업은 자발적 실업이고, 구조적 실업은 비자발적 실업이다.
   ② 마찰적 실업은 비교적 짧은 기간에 해소되지만, 구조적 실업은 보다 장기간 지속된다.

03 1997년 실업률은 2.6%였으나 IMF로 인해 1998년에는 6.8%로 증가하였고 경제활동참가율은 1997년 62.2%에서 60.1%로 하락하였다. 경기침체는 경제활동참가율을 감소시키거나 증가시키는데 이처럼 감소된 경우를 경제용어로 무엇이라 하며 그 내용에 대해 설명하시오.

정답

○ 실망노동자 효과
   실업자가 경기 불황으로 인해 일자리를 구하지 못해 아예 구직활동을 포기하게 되면 실업율과 경제활동인구가 감소하게 되는 효과

04 구직활동을 하고 싶어도 취업이 어려워서 된 잠재적 실업자들을 정부에서 모두 취업시키기 위해서 경기부양책을 쓸 경우 발생하는 문제점을 쓰시오.
구직의 가능성이 높았다면 노동시장에 참가하여 구직활동을 하였을 사람이 그러한 전망이 낮다고 판단하여 비경제활동 인구화 된 경우를 잠재적 실업이라고 한다. 이러한 잠재적 실업자를 취업시키기 위하여 경기부양책을 쓸 경우 문제점과 해결책을 쓰시오.

> **정답**

1) 문제점
   ① 인플레이션이 유발되어 국민경제에 바람직하지 못한 영향을 끼치게 된다.
   ② 노동시장에서의 자율기능을 통한 선별기능이 저하된다.
   ③ 낮은 수준의 노동으로 노동생산성이 저하된다.
   ④ 정부 재정이 악화될 가능성이 있다.
   ⑤ 경기 부양책 소멸후 실업이 증가한다.
2) 해결책
   ① 기업이 필요로 하는 직무향상 또는 직무전환 교육을 실시한다.
   ② 구직활동 강화를 위한 취업지원 서비스를 제공한다.

05 우리나라에서 통계상 실업률이 체감실업률보다 낮게 나타나는 이유 2가지를 쓰시오.

> **정답**

1) 임시직이나 파트타이머로 일하는 경우는 취업자로 분류되어 실업통계에 잡히지 않는다.
2) 실망노동자는 비경제활동인구로 분류되어 실업통계에 잡히지 않는다.

06 실업률과 인플레이션 간의 상충관계를 나타내는 필립스곡선이 오른쪽으로 이동하는 요인 3가지를 쓰시오.

> **정답**

1) 가격 인플레이션에 대한 예상
   인플레이션이 심화되면 될수록 근로자들은 실질임금을 유지하기 위하여 더 많은 명목임금 인상을 요구하게 된다. 따라서 높은 물가 상승률을 노사양측이 예상하여 임금상승폭을 정하게 되며 임금협상을 1년 또는 3년과 같이 주기적으로 행하게 되면 동일한 노동력의 수급사정에 대해서도 즉 동일한 실업률에 대하여도 보다 높은 물가상승률이 대응되는 경제로 되게 된다.

2) 노동력의 연령 및 성별 구성의 변화

노동시장에서 쉽게 고용되지 않는 청소년 또는 여성의 실업율이 다른 집단보다 높을때 동일한 물가상승률 또는 동일한 정도의 경기부양책에도 실업율은 높다.

3) 각 부문간의 실업율 격차가 클때

대학졸업자의 노동시장과 중고등학교졸업자의 노동시장의 경우 전체적인 실업율은 동일하더라도 두시장의 실업율 격차가 클수록 임금상승률은 전체적으로 더 높아지기 때문이다. 즉 실업율이 높은 시장의 임금하락분 보다 실업율이 낮은 노동시장의 임금상승분이 훨씬 높다. 필립스곡선이 비선형이기 때문이다.)

04 노사관계론

●○○
01 노사관계의 3주체와 3여건을 쓰시오.

> 정답

1) 3주체
   ① 노동자
   ② 사용자
   ③ 정부
2) 3여건
   ① 기술적 특성 : 경영관리 형태나 근로자들의 조직형태, 고용된 노동력의 특성 등이 영향을 준다.
   ② 시장 또는 예산제약 : 경쟁적 시장일수록 긴장상태에 들어가기 쉬운 반면 독점적 시장일수록 압박은 상대적으로 적다.
   ③ 각 주체의 세력관계 : 사회적 지위, 최고 권력자에 대한 접근 가능성 등이 하나의 요인으로 작용한다.

●○○
02 노동조합의 양적인 측면의 단결 강제는 Shop제도이다. 노동조합의 Shop 종류를 4가지를 쓰고 설명하시오.

> 정답

1) 오픈 숍(open shop)
   사용자가 조합원이 아닌 노동자를 채용할 수 있고, 채용된 후에도 노동조합 가입 여부를 노동자가 자유롭게 결정할 수 있는 제도
2) 클로즈드 숍(closed shop)
   조합원만을 종업원으로 신규 채용할 수 있고, 일단 고용된 노동자라도 조합원 자격을 상실하면 종업원이 될 수 없는 제도

3) 유니온 숍(union shop)

조합원 여부에 관계없이 종업원으로 채용될 수 있으나, 일단 채용된 후에는 일정기간 이내에 조합원이 되어야 하는 제도

4) 에이전시 숍(agency shop)

노조는 혜택에 대한 대가로 비노조원들에게서 노조비에 상당하는 금액을 징수하는 제도

---

03 노동조합교섭력 증대 노동수요탄력성에 대해 설명하시오.

 정답

노동조합의 교섭력이 증대될수록 노동수요의 탄력성은 0에 가까워지고 비탄력적으로 변한다.

---

04 Hicks(힉스)의 단체교섭이론을 그래프로 그리고 간략히 설명하시오.

정답

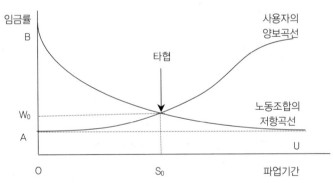

1) 임금률 A점은 노동조합이 없거나 노동조합이 파업을 하기 이전 사용자들이 지불하려고 하는 임금수준이다.

2) B점에서 우하향 곡선은 노동조합의 저항곡선이다.

3) W_0 임금수준에서 교섭을 타결할 것이다.

05 노동조합의 파업 시 발생하는 이전효과와 위협효과에 대하여 설명하시오.

정답

1) 이전효과 : 노조조직부문에서 비조직 부문으로의 노동이동을 유발하여 비조직부문의 임금을 하락시키는 효과이다.
2) 위협효과 : 노조의 잠재적인 조직 위협에 직면한 비조직 부문 사용자로 하여금 임금을 인상하게 하는 효과이다.

06 경제적 조합주의의 특징 3가지를 쓰시오.

정답

1) 노동조합의 정치적 기능을 배제한다.
2) 조합활동은 임금과 근로조건 개선 등 노동자의 생활향상에 한정한다.
3) 합법적인 틀 안에서 노동자의 지위향상과 복지실현을 지향한다.

과년도 기출문제

VOCATIONAL COUNSELOR

2013년 1회 직업상담사 2급 필답형

---

01 직무분석 방법 중 결정적사건법의 단점 3가지를 쓰시오.[6점]   [정보론4장 3번]

정답

1) 일상적인 수행과 관련된 지식, 기술, 능력들이 배제될 수 있다.
2) 응답자들이 과거에 일어났던 결정적 사건을 왜곡해서 기술할 가능성이 있다.
3) 추론하는 과정에서 주관성이 개입될 수 있다.

02 직업적응이론(TWA)에서 중요하게 다루는 6가지 직업가치를 쓰시오.[6점]

[심리학4장 2절 3번]

정답

1) 편안함
2) 지위
3) 성취
4) 이타주의
5) 안정성
6) 자율성

03 내담자 정보 및 행동에 대한 이해기법 중 가정사용하기, 왜곡된 사고 확인하기, 변명에 초점 맞추기를 설명하시오.[6점]   [상담학3장 3절 6번]

정답

1) 가정 사용하기
   내담자가 그러한 행동이 이미 존재했다는 것을 가정하여 내담자의 행동을 추측하는 것.

2) 왜곡된 사고 확인하기

결론도출, 정보의 부적절하거나 부분적인 일반화, 관념 등에서 정보의 한 부분만을 보는 경우이다.

3) 변명에 초점 맞추기

책임회피하기, 결과를 다르게 조직하기, 책임을 변형시키기 등과 같은 변명의 개념을 조사해보는 것이다.

04 준거타당도의 의미를 쓰고, 준거타당도가 낮은 검사를 사용하면 왜 문제가 되는가 설명하시오.[5점]

[심리학2장 2절 5번]

정답

1) 준거타당도의 의미

심리검사와 특정준거가 얼마나 관련이 있는지를 알아보는 것

2) 문제가 되는 이유

① 선발, 배치, 훈련 등의 인사관리에 관한 의사결정의 설득력을 제공해 주지 못한다.

② 명확하지 못한 준거를 가지고 미래를 예측하기 어렵기 때문이다.

05 직업심리검사의 신뢰도를 추정하는 방법 3가지를 설명하시오.[6점]

[심리학2장 1절 2번]

정답

1) 검사-재검사 신뢰도(안정성계수)

동일한 검사를 동일한 사람에게 서로 다른 시간에 두 번 시행하여 얻은 두 점수 간의 상관계수로 신뢰도를 추정하는 것이다.

2) 동형검사신뢰도(동등성 계수)

동형의 두 검사를 동일한 사람에게 실시하여 얻은 두 점수 간의 상관계수로 신뢰도를 추정하는 것이다.

3) 반분신뢰도(내적합치도 계수)

하나의 검사를 문항수가 같도록 반씩 나누어 실시하여 얻은 두 점수 간의 상관계수로 신뢰도를 추정하는 것이다.

06 마이어스 – 브리그스 유형지표(MBTI)는 자기보고식의 강제선택 검사이다. 이 검사에서 나타나는 4가지 차원의 선호부분은?[4점] [심리학3장 2절 12번]

> **정답**

1) 에너지 방향 : 외향형, 내향형
2) 인식기능 : 감각형, 직관형
3) 판단기능 : 사고형, 감정형
4) 생활양식 : 판단형, 인식형

07 인지 – 정서적 상담이론에서 개인을 파멸로 몰아가는 근본적 문제는 개인이 가지고 있는 비합리적 신념 때문이다. 비합리적 신념의 뿌리를 이루고 있는 3가지 당위성을 예를 포함하여 설명하시오.[6점] [상담학2장 9절 3번]

> **정답**

1) 자신에 대한 당위성
   나는 반드시 타인으로부터 인정을 받아야만 한다.
2) 타인에 대한 당위성
   타인은 반드시 나를 공정하게 대우해야만 한다.
3) 세상에 대한 당위성
   세상의 조건들은 내가 원하는 방향으로 돌아가야만 한다.

08 산업별 임금격차가 발생하는 원인 3가지를 쓰시오.[6점] [시장론2장 2절 2번]

> **정답**

1) 산업 간의 노동생산성의 차이
2) 노동조합의 존재
3) 산업별 집중도의 차이

09 집단상담은 그 형태와 접근 방식에 따라 여러 가지로 나눌 수 있다. 집단상담의 형태를 3가지 쓰고 각각 설명하시오.[6점]

[상담학1장 2절 3번]

정답

1) 지도집단

    개인적 요구나 관심사에 대한 <u>적절한 정보를 제공하려는 목적으로</u> 실시된다.

2) 상담집단

    주제나 문제보다 사람에게 초점을 두고, 안전하고 신뢰감을 주는 분위기 속에서 <u>개인적 문제를 나누는 것을 통해 개인의 행동변화를 꾀한다.</u>

3) 치료집단

    전문적인 훈련을 받은 지도자가 집중적인 <u>심리치료를 필요로 하는 사람을 대상으로 심리 치료를 목적으로</u> 한다.

10 발달적 직업상담에서 Super는 진단이라는 용어 대신에 평가라는 말을 사용했다. Super 가 제시한 3가지 평가를 쓰고 설명하시오.[6점]

[상담학2장 13절 2번]

정답

1) 문제의 평가 : 내담자가 경험하고 있는 어려움과 진로상담에 대한 기대가 평가된다.

2) 개인의 평가 : <u>심리 검사와 사회적인 각종 통계자료 등을 통해 내담자의 적성, 흥미, 능력 등을 평가한다.</u>

3) 예언의 평가 : 문제의 평가와 개인의 평가를 바탕으로 내담자가 성공하고 만족할 수 있는 직업에 대한 예언이 이루어진다.

11 직업상담 시 저항적이고 동기화되지 않은 내담자들을 동기화시키기 위한 효과적인 전략 3가지를 쓰고 설명하시오.[6점]

[상담학3장 3절 8번]

정답

1) 내담자와 친숙해지기

    상담자는 <u>내담자를 이해하고 있음을 내담자에게 알림으로써 친숙해질 수 있다.</u>

2) 은유 사용하기

    내담자가 <u>이야기 속에서의 문제해결 방법을 통하여 자신의 문제해결의 실마리를 찾을 수 있다.</u>

3) 대결하기

    내담자의 <u>구체적인 행위를 지적하는</u> 것이다.

12 심리검사 유형 중 투사적 검사의 장점 3가지만 쓰시오.[6점]　　　　　[심리학3장 1절 1번]

정답

1) 반응의 독특성이 있다.
2) 방어가 어렵다.
3) 무의식적 내용의 반응이 나타난다.

13 실업자에 대한 정의를 쓰고, 마찰적 실업과 구조적 실업의 공통점, 차이점을 설명하시오.[6점]　　　　　[시장론3장 2번]

정답

1) 실업자의 정의 : 조사대상주간에 수입 있는 일을 하지 않았고, 지난 4주간 일자리를 찾아 적극적으로 구직활동을 하였던 사람으로서 일자리가 주어지면 즉시 취업이 가능한 사람
2) 마찰적 실업과 구조적 실업의 공통점
　① 비수요부족실업이다.
　② 정보부족이나 노동이동이 어려워 발생하는 실업이다.
3) 마찰적 실업과 구조적 실업의 차이점
　① 마찰적 실업은 자발적 실업이고, 구조적 실업은 비자발적 실업이다.
　② 마찰적 실업은 비교적 짧은 기간에 해소되지만, 구조적 실업은 보다 장기간 지속된다.

14 한국표준직업분류에서 일의 계속성에 해당하는 경우 4가지를 쓰시오.[4점]　[정보론2장 7번]

정답

1) 매일, 매주, 매월 등 주기적으로 행하는 것
2) 계절적으로 행해지는 것
3) 명확한 주기는 없으나 계속적으로 행해지는 것
4) 현재 하고 있는 일을 계속적으로 행할 의지와 가능성이 있는 것

15 Hall이 제시한 경력발달 4단계를 순서대로 설명하시오.[4점]　　　　　[심리학5장 6번]

정답

1) 탐색단계
　자아개념을 정립하고 경력의 방향을 결정한다.

2) 확립단계

특정의 직업에 정착하는 단계이다.

3) 유지단계

다음 세대에 의미있는 것을 만들어내기 위해 노력하는 생산적 시기이다.

4) 쇠퇴단계

은퇴를 준비하는 시기이다.

16 완전경쟁시장에서 A제품(단가 100원)을 생산하는 어떤 기업의 단기생산함수가 다음과 같다고 할 때, 이 기업의 이윤 극대화를 위한 최적고용량을 도출하고 그 근거를 설명하시오 (단위당 임금은 150원).[5점]

[시장론1장 2절 2번]

노동투입량	0단위	1단위	2단위	3단위	4단위	5단위	6단위
총생산량	0개	2개	4개	7개	8.5개	9개	9개

정답

노동	0	1	2	3	4	5	6
생산량	0	2	4	7	8.5	9	9
한계생산량	—	2	2	3	1.5	0.5	0
한계생산물의 가치	—	200	200	300	150	50	0

1) 최적고용단위 : 4단위

2) 근거 : 한계수입=한계비용 일때 기업의 이윤이 극대화 된다.

한계수입(한계생산물의 가치)=한계생산물×시장가격이며, 한계비용=임금이다.

따라서 노동1단위가격 150원과 노동의 한계생산물의 가치가 일치하는(1.5개×100원 =150원) 수준인 4단위가 최적고용단위이다.

17 직무스트레스의 조절변인 3가지를 쓰고 설명하시오.[6점]

[심리학5장 9번]

정답

1) 성격유형 : A유형의 사람들이 B유형에 비해 스트레스원에 더 취약하다.

2) 통제위치 : 내적 통제자가 외적 통제자에 비해 스트레스 상황에 대한 대처능력이 뛰어나다.

3) 사회적지원 : 사회적 지원은 우울이나 불안같은 직무스트레스 반응을 감소시킨다.

18 표준화를 위해 수집된 자료가 정규분포에서 벗어나는 것을 해결하기 위한 방법 3가지를 쓰고 설명하시오.[6점] [심리학2장 1절 9번]

> 정답

1) 절미법
   편포의 꼬리를 잘라내는 방법이다.

2) 완곡화하는 방법
   정상분포의 모양을 갖추도록 점수를 보태거나 빼주는 방법이다.

3) 면적환산법
   각 점수들의 백분위를 구하고 그 백분위에 해당하는 표준점수를 찾는 방법이다.

2013년 2회 직업상담사 2급 필답형

01 정신역동적 상담에서 Bordin의 정신역동적 상담과정을 쓰고 설명하시오.[6점]

[상담학2장 12절 2번]

> 정답

1) 1단계 : 탐색과 계약체결
   방어의 의미를 탐색하고 상담과정을 구조화하여 계약을 체결
2) 2단계 : 중대한 결정의 단계
   성격에 맞춰 직업을 선택할 것인지 직업에 맞춰 성격을 변화시킬 것인지를 결정
3) 3단계 : 변화를 위한 노력의 단계
   성격, 흥미, 욕구 등에서 변화가 필요하면 그 부분에 대해 변화하려는 노력이 이루어지는 단계

02 노동조합의 양적인 측면의 단결 강제는 Shop제도이다. 노동조합의 Shop 종류를 4가지를 쓰고 설명하시오.[5점]

[시장론4장 2번]

> 정답

1) 오픈 숍(open shop)
   사용자가 조합원이 아닌 노동자를 채용할 수 있고, 채용된 후에도 노동조합 가입 여부를 노동자가 자유롭게 결정할 수 있는 제도
2) 클로즈드 숍(closed shop)
   조합원만을 종업원으로 신규 채용할 수 있고, 일단 고용된 노동자라도 조합원 자격을 상실하면 종업원이 될 수 없는 제도
3) 유니온 숍(union shop)
   조합원 여부에 관계없이 종업원으로 채용될 수 있으나, 일단 채용된 후에는 일정기간 이내에 조합원이 되어야 하는 제도

4) 에이전시 숍(agency shop)

노조는 혜택에 대한 대가로 비노조원들에게서 노조비에 상당하는 금액을 징수하는 제도

03 다음 자료를 보고 경제활동참가율, 실업률, 고용률을 구하시오.[6점]　[시장론1장 3절 5번]
－ 소수점 둘째자리에서 반올림, 계산과정을 포함하여 설명(단위 : 천명)

> 전체인구 : 500
> 15세 이상 인구 : 400
> 취업자 : 200
> 실업자 : 20
> 정규직을 희망하는 단시간근로자 : 10

정답

1) 경제활동 참가율 $= \dfrac{경제활동인구수}{15세이상인구수} \times 100 = \dfrac{220}{400} \times 100 = 55\%$

　*경제활동인구수＝취업자＋실업자＝200＋20＝220

2) 실업률 $= \dfrac{실업자수}{경제활동인구수} \times 100 = \dfrac{20}{220} \times 100 = 9.1\%$

3) 고용률 $= \dfrac{취업자수}{15세이상인구수} \times 100 = \dfrac{200}{400} \times 100 = 50\%$

04 교류분석상담이론에서 상담자가 내담자를 조력하기 위해서 할 수 있는 생활을 분석할 때
사용할 수 있는 분석 유형 3가지를 쓰시오.[6점]　[상담학2장 7절 3번]

정답

1) 구조분석
　세 가지 자아 상태가 어떻게 구성되어 있는지 분석
2) 교류패턴분석
　일상생활에서 주고받는 말, 태도, 행동 등을 분석
3) 각본분석
　자기각본을 이해하고 거기서 벗어나도록 하는 것

05 측정의 신뢰성을 높이기 위해서는 측정오차를 최대한 줄여야한다. 측정오차를 최대한 줄이기 위한 구체적인 방법 3가지를 기술하시오.[6점]　　　[심리학1장 2절 5번]

정답

1) 오차변량을 줄인다.
2) 검사실시와 채점과정을 표준화한다.
3) 신뢰도에 나쁜 영향을 주는 문항을 제거한다.

06 윌리암슨(Williamson)에 의한 특성 – 요인이론 중 인간본성에 대한 5가지 기본가정을 기술하시오.[4점]　　　[상담학2장 5절 2번]

정답

1) 인간은 선과 악의 잠재력을 모두 지니고 있다.
2) 인간은 선을 실현하는 과정에서 타인의 도움을 필요로 한다.
3) 인간이 선한 생활을 결정하는 것은 바로 자기 자신이다.
4) 선의 본질은 자아의 완전한 실현이다.
5) 인간은 누구나 자신의 독특한 세계관을 지닌다.

07 실존주의 상담에서 나타나는 인간본성에 대한 기본가정 3가지를 쓰시오.[6점]　　　[상담학2장 3절 1번]

정답

1) 인간 존재의 불안의 원인은 시간의 유한성과 죽음에 대한 공포에 기인한다.
2) 정서적 장애는 실존적 신경증에 기인한다.
3) 문제해결 방법은 인간존재의 참의미를 발견하는 것이다.

08 체계적 둔감화의 의미와 단계를 쓰고 설명하시오.[6점]　　　[상담학2장 8절 3번]

정답

1) 체계적 둔화법
내담자로부터 불안을 없애기 위해 불안반응을 체계적으로 증대시키면서 동시에 불안과 대립되는 이완반응을 야기시키는 방법이다.

2) 단계 및 절차

① 근육이완훈련 : 마음의 안정을 위하여 근육이완 훈련을 실시한다.

② 불안위계목록 작성 : 불안위계목록을 순차적으로 10~20개 작성한다.

③ 체계적둔감화 : 가장 낮은 불안 정도에서부터 시작하여 가장 높은 불안으로 상상하게 하고, 더 이상 불안하지 않으면 종료한다.

09 **한국직업사전(2012)에 수록된 부가직업정보 중 6가지를 쓰시오.[6점]** [정보론1장 5번]

정답

1) 정규교육

2) 숙련기간

3) 직무기능

4) 작업강도

5) 육체활동

6) 작업환경

10 **직업상담에서 검사 선택 시 고려해야 할 사항 3가지를 쓰시오.[6점]** [심리학1장 1절 3번]

정답

1) 검사의 사용여부

2) 검사도구의 심리측정적 속성

3) 검사선택에 내담자 포함시키기

11 **게슈탈트 상담기법 3가지를 쓰고 설명하시오.[6점]** [상담학2장 6절 1번]

정답

1) 빈 의자 기법 : 현재 상담에 참여하고 있지 않은 사람과 직접 대화를 나누는 형식을 취함으로써 그 사람과의 관계를 직접 탐색해 볼 수 있다.

2) 과장하기 : 상담자는 감정 자각을 돕기위해 내담자의 어떤 행동이나 언어를 과장하여 표현하게 한다.

3) 자기 부분들 간의 대화 : 내담자의 인격에서 분열된 부분을 찾아 서로 대화를 시킴으로써 분열된 자기부분을 통합할 수 있다.

12 준거타당도에서 동시타당도와 예언타당도의 의미와 차이점을 쓰시오.[6점]

[심리학2장 2절 3번]

정답

1) 예언타당도 : 먼저 검사를 실시하고 그 후에 준거를 측정해서 얻은 두 점수 간의 상관계수를 측정하는 것

2) 동시타당도 : 일정시점에서 검사와 준거를 동시에 측정해서 얻은 두 점수 간의 상관계수를 측정하는 것

3) 차이점 : 동시타당도는 심리검사가 피검자 현재의 상태를 잘 나타내는지를 알아보는 것이며, 예언타당도는 피검자의 미래행동을 예측하기 위한 것이다.

13 한국표준산업분류의 산업, 산업활동, 산업활동의 범위를 쓰시오.[6점]

[정보론3장 1번]

정답

1) 산업의 정의
유사한 성질을 갖는 산업활동에 주로 종사하는 생산단위의 집합을 말한다.

2) 산업 활동의 정의
각 생산단위가 노동, 자본, 원료 등 자원을 투입하여, 재화 또는 서비스를 생산 또는 제공하는 일련의 활동과정을 말한다.

3) 산업 활동의 범위
영리적, 비영리적 활동이 모두 포함되나, 가정 내의 가사활동은 제외된다.

14 직무분석 자료 활용의 용도 5가지를 쓰시오.[5점]

[심리학5장 2번]

정답

1) 인력수급계획수립
2) 신규작업자의 모집
3) 종업원의 교육 및 훈련
4) 직무평가
5) 직무수행평가(인사고과)

15 직업상담에서 내담자 이해를 위한 질적측정도구 3가지를 쓰고 설명하시오.[6점]

[심리학3장 1절 7번]

정답

1) 직업가계도 : 내담자의 부모, 숙모와 삼촌, 형제자매 등의 직업들을 도해로 표시하는 것

2) 생애진로사정 : <u>구조화된 면담기술로서 내담자의 직업경험과 교육수준, 강점과 장애 등</u>
<u>에 관한 정보를 수집할 수 있다.</u>

3) 직업카드분류 : 홀랜드 유형론에 따라서 <u>내담자에게 일련의 카드를 주고 선호군, 협오군,</u>
<u>미결정군으로 분류하는 기법이다.</u>

16 사회인지이론(SCCT)의 세 가지 영역모델을 쓰고 설명하시오.[4점] [심리학4장 5절 2번]

정답

1) <u>흥미모형 : 자기효능감과 결과기대가 개인의 흥미발달에 영향을 준다.</u>
2) <u>선택모형 : 개인차와 주위환경은 학습경험에 영향을 주고 그 학습경험은 자기효능감과</u>
<u>결과기대에 영향을 준다.</u>
3) <u>수행모형 : 개인이 목표를 추구함에 있어서 얼마나 지속할 것인가와 어느 정도 수준의</u>
<u>수행을 해낼 것인지 예측한다.</u>

17 직업대안선택 시 대안선택과정에서 내담자가 달성할 과제 4가지를 쓰시오.[4점] [심리학5장 3번]

정답

1) <u>한 가지 선택을 하도록 준비하기</u>
2) <u>직업들을 평가하기</u>
3) <u>직업들 가운데서 한 가지를 선택하기</u>
4) <u>선택조건에 이르기</u>

18 노동수요탄력성에 영향을 미치는 요인을 쓰시오.[6점] [시장론1장 1절 2번]

정답

1) <u>다른 생산요소의 공급탄력성이 클수록 노동수요의 탄력성은 커진다.</u>
2) <u>다른 생산요소와 대체가능성이 클수록 노동수요의 탄력성은 커진다.</u>
3) <u>생산물의 수요탄력성이 클수록 노동수요의 탄력성은 커진다.</u>
4) <u>총 생산비에 대한 노동비용의 비중이 클수록 노동수요의 탄력성은 커진다.</u>

2013년 3회 직업상담사 2급 필답형

01 정부가 출산 장려를 위하여 근로시간에 관계없이 일정금액의 육아비용 보조금을 지원하기로 했다. 이 육아비용 보조금이 부모의 근로시간에 미치는 효과를 다음 두 가지로 구분하여 설명하시오.[4점] [시장론1장 4절 8번]

> **정답**

1) 부모가 육아 보조금이 지급되기 전에 경제활동에 참여하지 않고 있었던 경우
   부모의 경제활동 참가는 각자의 보상요구임금 수준에 따라 달라지므로 근로시간은 증가할 수도 있고 아무런 변화가 없을 수도 있다.
2) 부모가 육아 보조금이 지급되기 전부터 근로를 하고 있었던 경우
   임금 이외의 소득 증가에 따라 소득효과가 발생하여 근로시간이 감소할 수 있다. 다만 소득과 여가에 대한 주관적인 선호체계에 따라 달라질 수 있다.

02 흥미사정기법을 3가지 쓰고 설명하시오.[6점] [심리학3장 2절 7번]

> **정답**

1) 흥미평가기법
   종이에 알파벳을 쓰고 알파벳에 맞춰 흥밋거리를 기입한다.
2) 직업카드 분류
   일련의 카드를 주고 선호군, 혐오군, 미결정군으로 분류하는 기법이다.
3) 작업경험분석
   내담자의 과거 작업경험을 분석한다.

03 임금이론 중 보상적 임금격차의 원인 3가지를 쓰고 설명하시오.[6점] [시장론2장 1절 2번]

정답

1) <u>고용의 안정성 여부</u> : 고용이 불안정하여 실업의 가능성이 높다면 높은 임금을 지불해야 한다.
2) <u>작업의 쾌적성 여부</u> : 작업내용이 위험하고, 환경이 열악하다면 높은 임금을 지급해야 한다.
3) <u>성공 또는 실패의 가능성 여부</u> : 불확실성이 높은 직업에 대해서는 높은 임금을 지급해야 한다.

04 직업심리검사의 분류에서 극대수행검사와 습관적 수행검사를 설명하고 각각의 대표적인 유형 2가지를 쓰시오.[6점] [심리학3장 1절 5번]

정답

1) 극대수행검사(성능검사)
   ① <u>일정 시간이 주어지고 그 시간 내에 자신의 능력을 최대한 발휘할 것을 요구한다.</u>
   ② <u>지능검사(K-WAIS), 적성검사(GATB), 성취도검사(토익, 토플)</u>
2) 습관적 수행검사(성향검사)
   ① <u>시간제한이 없고 최대한 정직한 응답을 요구한다.</u>
   ② <u>성격검사(MBTI), 흥미검사(직업선호도 검사중 흥미검사), 태도검사(직무만족도검사)</u>

05 검사-재검사법의 단점 4가지를 쓰시오.[4점] [심리학2장 1절 3번]

정답

1) <u>이월효과</u> : 앞의 시험 문제를 기억함으로써 높은 신뢰도 계수를 얻게 되는 것이다.
2) <u>반응민감성</u> : 망각효과로 인해 측정 시간 간격이 긴 경우 낮은 신뢰도 계수를 얻게 된다.
3) <u>측정 속성의 변화</u> : 측정기간 중에 특정 사건이 발생하면 점수가 달라질 수 있다.
4) <u>물리적 환경의 변화</u> : 온도·날씨·소음 등에 따라 점수가 달라질 수 있다.

06 Bordin은 정신역동적 직업상담을 체계화하면서 직업문제의 진단에 관한 새로운 관점을 제시하였다. 그가 제시한 직업문제의 심리적 원인 5가지를 쓰시오.[5점][상담학2장 12절 1번]

> 정답

1) 의존성
   자신의 진로문제를 해결하고 책임을 지는 것이 어렵다고 느껴서 지나치게 다른 사람들에게 의존한다.
2) 정보의 부족
   적합한 정보에 접할 기회가 없기 때문에 현명한 선택을 하지 못하는 경우가 많다.
3) 문제가 없음(불확신)
   내담자가 현명한 선택을 한 후에 확신감이 없다.
4) 선택의 불안
   진로선택 시 개인은 불안을 경험한다.
5) 자아갈등(내적갈등)
   진로선택이나 기타 삶에서 중요한 결정을 내려야 하는 경우에 개인은 갈등을 겪게 된다.

07 집단상담의 장점 4가지를 쓰시오.[4점]   [상담학1장 2절 6번]

> 정답

1) 시간, 경제적인 면에서 효과적이다.
2) 소속감과 동료의식을 발전시킬 수 있다.
3) 개인상담보다 더 편하게 느낀다.
4) 집단에서 새로운 행동을 실천해 볼 수 있다.

08 내담자 중심 직업상담에서 "직업정보" 활용의 원리는 검사해석의 원리와 같다. 이를 Patterson은 어떻게 설명하고 있는지 3가지를 쓰시오.[6점]   [상담학2장 4절 3번]

> 정답

1) 상담자는 자진해서 직업정보를 제공하지 않는다.
2) 내담자 스스로 정보를 얻도록 격려한다.
3) 내담자의 감정과 태도는 자유롭게 표현되어야 한다.

09 진로성숙검사(CMI)는 태도척도와 능력척도로 구분된다. 태도척도와 능력척도의 측정 내용을 3가지씩 쓰시오.[6점] [심리학3장 2절 14번]

> **정답**

1) 태도척도
 ① 결정성
 ② 참여도
 ③ 독립성
2) 능력척도
 ① 자기평가
 ② 직업정보
 ③ 목표선정

10 Alder의 개인주의 상담 과정의 목표 5가지를 쓰시오.[5점] [상담학2장 2절 1번]

> **정답**

1) 사회적 관심을 갖도록 돕는다.
2) 사회의 구성원으로 기여하도록 돕는다.
3) 잘못된 동기를 바꾸도록 돕는다.
4) 타인과의 동질감을 갖도록 돕는다.
5) 패배감을 극복하고 열등감을 감소시킬 수 있도록 돕는다.

11 Holland 이론의 개인과 개인 간의 관계, 개인과 환경 간의 관계, 환경과 환경 간의 관계를 설명하는 개념 3가지를 쓰고 설명하시오.[6점] [심리학4장 1절 2번]

> **정답**

1) 일관성
 홀랜드 코드의 두 개의 첫 문자가 육각형에 인접할 때 일관성이 높게 나타난다.
2) 차별성
 하나의 유형에는 유사성이 많지만 다른 유형에는 별로 유사성이 없다.
3) 정체성
 개인의 정체성이란 목표, 흥미, 재능에 대한 명확하고 견고한 청사진을 말하고, 환경정체성이란 조직의 투명성, 안정성, 목표·일·보상의 통합으로 규정된다.

12 Super의 발달적 직업상담에서 진단을 위한 3가지 평가(진단)유형을 설명하시오.[6점]

[상담학2장 13절 2번]

정답

1) 문제의 평가 : 내담자가 경험하고 있는 어려움과 진로상담에 대한 기대가 평가된다.
2) 개인의 평가 : 심리 검사와 사회적인 각종 통계자료 등을 통해 내담자의 적성, 흥미, 능력 등을 평가한다.
3) 예언의 평가 : 문제의 평가와 개인의 평가를 바탕으로 내담자가 성공하고 만족할 수 있는 직업에 대한 예언이 이루어진다.

13 Butcher의 집단직업 상담을 위한 3단계 모델에 대해 쓰고 설명하시오.[6점]

[상담학1장 2절 4번]

정답

1) 탐색단계 : 자기개방, 흥미와 적성에 대한 측정, 측정결과에 대한 피드백, 불일치의 해결이 이루어진다.
2) 전환단계 : 자아와 피드백 간의 일치가 이루어지면 직업세계와 연결하고, 일과 삶의 가치를 조사한다.
3) 행동단계 : 목표설정, 목표달성을 촉진하기 위한 정보의 수집과 공유, 의사결정이 이루어지는 단계이다.

14 Perls의 게슈탈트 상담이론에서 인간의 인격은 양파껍질을 까는 것과 같다고 했다. 인간이 심리적 성숙을 얻기 위해 벗어야 한다고 가정한다. 버려야 할 신경증의 층 3가지를 쓰고 설명하시오.[6점]

[상담학2장 6절 3번]

정답

1) 피상층(허위층, 가짜층, 진부층) : 다른 사람들과 형식적이며, 의례적인 규범에 따라 피상적으로 접촉하는 수준을 말한다.
2) 역할연기층(공포층) : 자기 고유의 모습으로 살기보다 주위 환경의 기대에 따라 행동하는 단계이다.
3) 곤경층(난국층, 교착층) : 역할연기의 무의미함을 깨닫고 역할연기를 그만두지만, 스스로 자립할 수 있는 능력이 생기지 않아 무기력과 두려움을 느끼는 단계이다.

15 한국표준직업분류에서 일반적으로 "직업"으로 규정하기 위한 3가지 요건을 쓰고 설명하시오.[6점]

[정보론2장 6번]

정답

1) 경제성 : 경제적인 거래 관계가 성립하는 활동을 수행해야 한다.
2) 계속성 : 일시적인 것이 아니라 계속적으로 행해져야 한다.
3) 사회성 : 사회적으로 가치있고 쓸모있는 일이어야 한다.
4) 윤리성 : 비윤리적인 영리행위나 반사회적인 활동이 아니어야 한다.

16 실업의 유형 중 마찰적 실업과 구조적 실업의 발생 원인과 대책을 쓰시오.[6점]

[시장론3장 1번]

정답

1) 마찰적 실업(자발적 실업)
   ① 신규·전직자가 노동시장에 진입하는 과정에서 직업정보의 부족에 의하여 일시적으로 발생하는 실업의 유형이다.
   ② 대책
      ㉠ 구인정보제공
      ㉡ 구직자세일즈
      ㉢ 구인구직 전산망 확충, 기업의 퇴직예고제
2) 구조적 실업
   ① 경제성장에 따른 산업구조 및 기술력의 변화 등에 노동력의 구조가 적절하게 대응하지 못하여 발생하는 실업의 유형이다.
   ② 대책
      ㉠ 직업전환교육
      ㉡ 이주에 대한 보조금
      ㉢ 산업구조 변화 예측에 따른 인력수급정책

17 K제과점 근로자 수와 하루 케이크 생산량은 다음과 같다. 아래의 물음에 답하시오. (종업원 일당은 80,000원, 케이크 한 개 가격은 10,000원)[6점]   [시장론1장 2절 3번]

근로자 수	케이크 생산량
0	0
1	10
2	18
3	23
4	27

근로자수	케이크생산량	한계생산량	한계수입생산 (한계생산물의 가치)
0	0	0	0
1	10	10−0=10	10×10,000=100,000
2	18	18−10=8	8×10,000=80,000
3	23	23−18=5	5×10,000=50,000
4	27	27−23=4	4×10,000=40,000

정답

1) 근로자 수 2명인 경우 노동의 한계생산은? (계산식과 답)
   노동의 한계생산=18개−10개=8개

2) 근로자수 3명인 경우 노동의 한계수입생산은? (계산식과 답)
   노동의 한계생산=23개−18개=5개
   노동의 한계수입생산(한계생산물의 가치)=5개×10,000원=50,000원

3) 근로자 임금이 하루 80,000원이라면 기업의 이윤극대화 시점의 K제과점의 근로자 수와 케이크 생산량은? (계산식과 답)
   근로자 수가 2명일 때
   노동의 한계수입생산=8개×10,000원=80,000원이고, 이것은 임금 80,000원과 같다.
   이윤극대화 시점의 K제과점의 근로자 수는 2명, 케이크 생산량은 18개이다.

18 경제적 조합주의의 특징 3가지를 쓰시오.[6점]   [시장론4장 6번]

정답

1) 노동조합의 정치적 기능을 배제한다.
2) 조합활동은 임금과 근로조건 개선 등 노동자의 생활향상에 한정한다.
3) 합법적인 틀 안에서 노동자의 지위향상과 복지실현을 지향한다.

2014년 1회 직업상담사 2급 필답형

01 부가급여의 의미를 설명하고, 사용자와 근로자가 부가급여를 선호하는 이유를 각각 2가지만 쓰시오.[6점]
[시장론2장 1절 1번]

정답

1) 의미

　사용자가 종업원에게 지불하는 임금 이외의 모든 보상

2) 사용자 선호이유

　① 근로자 유치가 쉽다.

　② 조세나 보험료 부담이 감소된다.

3) 근로자 선호이유

　① 근로소득세 부담이 감소한다.

　② 현물형태의 급여는 대량할인되어 구입함으로 근로자에게 유리하다.

02 아들러의 생활양식 4가지 유형을 쓰고 설명하시오.[4점]
[상담학2장 2절 3번]

정답

1) 지배형

　활동수준은 높으나 사회적 관심이 낮다.

2) 기생형

　활동수준은 중간이며 사회적 관심은 낮다.

3) 도피형

　활동수준과 사회적 관심이 모두 낮다.

4) 사회형

　활동수준과 사회적 관심이 모두 높다.

03 직업능력개발훈련을 훈련목적에 따라 3가지로 구분하여 쓰시오.[6점]　　[정보론4장 8번]

> **정답**

1) 양성훈련
2) 향상훈련
3) 전직훈련

04 Ginzberg(긴즈버그)의 진로발달단계 중 현실기의 3가지 하위단계를 쓰고, 각각에 대해 설명하시오.[6점]　　[심리학4장 3절 1번]

> **정답**

1) 탐색단계 : 진로선택을 위해 필요하다고 판단되는 교육이나 경험을 쌓으려고 노력
2) 구체화단계 : 특정직업 분야에 몰두하는 단계
3) 특수화단계 : 자신의 결정을 구체화하고 보다 세밀한 계획을 세운다.

05 노동수요탄력성 및 노동공급탄력성을 산출하는 공식을 쓰시오.[4점]　　[시장론1장 1절 3번]

> **정답**

$$노동수요탄력성 = \frac{노동수요량의 \ 변화율(\%)}{임금의 \ 변화율(\%)}$$

$$노동공급탄력성 = \frac{노동공급량의 \ 변화율(\%)}{임금의 \ 변화율(\%)}$$

06 흥미사정기법 3가지를 설명하시오.[6점]　　[심리학3장 2절 7번]

> **정답**

1) 흥미평가기법
   종이에 알파벳을 쓰고 알파벳에 맞춰 흥밋거리를 기입한다.
2) 직업카드분류
   일련의 카드를 주고 선호군, 혐오군, 미결정군으로 분류하는 기법이다.
3) 작업경험분석
   내담자의 과거 작업경험을 분석한다.

07 A회사의 9월말 사원수는 1,000명이였다. 신규채용인원수는 20명, 전입인원수는 80명일 때 10월의 입직률과 입직률의 의미를 쓰시오.[6점] [시장론1장 3절 10번]

정답

1) 입직률의 의미
   월말 노동자수 대비 월간 증가 노동자수의 비율
2) 10월의 입직률

$$입직률 = \frac{해당월\ 증가\ 노동자수(신규채용+전입)}{전월말\ 고용자수} \times 100$$
$$= \frac{20명+80명}{1,000명} \times 100 = 10\%$$

08 지필검사나 평정이 요구되는 관찰 혹은 면접 시 채점자, 평정자로 인해 발생하는 오차의 유형을 3가지 제시하고 설명하시오.[6점] [심리학1장 3절 8번]

정답

1) 후광효과
   내담자의 한 가지 측면을 다른 측면으로 일반화하는 경향
2) 관용의 오류
   실제보다 더 호의적으로 평가하는 경향
3) 중앙집중 경향
   모든 사람을 평균에 가깝게 평정하려는 경향

09 KSCO의 대분류 중 '관리자, 전문가 및 관련종사자, 기능관련종사자'를 적합한 직능수준과 연결하시오.[6점]

[정보론2장 5번]

정답

구분	대분류	직능수준
1	관리자	제 4직능수준 혹은 제 3직능수준 필요
2	전문가 및 관련 종사자	제 4직능수준 혹은 제 3직능수준 필요
3	사무 종사자	제 2직능수준 필요
4	서비스 종사자	제 2직능수준 필요
5	판매 종사자	제 2직능수준 필요
6	농림어업 숙련 종사자	제 2직능수준 필요
7	기능원 및 관련 기능 종사자	제 2직능수준 필요
8	장치·기계조작 및 조립 종사자	제 2직능수준 필요
9	단순노무 종사자	제 1직능수준 필요
A	군인	제 2직능수준 이상 필요

10 Butcher(부처)의 집단직업상담을 위한 3단계 모델을 적으시오.[6점]

[상담학1장 2절 4번]

정답

1) 탐색단계 : 자기개방, 흥미와 적성에 대한 측정, 측정결과에 대한 피드백, 불일치의 해결이 이루어진다.
2) 전환단계 : 자아와 피드백 간의 일치가 이루어지면 직업세계와 연결하고, 일과 삶의 가치를 조사한다.
3) 행동단계 : 목표설정, 목표달성을 촉진하기 위한 정보의 수집과 공유, 의사결정이 이루어지는 단계이다.

11 의사교류분석상담의 제한점 2가지를 쓰시오.[4점]

[상담학2장 7절 4번]

정답

1) 인지적이므로 지적 능력이 낮은 내담자의 경우 부적절할 수도 있다.
2) 추상적이어서 실제 적용에 어려움이 있다.

12 Bordin(보딘)은 정신역동적직업상담을 체계화하면서 직업문제의 진단에 관한 새로운 관점을 제시하였다. 그가 제시한 직업문제의 심리적원인 3가지를 설명하시오.[6점]

[상담학2장 12절 1번]

정답

1) 의존성

   자신의 진로문제를 해결하고 책임을 지는 것이 어렵다고 느껴서 지나치게 다른 사람들에게 의존한다.

2) 정보의 부족

   적합한 정보에 접할 기회가 없기 때문에 현명한 선택을 하지 못하는 경우가 많다.

3) 문제가 없음(불확신)

   내담자가 현명한 선택을 한 후에 확신감이 없다.

13 Krumboltz의 진로영향요인 3가지를 쓰시오.[6점]

[심리학4장 5절 1번]

정답

1) 유전적 요인과 특별한 능력 : 타고난 특질을 포함하는 요인이다.

2) 환경조건과 사건 : 개인환경에서의 특정한 사건이 진로선호 등에 영향을 미친다.

3) 학습경험 : 과거에 학습한 경험은 직업적 의사결정에 영향을 미친다.

4) 과제접근기술 : 문제해결기술, 작업습관 등과 같이 개인이 개발시켜온 기술일체를 말한다.

14 Healy의 긍정적으로 자기를 인식하고 자신감을 강화하기 위한 방법 5가지를 쓰시오.[5점]

[상담학3장 4절 7번]

정답

1) 그들의 삶이 의미있게 관찰되고 숙고될 때 자기 인식이 증가한다.

2) 다양한 행위를 경험하고 그것을 숙고할 때 자기인식능력이 증가한다.

3) 노력의 결과를 긍정적으로 강화하고 성공하는 방법을 배울 때 자기인식이 증가한다.

4) 역량이 있다고 기대되는 것을 개발하고 독려할 때 자기인식과 자신감이 증가한다.

5) 관찰한 피드백을 얻고 통합할 때 자기인식과 자신감이 증가한다.

15 다음의 표를 보고 답하시오.[5점]

[시장론1장 3절 9번]

	신규구인	신규구직	알선건수	취업수
A	103,062	426,746	513,973	36,710
B	299,990	938,855	1,148,534	119,020

정답

1) A기간의 구인배율은?

$$구인배율 = \frac{신규구인}{신규구직} \quad A = \frac{103,062}{426,746} = 0.24$$

2) B기간의 구인배율은?

$$B = \frac{299,990}{938,855} = 0.32$$

3) A기간의 취업률은?

$$취업률 = \frac{취업건수}{구직자수} \times 100 \quad A = \frac{36,710}{426,746} \times 100 = 8.6\%$$

4) B기간의 취업률은?

$$취업률 = \frac{취업건수}{구직자수} \times 100 \quad B = \frac{119,020}{938,855} \times 100 = 12.68\%$$

16 생애진로사정(LCA)의 의미와 그로 인해 알 수 있는 정보 3가지를 쓰시오.[6점]

[상담학3장 1절 4번]

정답

1) 의미

내담자에 관한 가장 기초적인 직업상담정보를 얻는 질적 평가절차이며, 아들러(Adler)의 개인주의 심리학에 기반을 두고 있다. 생애진로사정은 내담자가 인생의 가치관이 무엇인지, 또 그런 가치관이 어떻게 자신의 행동을 지배하는지를 확인하고 명확하게 인식하도록 돕기 위한 과정이다.

2) 구체적으로 얻을 수 있는 정보
   ① 내담자의 직업경험과 교육수준을 나타내는 객관적인 사실
   ② 내담자 자신의 기술과 능력에 대한 자기평가
   ③ 내담자 자신의 가치와 자기인식

17 준거타당도의 의미와 종류 2가지를 설명하시오.[6점]   [심리학2장 2절 4번]

정답

1) 준거타당도
   심리검사와 특정준거가 얼마나 관련이 있는지를 알아보는 것

2) 준거타당도의 종류와 내용을 설명하시오.
   ① 예언타당도
      먼저 검사를 실시하고 그 후에 준거를 측정해서 얻은 두 점수 간의 상관계수를 측정하는 것
   ② 동시타당도
      일정시점에서 검사와 준거를 동시에 측정해서 얻은 두 점수 간의 상관계수를 측정하는 것

18 진로시간전망 검사 중 원형검사에서 시간전망개입의 3가지 차원을 쓰고 각각에 대해 설명하시오.[6점]   [상담학3장 2절 7번]

정답

1) 방향성 : 미래에 대한 낙관적인 입장을 구성하여 미래지향성을 증진시킨다.
2) 변별성 : 미래를 현실처럼 느끼게 하고, 목표를 신속하게 설정하도록 하는 데 있다.
3) 통합성 : 현재 행동과 미래의 결과를 연결시키고, 진로에 대한 인식을 증진시킨다.

2014년 2회 직업상담사 2급 필답형

01 심리검사점수의 분포정도를 판단하는 기준 2가지를 설명하시오.[4점] [심리학1장 2절 2번]

정답

1) 범위

한 점수 분포에서 최고점수와 최저점수의 차를 의미한다.

2) 표준편차

각 점수가 평균치에서 얼마나 멀리 떨어져 있는가를 나타내는 것이다.

02 내담자중심직업상담과 특성요인직업상담의 차이를 2가지 이상 설명하시오.[6점]

[상담학2장 5절 8번]

정답

1) 지시적 상담은 상담자 중심의 상담, 비지시적 상담은 내담자 중심의 상담이다.

2) 지시적 상담은 문제를 중시, 비지시적 상담은 문제보다 개인 그 자체를 중시한다.

03 직업으로 규정하기 위한 4가지 요건을 쓰고 설명하시오.[4점] [정보론2장 6번]

정답

1) 경제성 : 경제적인 거래 관계가 성립하는 활동을 수행해야 한다.

2) 계속성 : 일시적인 것이 아니라 계속적으로 행해져야 한다.

3) 사회성 : 사회적으로 가치있고 쓸모있는 일이어야 한다.

4) 윤리성 : 비윤리적인 영리행위나 반사회적인 활동이 아니어야 한다.

04 실존주의 상담에서 내담자의 자기인식 능력향상을 위한 상담자 치료원리 3가지를 설명하시오.[6점] [상담학2장 3절 2번]

정답

1) 죽음의 실존적 상황에 직면하도록 격려한다.
2) 삶의 의미를 발견하고 창조하도록 돕는다.
3) 삶에 대한 자유와 책임을 자각하도록 촉진한다.

05 15세 이상 35,986천명, 비경제활동인구 14,717천명, 취업자 20,149천명(자영업자 5,645천명, 무급가족 1,685천명, 상용 6,113천명, 임시 4,481천명, 일용 2,225천명)일 때 실업률을 구하시오.[4점] [시장론1장 3절 3번]

정답

경제활동인구＝15세 이상－비경제활동인구＝35,986－14,717＝21,269
실업자＝경제활동인구－취업자＝21,269－20,149＝1,120
실업율＝실업자÷경제활동인구＝1,120÷21,269×100＝5.266%

06 내담자의 정보 및 행동이해하기 기법 중 전이된 오류의 유형 3가지를 쓰고 설명하시오.[6점] [상담학3장 3절 7번]

정답

1) 정보의 오류
   내담자가 실제의 경험과 행동을 이야기함에 있어서 대강대강 이야기할 때 나타난다.
2) 한계의 오류
   내담자가 경험이나 느낌의 한정된 정보만을 노출시킬 때 나타난다.
3) 논리적 오류
   내담자가 논리적인 관계가 맞지 않는 왜곡된 생각을 가질 때 나타난다.

07 직무분석 설문지 선택 시 평가준거 3가지를 설명하시오.[6점] [심리학5장 1번]

정답

1) 신뢰성 : 설문지를 통해 얻어지는 결과가 일관성을 지녀야 한다.

2) 타당성 : 설문지를 통해 얻어지는 결과의 정확성 정도를 나타낸다.
3) 실용성 : 검사 실시에 드는 시간과 비용이 적게 소요되어야 한다.

08 기혼여성경제활동 참가결정요인 6가지와 상관관계를 설명하시오.[6점] [시장론1장 5절 7번]

정답

1) 배우자 및 타가구원의 소득
   배우자 및 타가구원의 소득이 높을수록 기혼여성의 경제활동참가율은 낮아진다.
2) 자녀의 수 및 연령
   자녀의 수가 많거나, 연령이 낮을수록 기혼여성의 경제활동참가율은 낮아진다.
3) 가사노동의 대체
   가사노동을 대체할 수 있는 서비스나 가전제품이 많을수록 기혼여성의 경제활동참가율은 높아진다.
4) 전반적인 실업수준
   전반적인 실업률이 높을수록 기혼여성의 경제활동참가율은 낮아진다.
5) 법, 제도적 요인
   여성의 직장생활을 보호하는 법과 제도가 많을수록 기혼여성의 경제활동참가율은 높아진다.
6) 사회적 요인
   사회나 기업의 문화와 의식이 보수적일수록 기혼여성의 경제활동참가율은 낮아진다.

09 문항의 난이도, 문항의 변별도, 오답의 능률도의 의미를 설명하시오.[6점]

[심리학1장 3절 9번]

정답

1) 문항의 난이도 : 특정 문항을 맞춘 사람들의 비율
2) 문항의 변별도 : 개개의 문항이 피험자 능력의 상하를 구별해 줄 수 있는 정도
3) 오답의 능률도(문항반응분포) : 문항의 각 답지에 대한 반응의 분포상태를 분석함으로써 각 답지가 제 구실을 하고 있는지 알아보는 것

10 크라이티스 포괄적 직업상담과정 3단계를 순서대로 쓰고 설명하시오.[6점]

[상담학2장 11절 2번]

정답

1) 진단의 단계

   내담자에 대한 <u>검사자료와 상담을 통한 자료가 수집되는 단계</u>

2) 명료화 또는 해석의 단계

   <u>의사결정 과정을 방해하는 태도와 행동을 명료화하고 해석하여 대안을 탐색하는 단계</u>

3) 문제해결의 단계

   내담자가 <u>문제해결을 위해 어떤 행동을 취해야 하는지 결정하는 단계</u>

11 직업상담의 문제유형 중 청소년들이 진로나 직업선택 시 의사결정을 미루는 2가지 유형을 쓰고 설명하시오.[4점]

[상담학2장 8절 5번]

정답

1) <u>무결단성 : 학습한 정보를 제대로 이용하지 못하여 적절한 의사결정을 할 수 없는 입장으</u>
   <u>로 사회적 압력과의 갈등으로 불안을 느낀다.</u>

2) <u>우유부단 : 정보의 부족, 학습·적응의 기회 부족으로 인해 적절한 의사결정을 하지 못하</u>
   <u>는 것으로 사회적인 압력과 갈등이 생겨 불안을 느낀다.</u>

12 노동수요 Ld= 5,000 - 2W이며, 1시간당 임금 w=2,000일 때 노동수요의 임금탄력성의 절대값과 근로자 수입은 얼마인지 계산하시오.[6점]

[시장론1장 1절 7번]

정답

1) 노동수요의 임금탄력성의 절대값

$$\text{노동수요의 임금탄력성} = \frac{\text{노동수요량의 변화율(\%)}}{\text{임금의 변화율(\%)}} = \frac{\dfrac{\text{노동수요 변동분}}{\text{원래 노동수요}}}{\dfrac{\text{임금의 변동분}}{\text{원래 임금}}}$$

$$= \frac{\dfrac{\Delta L_d}{L_d}}{\dfrac{\Delta w}{w}} = \frac{\Delta L_d \times w}{\Delta w \times L_d}$$

$\dfrac{\Delta L_d}{\Delta w}$ 는 노동수요를 임금에 대한 미분값이며, Ld = 5,000 − 2W를 임금에 대해 미분하면

−2이다.

노동수요의 임금탄력성 $= \dfrac{dL_D}{dW} \cdot \dfrac{W}{L_D} = -2 \cdot \dfrac{2000원}{1000원} = -4$

노동수요의 임금탄력성의 절대값 = 4

2) 근로자의 수입

근로자의 수입 = 노동수요량 × 시간당 임금

노동수요량(L_D) = 5000 − 2 × 2,000원 = 1,000시간

근로자의 수입 = 1,000시간 × 2,000원 = 2,000,000원

---

13 행동주의 상담의 치료기법 중 적응행동증진 기법 3가지를 설명하시오.[6점]

[상담학2장 8절 9번]

정답

1) 강화

상담자가 내담자의 진로선택이나 결정에 대해 긍정적 또는 부정적인 반응을 보임으로써
바람직한 행동을 강화시킨다.

2) 대리학습

다른 사람의 진로결정 행동이나 결과를 관찰함으로써 직업결정행동의 학습을 촉진시
킨다.

3) 변별학습

바람직한 행동과 바람직하지 않은 행동을 구별할 수 있도록 학습시키는 방법이다.

---

14 인지적 상담에서 인지적 오류 3가지를 설명하시오.[6점]

[상담학2장 10절 2번]

정답

1) 흑백논리 : 사건의 의미를 이분법적인 범주의 둘 중에 하나로 해석하는 오류
2) 과잉 일반화 : 한두 번의 사건에 근거하여 일반적인 결론을 내리는 오류
3) 선택적 추상화 : 특정한 일부의 정보에만 주의를 기울여 전체의 의미를 해석하는 오류

15 스토롱직업흥미검사의 척도 3가지를 설명하시오.[6점] [심리학3장 2절 9번]

정답

1) 일반직업분류(GOT) : 홀랜드이론이 반영된 6개의 주제로 구성되며 피검자의 흥미에 관한 포괄적 전망을 제공한다.
2) 기본흥미척도(BIS) : 특정 활동과 주제에 관한 세부척도로 특정 흥미분야를 제공한다.
3) 개인특성척도(PSS) : 일상생활과 일의 세계에 관련된 광범위한 특성에 대해 개인이 선호하고 편안하게 느끼는 것을 측정한다.

16 내담자의 성격사정 목적 3가지를 설명하시오.[6점] [심리학3장 2절 3번]

정답

1) 자기인식을 증진시킬 수 있다.
2) 작업 불만족의 근원을 확인할 수 있다.
3) 좋아하는 일역할, 작업기능, 작업환경을 확인할 수 있다.

17 투사적 검사의 장단점 3가지씩 쓰고 설명하시오.[6점] [심리학3장 1절 1번]

정답

1) 장점
   ① 반응의 독특성이 있다.
   ② 방어가 어렵다.
   ③ 무의식적 내용의 반응이 나타난다.
   ④ 반응이 풍부하다.
2) 단점
   ① 검사의 신뢰도가 낮다.
   ② 검사의 타당도가 낮다.
   ③ 상황적인 요인의 영향을 받는다.

18 한국표준직업분류 중 직업으로 보지 않는 활동사례 6가지를 설명하시오.[6점]

[정보론2장 8번]

정답

1) 교육기관에 재학하며 학습에만 전념하는 경우
2) 이자, 주식배당, 임대료(전세금, 월세) 등과 같은 자산 수입이 있는 경우
3) 자기 집의 가사 활동에 전념하는 경우
4) 시민봉사활동 등에 의한 무급 봉사적인 일에 종사하는 경우
5) 수형자의 활동과 같이 법률에 의한 강제노동을 하는 경우
6) 사회복지시설 수용자의 시설 내 경제활동

2014년 3회 직업상담사 2급 필답형

---

01 한국표준직업분류(2007)에서는 속박된 상태에서의 제반 활동은 경제성이나 계속성의 여부와 상관없이 직업으로 보지 않는다. 이에 해당하는 활동을 2가지만 쓰시오.[6점]

[정보론2장 8번]

정답

1) 수형자의 활동과 같이 법률에 의한 강제노동을 하는 경우
2) 사회복지시설 수용자의 시설 내 경제활동

02 불경기 시 부가노동자와 실망노동자 수의 증가가 실업률에 미치는 효과를 비교 설명하시오.[6점]

[시장론1장 3절 7번]

정답

1) 실망노동자
   실업자가 경기 불황으로 인해 일자리를 구하지 못해 아예 구직활동을 포기하게 되면 비경제활동인구로 전락하게 되어 경제활동인구가 감소하고 실업률이 낮아지게 된다.
2) 부가노동자
   가구주가 경기 불황으로 인해 실직하게 되면 가족 가운데 비경제활동인구로 머물던 주부나 학생이 노동시장에 참가하여 경제활동인구가 늘어나고 실업률이 증가하게 된다.

03 백분위점수, 표준점수, 표준등급의 의미를 설명하시오.[6점]

[심리학1장 2절 6번]

정답

1) 백분위점수
   개인의 점수가 규준집단에서 차지하는 상대적 위치를 백분위로 나타낸 점수

2) 표준점수

분포의 표준편차를 이용하여 개인의 점수가 평균으로부터 벗어난 거리를 표시하는 것

3) 표준등급

원점수를 크기 순서에 따라 배열한 후 백분율에 맞추어 매긴 등급이다.

04 검사 – 재검사 신뢰도의 단점을 3가지 쓰시오.[3점]

[심리학2장 1절 3번]

정답

1) 이월효과 : 앞의 시험 문제를 기억함으로써 높은 신뢰도 계수를 얻게 되는 된다.
2) 반응민감성 : 망각효과로 인해 측정 시간 간격이 긴 경우 낮은 신뢰도 계수를 얻게 된다.
3) 측정 속성의 변화 : 측정기간 중에 특정 사건이 발생하면 점수가 달라질 수 있다.
4) 물리적 환경의 변화 : 온도·날씨·소음 등에 따라 점수가 달라질 수 있다.

05 상호역할관계 사정의 주요용도 3가지를 쓰시오.[6점]

[상담학3장 2절 1번]

정답

1) 질문을 통해 사정하기
2) 동그라미로 역할관계 그리기
3) 생애–계획연습으로 전환하기

06 동일한 근로시간에 대해 탄광 근로자는 월 200만 원을 받고 봉제공은 월 100만 원을 받는다고 할 때 이 두 직종 간에 임금격차가 발생하는 원인을 설명하는 것으로 보상적 임금격차가 있다. 보상적 임금격차의 개념 및 보상적 임금 격차가 발생하는 요인을 통해 위 두 근로자의 임금격차를 설명하시오.[6점]

[시장론2장 1절 2번]

정답

1) 정의

직종 간에 존재하는 상대적 불리함을 보상해줌으로써 나타나게 되는 임격격차

2) 원인

① 고용의 안정성 여부 : 고용이 불안정하여 실업의 가능성이 높다면 높은 임금을 지불해야 한다.

② 작업의 쾌적성 여부 : 작업내용이 위험하고, 환경이 열악하다면 높은 임금을 지급해야 한다.

③ 성공 또는 실패의 가능성 여부 : 불확실성이 높은 직업에 대해서는 높은 임금을 지급해야 한다.

07 흥미사정에서 로(Roe)의 두 가지 분류체계 중 6가지 수직차원을 쓰시오.[6점]

[심리학4장 4절 2번]

정답

1) 고급 전문 관리 : 중요하고 독립적이며 높은 책임을 진다.
2) 중급 전문 관리 : 중요성과 다양성의 측면에서 중간정도의 책임을 진다.
3) 준 전문 관리 : 타인에 대한 낮은 수준의 책임을 진다.
4) 숙련직 : 견습이나 다른 특수한 훈련과 경험이 요구된다.
5) 반숙련직 : 약간의 훈련과 경험이 요구된다.
6) 비숙련직 : 간단한 지시나 단순한 반복활동에 종사하기 위한 능력이 요구된다.

08 Williamson의 특성 - 요인 직업 상담에서 직업 의사 결정에서 나타나는 여러 문제들에 대한 변별 진단 결과를 분류하는 4가지 범주를 쓰고 각각에 대해 설명하시오.[6점]

[상담학2장 5절 3번]

정답

1) 무선택
   미래의 진로에 대해 잘 모른다고 말한다.
2) 불확실한 선택
   선택은 했으나 자신의 선택에 의심을 나타낸다.
3) 현명하지 못한 선택
   충분한 적성을 가지고 있지 않은 직업을 선택한다.
4) 흥미와 적성 간의 불일치
   본인이 말하는 흥미와 적성 사이의 불일치일 수도 있고, 측정된 흥미와 적성 사이의 불일치일 수도 있다.

09 심리검사의 신뢰도에 영향을 주는 요인을 4가지만 쓰고, 각각 간략히 설명하시오.[4점]

[심리학2장 1절 1번]

정답

1) 문항 반응 수 : 문항 반응 수가 높을수록 신뢰도가 높아진다.
2) 응답자의 속성변화 : 측정기간 중에 특정사건이 발생하면 신뢰도가 달라진다.
3) 검사문항의 수 : 검사문항 수가 많을수록 신뢰도가 높아진다.
4) 검사시간과 속도 : 검사시간이 길수록, 속도가 빠를수록 신뢰도가 높아진다.

10 직무 분석을 하는 목적은 직무기술서나 작업자 명세서를 만들고 이로부터 얻어진 정보를 여러모로 활용하는데 있다. 직무 분석으로 얻어진 정보의 용도를 3가지만 쓰시오.[6점]

[심리학5장 2번]

정답

1) 인력수급계획수립
2) 신규작업자의 모집
3) 종업원의 교육 및 훈련
4) 직무평가
5) 직무수행평가(인사고과)

11 Bodin의 내담자가 직업선택 시 갖는 문제유형을 쓰시오.[3점]　　[상담학2장 12절 1번]

정답

1) 의존성　　　　　　　　　　2) 정보의 부족
3) 문제가 없음(불확신)　　　　4) 선택의 불안
5) 자아갈등(내적갈등)

12 상담에서 상담자와 내담자의 대화를 가로 막을 수 있는 상담자의 반응을 3가지만 쓰고 각각에 대해 설명 하시오.[6점]　　[상담학3장 1절 2번]

정답

1) 이른조언 : 상담초기에 상담자는 내담자에 대해 충분히 알지 못하기 때문에 부적합하다.

2) 가르치기 : 내담자는 자신에 대한 이야기를 더 이상하지 않거나, 방어적인 태도를 보이게
된다.

3) 과도한 질문 : 내담자는 상담하는 것이 아니라 상대가 캐묻는다고 느끼게 된다.

13 Tolbert가 제시한 집단직업상담의 활동유형에 대하여 쓰시오.[5점] [상담학1장 2절 5번]

정답

1) 자기탐색
2) 상호작용
3) 개인적 정보의 검토 및 목표와의 연결
4) 직업적·교육적 정보의 획득과 검토
5) 의사결정

14 객관적 자기보고식 검사의 장점 5가지를 쓰시오.[5점] [심리학3장 1절 2번]

정답

1) 검사의 객관성이 보장된다.
2) 채점의 결과가 채점자에 관계없이 동일하다.
3) 검사의 실시가 간편하다.
4) 투사적 검사보다 쉽게 응한다.
5) 신뢰도와 타당도가 높다.

15 Holland의 인성이론 6가지 성격유형을 설명하시오.[6점] [심리학4장 1절 1번]

정답

1) 현실형(R)
기계, 도구, 동물에 관한 체계적인 조작 활동을 좋아하나 사회적 기술이 부족하다.
직업 : 기술자, 정비사, 농부
2) 탐구형(I)
분석적이며 호기심이 많으나 리더십 기술이 부족하다.
직업 : 과학자, 수학자, 의사

3) 예술형(A)

표현이 풍부하고 독창적이나 규범적인 기술은 부족하다.

직업 : 음악가, 화가, 배우

4) 사회형(S)

다른 사람과 함께 일하거나 돕는 것을 좋아하지만 조직적인 활동을 싫어한다.

직업 : 교사, 상담가, 사회복지사

5) 진취형(E)

조직목표나 경제적 목표를 달성하기 위해 타인을 조작하는 활동을 좋아하지만 과학적

능력이 부족하다.

직업 : 경영자, 세일즈맨, 정치가

6) 관습형(C)

체계적으로 자료를 처리하고 기록을 정리하거나 자료를 재생산하는 것을 좋아하지만

예술적 능력이 부족하다.

직업 : 은행원, 사서, 회계사

16 직업상담사가 구직자 A와 B에게 각각 동형검사인 직무능력검사(Ⅰ형)와 직무능력검사(Ⅱ형)를 실시한 결과 A는 115점, B는 124점을 얻었으나 검사유형이 다르기 때문에 두 사람의 점수를 직접 비교할 수 없다. A와 B중 누가 더 높은 직무능력을 갖추었는지 각각 표준점수인 Z점수를 산출하고 이를 비교하시오. (각각의 Z점수는 소수점 둘째자리까지 산출하며, 계산과정은 반드시 기재해야 한다.) (단, 직무능력검사(Ⅰ) 평균 : 100, 표준편차 : 7, 직무능력검사(Ⅱ) 평균 : 100, 표준편차 : 15) [5점] [심리학2장 1절 8번]

정답

A : $\dfrac{(115-100)}{7} = 2.14$

B : $\dfrac{(124-100)}{15} = 1.60$

A의 표준점수가 B의 표준점수보다 높으므로 A의 직무능력이 더 높다고 할 수 있다.

17 Rogers의 인간중심상담의 인간에 대한 철학적 기본가정 5가지를 쓰시오.[5점] [상담학2장 4절 2번]

정답

1) 개인은 자기확충을 향한 적극적인 성장력을 지니고 있다.

2) 개인을 알려면 그의 주관적 생활에 초점을 두어야 한다.

3) 개인은 가치를 지닌 독특한 존재이다.

4) 개인은 근본적으로 선하며, 이성적이고 믿을 수 있는 존재이다.

5) 개인은 자신이 결정을 내릴 권리를 가지고있을 뿐 아니라 자신의 장래를 선택할 권리도 지니고 있다.

18 생산성 임금제에 의하면 명목임금의 상승률을 결정할 때 부가가치 노동생산성 상승률과 일치시키는 것이 적정하다고 하였다. 어떤 기업의 2020년 근로자 수가 40명, 생산량이 100개, 생산물단가는 10원, 자본비용이 150원이었으나, 2021년에는 근로자 수는 50명, 생산량은 120개, 생산물단가는 12원, 자본비용은 200원으로 올랐다고 가정하자. 생산성 임금제에 근거할 때 이 기업의 2012년 적정임금상승률을 계산하시오. (단, 소수점 발생 시 반올림하여 소수 첫째 자리로 표현하시오.) [6점] [시장론2장 1절 5번]

정답

1) 2020년 근로자 1인당 생산량은

근로자 40명 = 100개 × 10원 = 1,000원

근로자 1인당 = $\dfrac{1,000원}{40명}$ = 25원/인

2) 2021년 근로자 1인당 생산량은

근로자 50명 = 120개 × 12원 = 1,440원

근로자 1인당 = $\dfrac{1,440원}{50명}$ = 28.8원/인

3) 2020년 기준 근로자 1인당 생산성 변화량은

$\dfrac{25원 - 28.8원}{25원}$ × 100 = 15.2%

따라서, 2022년에는 15.2%의 임금상승이 적정할 것으로 판단된다.

19 직업포부발달이론의 제한과 절충에 대하여 쓰시오. [4점] [심리학4장 3절 5번]

정답

1) 제한(한계) : 자신의 자아개념과 일치하지 않는 직업대안들을 제거하는 과정

2) 절충(타협) : 제한을 통해 선택된 직업대안들 중에서 자신이 극복할 수 없는 문제를 가진 직업을 어쩔 수 없이 포기하는 과정

2015년 1회 직업상담사 2급 필답형

01 윌리암슨의 변별진단 4가지를 쓰고 설명하시오.[4점] [상담학2장 5절 3번]

정답

1) 무선택
   미래의 진로에 대해 잘 모른다고 말한다.
2) 불확실한 선택
   선택은 했으나 자신의 선택에 의심을 나타낸다.
3) 현명하지 못한 선택
   충분한 적성을 가지고 있지 않은 직업을 선택한다.
4) 흥미와 적성 간의 불일치
   본인이 말하는 흥미와 적성 사이의 불일치일 수도 있고, 측정된 흥미와 적성사이의 불일치일 수도 있다.

02 역량검사와 속도검사에 대해서 설명하시오.[6점] [심리학3장 1절 4번]

정답

1) 역량검사(power test)
   ① 시간제한이 없으며,
   ② 어려운 문제들로 구성되며
   ③ 숙련도보다는 문제해결력을 측정하는 검사이다.
   ④ 수학경시대회
2) 속도검사
   ① 시간제한이 있으며,
   ② 쉬운 문제들로 구성되며
   ③ 문제해결력보다는 숙련도를 측정하는 검사이다.
   ④ 웩슬러지능검사 바꿔쓰기

03 브레이필드의 직업정보기능 3가지를 쓰고 설명하시오.[6점] [상담학2장 5절 7번]

정답

1) 정보제공 기능 : 모호한 의사결정을 돕고 진로선택에 관한 지식을 증가시켜 주는 기능
2) 재조정 기능 : 내담자가 현실에 비추어 부적당한 선택을 했는지 재조명해 보는 기능
3) 동기화 기능 : 내담자가 의사결정과정에 적극 참여하도록 동기화시켜주는 기능

04 일반직업적성검사(GATB)의 내용을 3가지 쓰고 설명하시오.[6점] [심리학3장 2절 5번]

정답

1) 지능(G) : 일반적인 학습능력
2) 언어능력(V) : 언어의 뜻과 개념을 이해하는 능력
3) 수리능력(N) : 빠르고 정확하게 계산하는 능력

05 행동주의상담에서 불안감소기법, 학습촉진기법에 대해서 3가지씩 쓰시오.[6점] [상담학2장 8절 9번]

정답

1) 불안감소기법
   ① 체계적 둔감화
   ② 반조건형성
   ③ 금지적조건형성
2) 학습촉진기법(적응행동증진기법)
   ① 강화
   ② 대리학습
   ③ 변별학습

06 상담자가 자신의 관심을 충족시키기 위하는 질문이 아니라 내담자 스스로가 자신과 자신의 문제를 자유로이 탐색하도록 허용함으로써 내담자 자신의 이해를 증진시키는 탐색적 질문을 하는 과정에서 상담자가 유의해야 할 사항 3가지를 쓰시오.[6점] [상담학3장 3절 9번]

정답

1) 폐쇄형 질문보다 개방형 질문을 사용하도록 한다.

2) 내담자의 감정을 이끌어 낼 수 있는 질문을 사용하도록 한다.

3) 내담자 자신의 문제를 명료화하도록 돕는 질문을 사용하도록 한다.

07 내담자중심상담 기법에서 상담자의 태도 3가지를 쓰시오.[3점]   [상담학2장 4절 1번]

정답

1) 무조건적 수용

내담자를 한 인간으로서 존중하며 평가하거나 판단하지 않고 있는 그대로 받아들이는 것

2) 공감적 이해

상담자가 내담자의 입장이 되어 내담자를 깊이 있게 주관적으로 이해하면서도 자기 본연의 자세는 버리지 않는 것

3) 일치성

상담자가 내담자와의 관계에서 솔직하게 인정하고 표현하는 것

08 집단상담의 장점 3가지를 쓰시오.[3점]   [상담학1장 2절 6번]

정답

1) 시간, 경제적인 면에서 효과적이다.

2) 소속감과 동료의식을 발전시킬 수 있다.

3) 개인상담보다 더 편하게 느낀다.

09 구조화면접법과 비구조화면접법의 의미, 장점, 단점을 쓰시오.[6점]   [정보론4장 4번]

정답

1) 구조화면접법 : 질문내용을 미리 준비해두고 순서에 따라 진행한다.

장점 : 짧은 시간에 많은 정보를 얻을 수 있다.

단점 : 심층적 정보를 얻지 못한다.

2) 비구조화면접법 : 사전에 어떤 질문을 할 것인가를 결정하지 않고 응답자의 반응에 따라 융통적으로 면접을 진행한다.

장점 : 심층적 정보를 얻을 수 있다.

단점 : 짧은 시간에 많은 정보를 얻기가 어렵다.

10 중앙값(대푯값) 3가지를 쓰시오.[6점]

정답

1) 평균
2) 중앙값
3) 최빈값

11 엘리스의 ABCDE모형에 따라 실직으로 인한 우울증에 걸린 내담자의 상담단계를 쓰시오.[5점]

정답

1) A(선행사건) : 내담자가 실직을 경험한다.
2) B(신념체계) : 모든 것이 끝나버렸다.
3) C(결과) : 절망감, 좌절감을 느낀다.
4) D(논박) : 정말 어떤 일도 할 수 없을까? 비합리적 신념에 대한 논박
5) E(효과) : 다른 직장을 찾아 보려고 열심히 노력한다.

12 경제활동참가율을 계산하시오. (소수점 셋째자리에서 반올림하시오.)[5점]

- 15세 이상 인구 : 35,986천명
- 비경제활동인구 : 14,717천명
- 취업자 : 20,149천명(자영업자 5,645천명, 무급가족 종사자 1,685천명, 상용직 근로자 6,113천명, 임시근로자 4,481천명, 일용근로자 2,225천명)

정답

경제활동인구 : $35,986 - 14,717 = 21,269$천명
경제활동참가율 $= 21,269 \div 35,986 \times 100 = 59.10\%$

13 A회사의 9월말 사원수는 1,000명이었다. 신규채용인원수는 20명, 전입인원수는 80명일 때 10월의 입직률과 입직률의 의미를 쓰시오.[6점] [시장론1장 3절 10번]

정답

1) 입직률의 의미

   월말 노동자수 대비 월간 증가 노동자수의 비율

2) 10월의 입직률

$$입직률 = \frac{해당월\ 증가\ 노동자수(신규채용+전입)}{전월말\ 고용자수} \times 100$$

$$= \frac{20명+80명}{1,000명} \times 100 = 10\%$$

14 체계적둔감법의 3단계를 쓰시오.[6점] [상담학2장 8절 3번]

정답

1) 근육이완훈련 : 마음의 안정을 위하여 근육이완훈련을 실시한다.

2) 불안위계목록 작성 : 불안위계목록을 순차적으로 10~20개 작성한다.

3) 체계적둔감화 : 가장 낮은 불안 정도에서부터 시작하여 가장 높은 불안으로 상상하게 하고, 더 이상 불안하지 않으면 종료한다.

15 집단내 규준을 3가지 쓰고 설명하시오.[6점] [심리학1장 2절 6번]

정답

1) 백분위점수

   개인의 점수가 규준집단에서 차지하는 상대적 위치를 백분위로 나타낸 점수

2) 표준점수

   분포의 표준편차를 이용하여 개인의 점수가 평균으로부터 벗어난 거리를 표시하는 것

3) 표준등급

   원점수를 크기 순서에 따라 배열한 후 백분율에 맞추어 매긴 등급

16 구성타당도를 2가지 쓰고 설명하시오.[4점] [심리학2장 2절 3번]

정답

1) 수렴타당도
   그 속성과 관계있는 변인들과 높은 상관관계를 갖고 있는지의 정도를 측정하는 것
2) 변별타당도
   그 속성과 관계없는 변인들과 낮은 상관관계를 갖고 있는지의 정도를 측정하는 것

17 결정적분석법의 단점을 3가지 쓰시오.[3점] [정보론4장 3번]

정답

1) 일상적인 수행과 관련된 지식, 기술, 능력들이 배제될 수 있다.
2) 응답자들이 과거에 일어났던 결정적 사건을 왜곡해서 기술할 가능성이 있다.
3) 추론하는 과정에서 주관성이 개입될 수 있다.

18 상담자가 내담자에게 좋은 영향을 줄 수 있는 언어적 행동과 비언어적 행동을 3가지씩
쓰시오.[6점] [상담학3장 1절 1번]

정답

1) 언어적 행동
   ① 해명
   ② 재진술
   ③ 종합적 느낌
2) 비언어적 행동
   ① 눈맞춤
   ② 미소
   ③ 끄덕임

19 한국표준직업분류에서 직업분류의 일반원칙을 2가지 쓰시오.[4점] [정보론2장 1번]

> 정답

1) 포괄성의 원칙
   모든 직무는 어떤 수준에서든지 분류에 포괄되어야 한다.
2) 배타성의 원칙
   동일하거나 유사한 직무는 어느 경우에든 같은 단위직업으로 분류되어야 한다.

20 직업으로 보지 않는 활동을 5가지 쓰시오.[5점] [정보론2장 8번]

> 정답

1) 교육기관에 재학하며 학습에만 전념하는 경우
2) 이자, 주식배당, 임대료(전세금, 월세) 등과 같은 자산 수입이 있는 경우
3) 자기 집의 가사 활동에 전념하는 경우
4) 시민봉사활동 등에 의한 무급 봉사적인 일에 종사하는 경우
5) 수형자의 활동과 같이 법률에 의한 강제노동을 하는 경우

2015년 2회 직업상담사 2급 필답형

01 수퍼(Super)의 발달적 직업상담의 6단계를 쓰시오.[6점]

[상담학2장 13절 1번]

정답

1) 문제탐색
2) 심층적 탐색
3) 자아수용
4) 현실검증
5) 태도와 감정의 탐색과 처리
6) 의사결정

02 행동주의 직업상담의 상담기법을 크게 불안감소기법과 학습촉진기법 유형으로 구분할 수 있다. 각 유형별 대표적인 방법 3가지씩 쓰시오.[6점]

[상담학2장 8절 9번]

정답

1) 불안감소기법
   ① 체계적 둔감화
   ② 반조건형성
   ③ 금지적조건형성
2) 학습촉진기법(적응행동증진기법)
   ① 강화
   ② 대리학습
   ③ 변별학습

03 REBT의 기본원리 6가지를 쓰시오.[6점]　　　　　　　[상담학2장 9절 2번]

> **정답**

1) 인지는 인간정서의 핵심적 요소이다.
2) 역기능적 사고는 정서 장애의 중요한 결정요인이다.
3) 비합리적 사고의 분석부터 시작한다.
4) 행동에 대한 과거의 영향보다 현재에 조점을 둔다.
5) 비록 쉽게 이루어지지는 않지만 인간의 신념은 변화한다고 믿는다.
6) 인간의 비합리적 사고는 유전과 환경 모두에 영향을 받는다.

04 한국표준직업분류의 직무 유사성의 판단기준 4가지를 쓰시오.[4점]　　　　[정보론2장 2번]

> **정답**

1) 지식
2) 경험
3) 기능
4) 요건

05 아래의 주어진 예시를 보고 다음을 계산하시오.　　　　　　　[시장론1장 3절 3번]

> - 15세 이상 인구 : 35,986천명
> - 비경제활동인구 : 14,717천명
> - 취업자 : 20,149천명(자영업자 5,645천명, 무급가족 종사자 1,685천명, 상용직 근로자 6,113천명, 임시근로자 4,481천명, 일용근로자 2,225천명)

> **정답**

1) 실업율은?
   경제활동인구＝15세 이상－비경제활동인구＝35,986－14717＝21,269
   실업자＝경제활동인구－취업자＝21,269－20,149＝1,120
   실업율＝실업자÷경제활동인구＝1,120÷21,269×100＝5.266%

2) 임금근로자 수는?
   임금근로자 수＝상용직 근로자(6,113)＋임시근로자(4,481)＋일용근로자(2,225)
   　　　　　　＝12,819천명

06 되린저(Doeringer)와 피오르(Piore)의 내부노동시장이 형성되는 요인 3가지를 쓰고 설명하시오.[6점]

[시장론1장 5절 3번]

정답

1) 숙련의 특수성 : 기업 내의 내부노동자만이 소유하는 숙련을 말한다.
2) 현장훈련 : 현장 담당자의 고유한 지식을 후임자에게 생산현장에서 직접 전수하는 것을 말한다.
3) 관습 : 문서화되지 않은 기업의 관습이나 규정을 말한다.

07 고임금경제가 존재할 경우와 존재하지 않을 경우 임금상승이 고용에 미치는 효과와 그 이유를 설명하시오.[6점]

[시장론2장 2절 5번]

정답

1) 효과
   ① 고임금경제가 존재할 경우 : 고용의 감소폭이 작다.
   ② 고임금경제가 존재하지 않을 경우 : 고용의 감소폭이 크다.
2) 이유
   고임금경제가 존재할 경우에는 노동의 한계생산력이 높기 때문에 원래의 노동수요곡선보다 비탄력적이다.
   고임금경제가 존재하지 않을 경우에는 노동의 한계생산력이 높지 않기 때문에 원래의 노동수요곡선보다 탄력적이다.

08 부처 집단상담 3단계를 쓰고 설명하시오.[6점]

[상담학1장 2절 4번]

정답

1) 탐색단계 : 자기개방, 흥미와 적성에 대한 측정, 측정결과에 대한 피드백, 불일치의 해결이 이루어진다.
2) 전환단계 : 자아와 피드백 간의 일치가 이루어지면 직업세계와 연결하고, 일과 삶의 가치를 조사한다.
3) 행동단계 : 목표설정, 목표달성을 촉진하기 위한 정보의 수집과 공유, 의사결정이 이루어지는 단계이다.

09 Tolbert가 제시한 것으로 직업 집단상담의 과정에서 나타나는 5가지 활동유형을 제시하시오.[5점]

[상담학1장 2절 5번]

> 정답

1) 자기탐색
2) 상호작용
3) 개인적 정보의 검토 및 목표와의 연결
4) 직업적·교육적 정보의 획득과 검토
5) 의사결정

10 CMI 능력척도 3가지를 쓰고 설명하시오.[6점]

[심리학3장 2절 14번]

> 정답

1) 자기평가 : 자신의 흥미, 성격 등에 대한 이해의 능력
2) 직업정보 : 직업에 대한 지식, 고용정보 등을 얻고 평가하는 능력
3) 목표선정 : 자아와 직업세계에 대한 지식을 토대로 합리적인 직업선택을 하는 능력

11 최저임금제의 기대효과 3가지를 쓰시오.[3점]

[시장론2장 1절 6번]

> 정답

1) 저임금근로자의 소득향상을 가져온다.
2) 기업경영의 근대화를 촉진한다.
3) 산업구조의 고도화에 기여한다.

12 구성타당도의 3가지 유형을 쓰고 설명하시오.[6점]

[심리학2장 2절 3번]

> 정답

1) 수렴타당도
   그 속성과 관계있는 변인들과 높은 상관관계를 갖고 있는지의 정도를 측정하는 것
2) 변별타당도
   그 속성과 관계없는 변인들과 낮은 상관관계를 갖고 있는지의 정도를 측정하는 것

3) 요인분석법

검사를 구성하고 있는 문항들 간의 상호관계를 분석해서 서로 상관이 높은 문항들을 묶어주는 방법이다.

13 규준제작 시 표집방법 3가지를 쓰고 설명하시오.[6점] [심리학1장 2절 3번]

정답

1) 단순무선표집

구성원에게 일련의 번호를 부여하고 무작위로 필요한 만큼 표집

2) 층화표집

모집단을 몇 개의 이질적인 하위집단으로 구분하고 각 집단으로부터 무작위로 필요한 만큼 표집

3) 집락표집

모집단을 서로 동질적인 하위집단으로 구분하고 집단자체를 표집

14 직업적응이론에서는 개인이 환경과 상호작용하는 특성을 나타내주는 4가지 성격유형 요소를 가정한다. 이 성격유형 요소들 중 3가지만 제시하고 각각에 대해 간략히 설명하시오.[6점] [심리학4장 2절 1번]

정답

1) 리듬 : 활동에 대한 다양성을 의미한다.
2) 민첩성 : 과제를 얼마나 일찍 완성하느냐와 관계되는 것으로 정확성보다는 속도를 중시한다.
3) 지구력 : 개인이 환경과 상호작용하는 다양한 활동수준의 기간을 의미한다.

15 흥미사정의 목적 5가지를 쓰시오.[5점] [심리학3장 2절 6번]

정답

1) 여가선호와 직업선호 구별하기
2) 자기인식 발전시키기
3) 직업대안 규명하기

4) 직업·교육상의 불만족의 원인 규명하기

5) 직업탐색 조장하기

16 마찰적 실업, 구조적 실업, 경기적 실업에 대하여 각각 설명하시오.[6점] [시장론3장 1번]

정답

1) 마찰적 실업(자발적 실업)

① 신규·전직자가 노동시장에 진입하는 과정에서 직업정보의 부족에 의하여 일시적으로 발생하는 실업의 유형이다.

② 대책

㉠ 구인정보제공

㉡ 구직자세일즈

㉢ 구인구직 전산망 확충, 기업의 퇴직예고제

2) 구조적 실업

① 경제성장에 따른 산업구조 및 기술력의 변화 등에 노동력의 구조가 적절하게 대응하지 못하여 발생하는 실업의 유형이다.

② 대책

㉠ 직업전환교육

㉡ 이주에 대한 보조금

㉢ 산업구조 변화 예측에 따른 인력수급정책

3) 경기적 실업(수요부족실업)

① 불경기에 기업의 고용감소로 인한 유효수요 부족으로 발생하는 실업의 유형이다.

② 대책

㉠ (재정금융정책을 통한) 총 수요 증대 정책

㉡ 공공사업 등의 고용창출 사업

㉢ 근무제도 변경 방법

17 면접 준비하는 A는 금연을 하기로 결심하였다. 우선 취업면접을 위해 금연량을 조절하기로 하였는데 이 사례에 있어서 내담자의 상담 목표를 설정하고 그 목표설정의 원리를 3가지 쓰시오.[6점] [상담학2장 9절 8번]

정답

1) 상담목표 : <u>현재 하루 2갑의 흡연을 1개월 후 1갑으로 줄인다.</u>
2) 목표설정의 원리
    ① 목표는 <u>구체적이어야 한다.</u>
    ② 목표는 <u>실현가능해야 한다.</u>
    ③ 목표는 <u>내담자가 원하고 바라는 것이어야 한다.</u>
    ④ 목표는 <u>상담자의 기술과 양립 가능해야만 한다.</u>

18 진로시간 전망 검사지의 용도 5가지를 쓰시오.[5점] [상담학3장 2절 8번]

정답

1) <u>미래 방향성 증대</u>
2) <u>미래가 실제인 것처럼 느끼도록 하기 위해</u>
3) <u>미래에 대한 희망주기</u>
4) <u>기술계획 연습하기</u>
5) <u>목표설정 촉구하기</u>

2015년 3회 직업상담사 2급 필답형

01 Liptak의 자발적 실직자들의 강박적 사고유형을 5가지 적으시오.[5점] [상담학3장 4절 5번]

<정답>

1) 직업을 구하기 위해 완전한 직업탐구가 이루어져야 한다는 신념
2) 직업상담가는 전문가이기 때문에 내담자에게 직업을 찾아 줄 것이라는 신념
3) 면접 후 거절 당하는 것은 재앙과도 같다라는 신념
4) 직업탐구가 더 이상 필요로 하지 않을 것이기 때문에 직업탐색 기법을 습득할 필요가 없다는 신념
5) 직업탐색 과정에 대하여 신경 쓰고 몰두해야만 한다는 신념

02 부처의 3단계 중 탐색과 행동단계에서 하는 것을 3가지씩 쓰시오.[6점] [상담학1장 2절 4번]

<정답>

1) 목표설정
2) 목표달성을 촉진하기 위한 정보의 수집과 공유
3) 의사결정

03 보딘의 상담과정 3단계를 쓰고 설명하시오.[6점] [상담학2장 12절 2번]

<정답>

1) 1단계 : 탐색과 계약체결
   방어의 의미를 탐색하고 상담과정을 구조화하여 계약을 체결
2) 2단계 : 중대한 결정의 단계
   성격에 맞춰 직업을 선택할 것인지 직업에 맞춰 성격을 변화시킬 것인지를 결정

3) 3단계 : 변화를 위한 노력의 단계
성격, 흥미, 욕구 등에서 변화가 필요하면 그 부분에 대해 변화하려는 노력이 이루어지는 단계

04 완전히 기능하는 사람의 특징 4가지를 쓰시오.[4점]　　　　[상담학2장 4절 5번]

정답
1) 경험에 대해 개방적이다.
2) 실존적인 삶을 사는 사람이다.
3) 자신의 행동 선택이 자유롭다.
4) 유기체적인 신뢰가 있다.

05 내담자중심상담에서 상담자가 갖추어야할 태도 3가지를 쓰고 설명하시오.[6점]
　　　　[상담학2장 4절 1번]

정답
1) 무조건적 수용
내담자를 한 인간으로서 존중하며 평가하거나 판단하지 않고 있는 그대로 받아들이는 것
2) 공감적 이해
상담자가 내담자의 입장이 되어 내담자를 깊이 있게 주관적으로 이해하면서도 자기 본연의 자세는 버리지 않는 것
3) 일치성
상담자가 내담자와의 관계에서 솔직하게 인정하고 표현하는 것

06 게슈탈트 상담기법 중 3가지를 쓰고 설명하시오.[6점]　　　　[상담학2장 6절 1번]

정답
1) 빈 의자 기법 : 현재 상담에 참여하고 있지 않은 사람과 직접 대화를 나누는 형식을 취함으로써 그 사람과의 관계를 직접 탐색해 볼 수 있다.
2) 과장하기 : 상담자는 감정 자각을 돕기 위해 내담자의 어떤 행동이나 언어를 과장하여 표현하게 한다.

3) 자기 부분들 간의 대화 : 내담자의 인격에서 분열된 부분을 찾아서 서로 대화를 시킴으로써 분열된 자기부분을 통합할 수 있다.

07 코틀의 원형검사에서 원의 의미, 원의 크기, 원의 배치의 의미를 설명하시오.[6점]

[상담학3장 2절 6번]

정답

1) 원의 의미 : 과거, 현재, 미래의 시간 차원을 나타낸다.
2) 원의 크기의 의미 : 시간차원에 대한 상대적 친밀감을 나타낸다.
3) 원의 배치의 의미 : 시간차원의 연관성을 나타낸다.

08 상호역할관계 사정법 3가지를 쓰시오.[6점]

[상담학3장 2절 1번]

정답

1) 질문을 통해 사정하기
2) 동그라미로 역할관계 그리기
3) 생애-계획연습으로 전환하기

09 고트프레드슨의 단계에서 내적 고유한 자아지향성을 제외한 3가지를 쓰고 설명하시오. [6점]

[심리학4장 3절 4번]

정답

1) 힘과 크기 지향성(3~5세)
   사고과정이 구체화되며 어른이 된다는 것의 의미를 알게 된다.
2) 성역할 지향성(6~8세)
   자아개념이 성의 발달에 의해서 영향을 받게 된다.
3) 사회적 가치 지향성(9~13세)
   사회계층에 대한 개념이 생기면서 자아를 인식하게 된다.

10 층화표집, 계통표집에 대해 각각 사례를 들어 설명하시오.[6점] [심리학1장 2절 3번]

정답

1) 층화표집
모집단을 몇 개의 이질적인 하위집단으로 구분하고 각 집단으로부터 무작위로 필요한 만큼 표집하는 방법
⑨ 대학 구성원의 특성을 성별, 전공으로 층별한 후 각 층으로부터 필요한 만큼 단순무선 표집하는 방법

2) 계통표집
첫 번째 요소를 무작위로 선정한 다음 그 요소로부터 매 n번째의 요소를 계속 선정하는 방법
⑨ 1,000명의 대학생 집단에서 50명의 표본을 선정하고자 한다면 1~20 숫자 가운데 한 숫자를 무작위로 선정한 다음 매 20번째 요소를 표집하는 방법

11 검사 – 재검사 신뢰도 추정 시 충족되어야 할 조건 3가지를 쓰시오.[6점] [심리학2장 1절 4번]

정답

1) 측정내용 자체는 일정시간이 경과하더라도 변하지 않을 것이라는 가정
2) 어떤 학습활동이 두 번째 검사의 점수에 영향을 미치지 않을 것이라는 가정
3) 동일한 수검자에게 검사를 두 번 실시하지만 처음 검사의 경험이 재검사의 점수에 영향을 미치지 않을 것이라는 확신이 있어야 함

12 다음의 경우 임금근로자 수를 구하시오.[3점] [시장론3절 3번]

- 15세 이상 인구 : 35,986천명
- 비경제활동인구 : 14,717천명
- 취업자 : 20,149천명(자영업자 5,645천명, 무급가족 종사자 1,685천명, 상용직 근로자 6,113천명, 임시근로자 4,481천명, 일용근로자 2,225천명)

정답

임금근로자 수=상용직 근로자(6,113)+임시근로자(4,481)+일용근로자(2,225)=12,819천명

13 부가급여의 의미를 예를 들어 쓰고, 사용자 측면에서 선호하는 이유를 4가지 쓰시오.[5점]

[시장론2장 1절 1번]

정답

1) 의미
    사용자가 종업원에게 지불하는 임금 이외의 모든 보상
2) 사용자가 선호이유
    ① 근로자 유치가 쉽다.
    ② 조세나 보험료 부담이 감소된다.
    ③ 인사관리수단으로 이용된다.
    ④ 정부의 임금규제를 피할 수 있다.

14 보딘의 정신역동적 상담 시 내담자의 문제유형 3가지를 쓰고 설명하시오.[6점]

[상담학2장 12절 1번]

정답

1) 의존성
    자신의 진로문제를 해결하고 책임을 지는 것이 어렵다고 느껴서 지나치게 다른 사람들에게 의존한다.
2) 정보의 부족
    적합한 정보에 접할 기회가 없기 때문에 현명한 선택을 하지 못하는 경우가 많다.
3) 문제가 없음(불확신)
    내담자가 현명한 선택을 한 후에 확신감이 없다.

15 진로성숙도검사(CMI)의 성격척도검사 중 태도척도 5가지를 쓰고 설명하시오.[5점]

[심리학3장 2절 14번]

정답

1) 결정성 : 선호하는 진로의 방향에 대한 확신의 정도
2) 참여도 : 진로선택 과정에의 능동적 참여의 정도
3) 독립성 : 진로선택을 독립적으로 할 수 있는 정도
4) 성향 : 진로결정에 필요한 사전이해와 준비의 정도
5) 타협성 : 진로선택 시 욕구와 현실을 타협하는 정도

16 직무와 조직에서의 주된 스트레스를 받는 원인을 3가지 쓰고 설명하시오.[6점]

[심리학5장 7번]

정답

1) 과제특성
   복잡한 과제일수록 쉽게 스트레스에 노출된다.
2) 역할갈등
   자신이 생각하는 역할과 상급자가 생각하는 역할 간의 차이에 기인한다.
3) 역할모호성
   개인의 역할이 명확하지 않을 때 발생한다.

17 완전경쟁시장에서 A제품(단가 100원)을 생산하는 어떤 기업의 단기생산함수가 다음과 같다고 할 때 이 기업의 이윤 극대화를 위한 최적고용량을 도출하고 그 근거를 설명하시오.
(단위당 임금은 150원) [5점]

[시장론1장 2절 2번]

노동투입량	0	1단위	2단위	3단위	4단위	5단위	6단위
총생산량	0	2	4	7	8.5	9	9

정답

노동	0	1	2	3	4	5	6
생산량	0	2	4	7	8.5	9	9
한계생산량	−	2	2	3	1.5	0.5	0
한계생산물의 가치	−	200	200	300	150	50	0

1) 최적고용단위 : 4단위
2) 근거 : 한계수입＝한계비용일 때 기업의 이윤이 극대화된다.
   한계수입(한계생산물의 가치)＝한계생산물×시장가격이며, 한계비용＝임금이다.
   따라서 노동1단위 가격 150원과 노동의 한계생산물의 가치가 일치하는(1.5개×100원
   ＝150원) 수준인 4단위가 최적고용단위이다.

18 특성요인이론의 윌리암슨의 해석기법 3가지를 쓰고 설명하시오.[6점] [상담학2장 5절 4번]

정답

1) 직접충고 : 상담자가 자신의 견해를 솔직히 표명하는 것이다.

2) 설득 : 합리적이고 논리적인 방법으로 자료를 정리한 후에 내담자가 이해할 수 있는 방법으로 설득을 한다.

3) 설명 : 내담자가 검사결과가 주는 의미를 이해해서 현명한 선택을 하도록 하기 위해 검사결과를 설명해 준다.

2016년 1회 직업상담사 2급 필답형

---

01 행동주의 직업상담의 상담기법을 크게 불안감소기법과 학습촉진기법의 유형으로 구분할 수 있다. 각 유형별 대표적 방법을 각각 3가지 쓰시오.[6점] [상담학2장 8절 9번]

정답

1) 불안을 완화시키기 위한 방법
   ① 체계적 둔감화
   ② 반조건형성
   ③ 금지적조건형성
2) 학습촉진기법(적응행동증진기법)
   ① 강화
   ② 대리학습
   ③ 변별학습

02 내담자와 관련된 정보를 수집하고 내담자의 행동을 이해하고, 해석하는 데 기본이 되는 상담기법 6가지를 쓰시오.[6점] [상담학3장 3절 6번]

정답

1) 가정 사용하기
2) 왜곡된 사고 확인하기
3) 변명에 초점 맞추기
4) 전이된 오류 정정하기
5) 저항감 재인식하기 및 다루기
6) 의미 있는 질문 및 지시 사용하기

03 Darley가 제시한 특성 – 요인 직업상담에서 상담자가 지켜야 할 상담원칙을 3가지만 쓰시오. [6점] [상담학2장 5절 5번]

정답

1) 내담자에게 강의하려 하거나 거만한 자세로 말하지 않는다.
2) 상담사는 자신이 내담자가 지니고 있는 여러 가지 태도를 제대로 파악하고 있는지 확인한다.
3) 어떤 정보나 해답을 제공하기 전에 내담자가 정말로 그것을 알고 싶어 하는지 확인한다.

04 정부가 출산장려를 위해 근로시간당 1,000원의 육아비용보조금을 지원하기로 하였다면 이 근로시간당 육아비용보조금이 부모의 노동공급에 미치는 효과를 다음 두 가지 경우로 구분하여 설명하시오. [6점] [시장론1장 4절 8번]

정답

1) 부모가 육아 보조금이 지급되기 전에 경제활동에 참여하지 않고 있었던 경우
   부모의 경제활동 참가는 각자의 보상요구임금 수준에 따라 달라지므로 근로시간은 증가할 수도 있고 아무런 변화가 없을 수도 있다.
2) 부모가 육아 보조금이 지급되기 전부터 근로를 하고 있었던 경우
   임금 이외의 소득 증가에 따라 소득효과가 발생하여 근로시간이 감소할 수 있다. 다만 소득과 여가에 대한 주관적인 선호체계에 따라 달라질 수 있다.

05 인지적 명확성의 부족을 나타내는 내담자 유형을 6가지만 쓰시오. [6점] [상담학3장 2절 9번]

정답

1) 강박적 사고
2) 원인과 결과 착오
3) 양면적 사고
4) 파행적 의사소통
5) 가정된 불가능/불가피성
6) 단순오정보

06 Rogers는 내담자중심상담을 성공적으로 이끄는 데 있어서 상담자의 능동적성향을 강조하였으며, Patterson도 내담자중심직업상담은 기법보다는 태도를 필수적으로 보았다. 내담자중심접근법을 사용할 때 직업상담자가 갖추어야 할 3가지 기본태도에 대해 설명하시오.[6점]   [상담학2장 4절 1번]

> **정답**

1) 무조건적 수용
   내담자를 한 인간으로서 존중하며 평가하거나 판단하지 않고 있는 그대로 받아들이는 것
2) 공감적 이해
   상담자가 내담자의 입장이 되어 내담자를 깊이 있게 주관적으로 이해하면서도 자기 본연의 자세는 버리지 않는 것
3) 일치성
   상담자가 내담자와의 관계에서 솔직하게 인정하고 표현하는 것

07 보상적임금격차를 초래하는 3가지 요인에 대해 설명하시오.[6점]   [시장론2장 1절 2번]

> **정답**

1) 고용의 안정성 여부 : 고용이 불안정하여 실업의 가능성이 높다면 높은 임금을 지불해야 한다.
2) 작업의 쾌적성 여부 : 작업내용이 위험하고, 환경이 열악하다면 높은 임금을 지급해야 한다.
3) 성공 또는 실패의 가능성 여부 : 불확실성이 높은 직업에 대해서는 높은 임금을 지급해야 한다.

08 흥미검사에서 Holland의 6가지 흥미유형을 설명하시오.[6점]   [심리학4장 1절 1번]

> **정답**

1) 현실형(R)
   기계, 도구, 동물에 관한 체계적인 조작 활동을 좋아하나 사회적 기술이 부족하다.
   직업 : 기술자, 정비사, 농부
2) 탐구형(I)
   분석적이며 호기심이 많으나 리더십 기술이 부족하다.
   직업 : 과학자, 수학자, 의사

3) 예술형(A)

표현이 풍부하고 독창적이나 규범적인 기술은 부족하다.

직업 : 음악가, 화가, 배우

4) 사회형(S)

다른 사람과 함께 일하거나 돕는 것을 좋아하지만 조직적인 활동을 싫어한다.

직업 : 교사, 상담가, 사회복지사

5) 진취형(E)

조직목표나 경제적 목표를 달성하기 위해 타인을 조작하는 활동을 좋아하지만 과학적 능력이 부족하다.

직업 : 경영자, 세일즈맨, 정치가

6) 관습형(C)

체계적으로 자료를 처리하고 기록을 정리하거나 자료를 재생산하는 것을 좋아하지만 예술적 능력이 부족하다.

직업 : 은행원, 사서, 회계사

09 직업심리검사에서 측정의 기본 단위인 척도(scale) 4가지 유형을 쓰고, 각각에 대해 설명하시오.[4점]

[심리학1장 2절 11번]

정답

1) 명명척도

숫자의 차이로 측정한 속성이 대상에 따라 다르다는 것만 나타내는 척도

2) 서열척도

명명척도가 제공하는 정보 외에 추가로 순위관계에 관한 정보를 나타내는 척도

3) 등간척도

위의 두가지 척도가 제공하는 정보 외에 추가로 수치사이의 간격이 동일하다는 정보를 나타내는 척도

4) 비율척도

위의 세가지 척도가 제공하는 정보 외에 추가로 수의 비율에 관한 정보를 나타내는 척도

10 어떤 국가의 고용률이 50%이고, 실업률(실업자 50만명)이 10%라면 이 나라의 경제활동 인구수와 비경제활동인구수를 계산하시오.[4점]

[시장론1장 3절 6번]

정답

1) 경제활동인구수

$$실업율 = (\frac{실업자}{경제활동인구}) \times 100 = (\frac{50만명}{경제활동인구}) \times 100 = 10\%$$

경제활동인구수＝500만명

2) 비경제활동인구

경제활동인구＝재직자＋실업자

500만명＝취업자수＋50만명

취업자수＝450만명

$$고용율 = (\frac{취업자수}{15세이상인구}) \times 100 = (\frac{450만명}{15세이상인구}) \times 100 = 50\%$$

15세 이상 인구＝900만명

비경제활동인구＝15세 이상 인구－경제활동인구＝900만명－500만명＝400만명

11 다음은 휴대용의자를 생산하는 K사의 생산표이다. (여기서 노동이 유일한 생산요소라고 가정한다) 이 회사가 생산하는 휴대용 의자의 개당 가격이 2,000원이고 근로자의 시간당 임금이 10,000원일 때 다음 물음에 답하시오.[6점]

[시장론1장 2절 3번]

근로자수(명)	시간당 휴대용 의자 생산량
0	0
1	10
2	18
3	23
4	27
5	30

정답

근로자 수	0	1	2	3	4	5
생산량	0	10	18	23	27	30
평균생산량	0	10	9	7.67	6.75	6
한계생산량	－	10	8	5	4	3

1) 근로자수가 5명일 때 노동의 평균생산량을 구하시오. (계산과정과 답)

근로자 5명일 때 평균생산량 : 30개/5명=6개

2) K사가 이윤을 극대화하기 위해 고용해야 할 근로자수와 노동의 한계생산량을 구하시오. (계산과정과 답)

기업이윤 극대화 지점은 한계생산물의 가치(한계생산량×시장가격)=임금이다.

한계생산량×2,000원=10,000원이므로 근로자 수는 3명, 한계생산량은 5개이다.

12 다음은 한국표준산업분류의 사례별 산업분류적용원칙이다. ( ) 안을 채우시오.[4점]

[정보론3장 6번]

> "생산단위는 산출물뿐만 아니라 (1)와/과 (2)을/를 함께 고려하여 그들의 활동을 가장 정확하게 설명된 항목에 분류해야 한다."

정답

생산단위는 산출물뿐만 아니라 <u>투입물과 생산공정 등을</u> 함께 고려하여 그들의 활동을 가장 정확하게 설명된 항목에 분류해야 한다.

13 심리검사 유형의 투사적검사의 장점을 3가지만 쓰시오.[6점]

[심리학3장 1절 1번]

정답

1) <u>반응의 독특성이 있다.</u>
2) <u>방어가 어렵다.</u>
3) <u>무의식적 내용의 반응이 나타난다.</u>

14 Adler의 개인주의 상담과정의 목표를 3가지만 쓰시오.[6점]

[상담학2장 2절 1번]

정답

1) <u>사회적 관심을 갖도록 돕는다.</u>
2) <u>사회의 구성원으로 기여하도록 돕는다.</u>
3) <u>잘못된 동기를 바꾸도록 돕는다.</u>

15 구성타당도의 유형에 해당하는 타당도를 2가지 쓰고, 각각 설명하시오.[4점]

[심리학2장 2절 3번]

정답

1) 수렴타당도
   그 속성과 관계있는 변인들과 높은 상관관계를 갖고 있는지의 정도를 측정하는 것
2) 변별타당도
   그 속성과 관계없는 변인들과 낮은 상관관계를 갖고 있는지의 정도를 측정하는 것

16 직무분석단계는 일반적으로 다음과 같이 구분할 수 있다. 이 중 2단계인 직무분석 설계단계에서 이루어져야 할 일을 3가지만 쓰시오.[6점]

[정보론4장 7번]

정답

[1단계] 행정적 단계(준비단계)
[2단계] 직무분석 설계단계
[3단계] 자료수집과 분석단계
[4단계] 결과정리단계
[5단계] 직무분석결과의 배포단계
[6단계] 통제단계(최신의 정보로 수정하는 단계)

[2단계] 직무분석 설계단계
1) 정보원천 선정
2) 정보수집방법 선정
3) 자료분석방법 결정

17 규준참조검사와 준거참조검사의 차이점에 대해 설명하시오.[6점]

[심리학1장 2절 8번]

정답

1) 규준참조검사
   개인의 점수를 다른 사람들의 점수와 비교하여 상대적으로 어떤 점수인지 알아보는 것
   (예 상대평가-심리검사, 선발검사)
2) 준거참조검사
   어떤 기준점수와 비교하여 높낮이를 알아보는 검사
   (예 절대평가-국가기술자격시험, 운전면허시험)

18 Davis와 Lofquist의 직업적응이론에 기초하여 개발된 직업적응과 관련된 도구를 3가지만 쓰시오.[6점]

[심리학4장 2절 4번]

 정답

1) MIQ
2) MJDQ
3) MSQ

2016년 2회 직업상담사 2급 필답형

---

01 롭퀴스트와 데이비스의 직업적응이론에서 직업성격측면 3가지를 설명하시오.[6점]

[심리학4장 2절 1번]

정답

1) 리듬 : 활동에 대한 다양성을 의미한다.
2) 민첩성 : 과제를 얼마나 일찍 완성하느냐와 관계되는 것으로 정확성보다는 속도를 중시한다.
3) 지구력 : 개인이 환경과 상호작용하는 다양한 활동수준의 기간을 의미한다.

02 검사 – 재검사를 통해 신뢰도를 추정할 때 충족되어야 할 요건 3가지를 쓰시오.[6점]

[심리학2장 1절 4번]

정답

1) 측정내용 자체는 일정시간이 경과하더라도 변하지 않을 것이라는 가정
2) 어떤 학습활동이 두 번째 검사의 점수에 영향을 미치지 않을 것이라는 가정
3) 동일한 수검자에게 검사를 두 번 실시하지만 처음 검사의 경험이 재검사의 점수에 영향을 미치지 않을 것이라는 확신이 있어야 함

03 심리검사측정 기본척도(Scale) 4가지 유형을 쓰고 의미를 설명하시오.[4점]

[심리학1장 2절 11번]

정답

1) 명명척도
   숫자의 차이로 측정한 속성이 대상에 따라 다르다는 것만 나타내는 척도

2) 서열척도

명명척도가 제공하는 정보 외에 추가로 순위관계에 관한 정보를 나타내는 척도

3) 등간척도

위의 두가지 척도가 제공하는 정보 외에 추가로 수치사이의 간격이 동일하다는 정보를
나타내는 척도

4) 비율척도

위의 세가지 척도가 제공하는 정보 외에 추가로 수의 비율에 관한 정보를 나타내는 척도

04 홀랜드의 흥미유형에서 주요 5개념을 설명하시오.[6점]   [심리학4장 1절 2번]

정답

1) 일관성

홀랜드 코드의 두 개의 첫문자가 육각형에 인접할 때 일관성이 높게 나타난다.

2) 차별성

하나의 유형에는 유사성이 많지만 다른 유형에는 별로 유사성이 없다.

3) 정체성

개인의 정체성이란 목표, 흥미, 재능에 대한 명확하고 견고한 청사진을 말하고, 환경정체
성이란 조직의 투명성, 안정성, 목표·일·보상의 통합으로 규정된다.

4) 일치성

사람은 자신의 유형과 비슷하거나 정체성이 있는 환경에서 일하거나 생활할 때 일치성이
높아진다.

5) 계측성

육각형 모형에서 유형 간의 거리는 그 사이의 이론적 관계에 반비례한다.

05 한국표준산업분류의 산업결정 방법 4가지를 쓰시오.[6점]   [정보론3장 6번]

정답

1) 생산단위의 산업 활동은 그 생산단위가 수행하는 주된 산업 활동의 종류에 따라 결정된다.

2) 계절에 따라 정기적으로 산업을 달리하는 사업체의 경우에는 조사시점에서 경영하는
사업과는 관계없이 조사대상 기간 중 산출액이 많았던 활동에 의하여 분류된다.

3) 휴업 중 또는 자산을 청산 중인 사업체의 산업은 영업 중 또는 청산을 시작하기 이전의
산업활동에 의하여 결정하며, 설립 중인 사업체는 개시하는 산업활동에 따라 결정한다.

4) 단일사업체의 보조단위는 그 사업체의 일개 부서로 포함하며, 여러 사업체를 관리하는 중앙보조단위는 별도의 사업체로 처리한다.

06 한국표준직업분류의 포괄적 업무 개념과 분류원칙에서 주된 직무 우선 원칙을 사례를 들어 설명하시오.[4점] [정보론2장 10번]

> **정답**

1) 주된 직무 우선 원칙
   2개 이상의 직무를 수행하는 경우 직무내용을 비교·평가하여 관련 직무 내용상의 상관성이 가장 많은 항목에 분류한다.
2) 사례
   교육과 진료를 겸하는 의과대학 교수는 강의, 연구, 평가 등과 진료, 처치, 환자상담 등의 직무내용을 파악하여 관련 항목이 많은 분야로 분류한다.

07 생애진로사정(LCA)의 얻을 수 있는 정보 3가지를 기술하시오.[6점] [상담학3장 1절 4번]

> **정답**

1) 내담자의 직업경험과 교육수준을 나타내는 객관적인 사실
2) 내담자 자신의 기술과 능력에 대한 자기평가
3) 내담자 자신의 가치와 자기인식

08 REBT(인지정서이론)의 A－B－C－D－E의 의미를 쓰시오.[6점] [상담학2장 9절 1번]

> **정답**

1) A : 선행사건 : 내담자에게 발생한 사건이나 행동
2) B : 신념체계 : 선행사건에서 비롯된 비합리적 신념
3) C : 결과 : 비합리적 신념에 의한 부적절한 결과
4) D : 논박 : 내담자의 비합리적인 신념을 수정하기 위한 방법
5) E : 효과 : 비합리적 신념을 논박함으로써 합리적인 신념으로 대치
6) F : 새로운 감정 : 합리적인 신념에서 비롯된 긍정적인 감정

09 상담 중 발생하는 침묵의 원인에 대하여 3가지를 쓰시오.[6점]   [상담학1장 1절 8번]

> **정답**

1) 혼돈으로 인한 침묵
2) 저항으로 인한 침묵
3) 사고의 중단으로 인한 침묵

10 윌리암슨의 직업을 결정할 때 갖는 문제의 유형 4가지를 설명하시오.[6점][상담학2장 5절 3번]

> **정답**

1) 무선택
   미래의 진로에 대해 잘 모른다고 말한다.
2) 불확실한 선택
   선택은 했으나 자신의 선택에 의심을 나타낸다.
3) 현명하지 못한 선택
   충분한 적성을 가지고 있지 않은 직업을 선택한다.
4) 흥미와 적성 간의 불일치
   본인이 말하는 흥미와 적성 사이의 불일치일 수도 있고, 측정된 흥미와 적성 사이의 불일치일 수도 있다.

11 표준화를 위해 수집된 자료가 정규분포에서 벗어나는 것은 검사도구의 문제라기보다 표집절차의 오류에 원인이 있다. 이를 해결하기 위한 방법 3가지를 설명하시오.[6점]

[심리학2장 1절 9번]

> **정답**

1) 절미법
   편포의 꼬리를 잘라내는 방법이다.
2) 완곡화하는 방법
   정상분포의 모양을 갖추도록 점수를 보태거나 빼주는 방법이다.
3) 면적환산법
   각 점수들의 백분위를 구하고 그 백분위에 해당하는 표준점수를 찾는 방법이다.

12 노동수요 탄력성에 영향을 미치는 요인은 무엇인지 서술하시오.[6점] [시장론1장 1절 2번]

> 정답

1) 다른 생산요소의 공급탄력성이 클수록 노동수요의 탄력성은 커진다.
2) 다른 생산요소와 대체가능성이 클수록 노동수요의 탄력성은 커진다.
3) 생산물의 수요탄력성이 클수록 노동수요의 탄력성은 커진다.
4) 총 생산비에 대한 노동비용의 비중이 클수록 노동수요의 탄력성은 커진다.

13 내부노동시장의 의미와 형성요인과 장점을 각각 3가지로 기술하시오.[6점]

[시장론1장 5절 3번]

> 정답

1) 형성요인
   ① 숙련의 특수성 : 기업 내의 내부노동자만이 소유하는 숙련을 말한다.
   ② 현장훈련 : 현장 담당자의 고유한 지식을 후임자에게 생산현장에서 직접 전수하는
      것을 말한다.
   ③ 관습 : 문서화되지 않은 기업의 관습이나 규정을 말한다.
2) 장점
   ① 내부승진이 많다.
   ② 장기적인 고용관계가 성립한다.
   ③ 특수한 인적자원 육성에 유리하다.

14 고용율 50%, 비경제활동인구가 400명인 가상 경제에서 실업자가 50명일 때 실업률을
구하시오. (계산식과 답)[5점] [시장론1장 3절 6번]

> 정답

생산가능인구를 x 라 두면,

경제활동인구는 $x - 400$이며, 취업자는 $x - 450$

$$고용률 = \frac{취업자}{생산가능인구} \times 100 = \frac{x-450}{x} \times 100 = 50\%$$

$x =$ 생산가능인구$= 900$이므로 경제활동인구 500, 취업자 450

$$실업률 = \frac{실업자}{경제활동인구} \times 100 = \frac{50}{500} \times 100 = 10\%$$

225

15 K제과점 근로자 수와 하루 케이크 생산량은 다음과 같다. 아래의 물음에 답하시오. (종업원 일당은 80,000원, 케이크 한 개 가격은 10,000원)[6점]

[시장론1장 2절 3번]

근로자수	케이크생산량
0	0
1	10
2	18
3	23
4	27

근로자수	케이크생산량	한계생산량	한계수입생산 (한계생산물의 가치)
0	0	0	0
1	10	$10-0=10$	$10 \times 10,000 = 100,000$
2	18	$18-10=8$	$8 \times 10,000 = 80,000$
3	23	$23-18=5$	$5 \times 10,000 = 50,000$
4	27	$27-23=4$	$4 \times 10,000 = 40,000$

정답

1) 근로자 수 2명인 경우 노동의 한계생산은? (계산식과 답)

노동의 한계생산=18개−10개=8개

2) 근로자 수 3명인 경우 노동의 한계수입생산은? (계산식과 답)

노동의 한계생산=23개−18개=5개

노동의 한계수입생산(한계생산물의 가치)=5개×10,000원=50,000원

3) 근로자 임금이 하루 80,000원이라면 기업의 이윤극대화 시점의 K제과점의 근로자 수와 케이크 생산량은? (계산식과 답)

근로자 수가 2명일 때

노동의 한계수입생산=8개×10,000원=80,000원이고, 이것은 임금 80,000원과 같다.

이윤극대화 시점의 K제과점의 근로자 수는 2명, 케이크 생산량은 18개이다.

16 교류분석(TA)에서 내담자 이해를 위한 역동적(열정적) 자아상태(성격구조) 3가지를 쓰시오.[3점]   [상담학2장 7절 1번]

정답

1) 부모자아(P)
2) 어른자아(A)
3) 어린이자아(C)

17 27세의 여성이 면접을 볼 때마다 불안을 경험한다. 면접관 앞에만 서면 긴장되고 떨려서 말을 잘 못하고 제대로 면접을 볼 수가 없다. 이런 내담자를 위해 체계적 둔감법으로 불안을 감소시키고자 한다. 단계를 써 보시오.[6점]   [상담학2장 8절 3번]

정답

1) 근육이완훈련 : 마음의 안정을 위하여 근육이완 훈련을 실시한다.
2) 불안 위계목록 작성 : 불안위계 목록을 순차적으로 10~20개 작성한다.
3) 체계적둔감화 : 가장 낮은 불안 정도에서부터 시작하여 가장 높은 불안으로 상상하게 하고, 더 이상 불안하지 않으면 종료한다.

18 흥미사정 방법 3가지를 설명하시오.[6점]   [심리학3장 2절 7번]

정답

1) 흥미평가기법
   종이에 알파벳을 쓰고 알파벳에 맞춰 흥밋거리를 기입한다.
2) 직업카드 분류
   일련의 카드를 주고 선호군, 혐오군, 미결정군으로 분류하는 기법이다.
3) 작업경험분석
   내담자의 과거 작업경험을 분석한다.

2016년 3회 직업상담사 2급 필답형

01 던롭(Dunlop)의 시스템이론에서 노사관계를 규제하는 여건을 3가지 쓰고 기술하시오.[6점]

[시장론4장 1번]

정답

1) 기술적 특성 : 경영관리 형태나 근로자들의 조직형태, 고용된 노동력의 특성 등이 영향을 준다.
2) 시장 또는 예산제약 : 경쟁적 시장일수록 긴장상태에 들어가기 쉬운 반면 독점적 시장일수록 압박은 상대적으로 적다.
3) 각 주체의 세력관계 : 사회적 지위, 최고 권력자에 대한 접근 가능성 등이 하나의 요인으로 작용한다.

02 크라이티스의 직업선택 유형에서 변인 3가지를 설명하시오.[6점]

[상담학2장 11절 1번]

정답

1) 적응성 : 적응형과 부적응형으로 분류된다.
2) 결정성 : 다재다능형과 우유부단형으로 분류된다.
3) 현실성 : 비현실형, 불충족형, 강압형으로 분류된다.

03 최저임금제도의 실시에 따른 기대효과 6가지를 기술하시오.[6점]

[시장론2장 1절 6번]

정답

1) 저임금근로자의 소득향상을 가져온다.
2) 기업경영의 근대화를 촉진한다.
3) 산업구조의 고도화에 기여한다.

4) 사회복지제도의 기초가 된다.
5) 기업 간 공정한 경쟁을 확보할 수 있다.
6) 임금격차를 개선한다.

04 심리검사 사용 시 윤리적 측면 고려사항을 쓰시오.[6점]
[심리학1장 3절 7번]

정답

1) 유자격 검사자만이 사용한다.
2) 검사내용이 수검자에게 미리 알려져선 안 된다.
3) 수검자의 사생활은 보호되어야 한다.
4) 수검자를 부당하게 차별시키는 도구로 사용되어서는 안 된다.
5) 검사의 한계를 인식하고 검사의 질적인 향상을 위해 노력한다.
6) 검사의 목적과 절차에 관해 사전 동의를 받아야 한다.

05 직무분석 방법에 대하여 3가지만 쓰고 설명하시오.[6점]
[정보론4장 1번]

정답

1) 최초분석법
   조사할 직무대상에 관한 참고문헌이나 자료가 드물고 그 분야에 많은 경험과 지식을
   갖춘 사람이 거의 없을 경우에 직접 현장을 방문하여 실시하는 방법
2) 비교확인법
   참고자료가 충분하고 단기간에 관찰이 불가능한 직무에 적합한 방법
3) 데이컴법
   교과과정을 개발하기 위해 사용되는 방법

06 A국의 15세 이상 인구(생산가능인구)가 100만명이고 경제활동참가율이 70%, 실업률이 10%라고 할 때 A국의 실업자 수를 계산하시오.[5점]
[시장론1장 3절 4번]

정답

(경제활동인구/생산가능인구)×100＝경제활동참가율(%)

(경제활동인구/생산가능인구)×100＝70%

(경제활동인구/100만명)×100＝70%

경제활동인구＝70만명

(실업자수/경제활동인구)×100＝실업율

(실업자수/70만명)×100＝10%

실업자수＝7만명

07 심리검사 타당도 검사 중 수렴타당도를 분석하는 방법을 예를 들어 설명하시오.[5점]

[심리학2장 2절 3번]

정답

수렴타당도 : 그 속성과 관계있는 변인들과 높은 상관관계를 갖고 있는지의 정도를 측정하는 것

예 수학적성검사는 수학학년점수와 관련이 있어야 한다.

08 행동주의 직업상담 중 불안 완화기법과 학습촉진기법을 쓰고 설명하시오.[6점]

[상담학2장 8절 9번]

정답

1) 불안을 완화시키기 위한 방법
   ① 체계적 둔감화
      불안을 일으키는 자극을 가장 약한 정도에서 출발하여 가장 강한 자극으로 점차적으로 자극력을 감소해나가는 방법
   ② 반조건형성
      증상에 상반되는 바람직한 행동을 강화함으로써 증상행동이 없어지거나 약화되게 하는 방법
   ③ 금지적조건형성
      불안을 일으킬만한 단서를 반복적으로 제시함으로써 불안반응을 제거하는 방법
2) 학습촉진기법(적응행동증진기법)
   ① 강화
      상담자가 내담자의 진로선택이나 결정에 대해 긍정적 또는 부정적인 반응을 보임으로써 바람직한 행동을 강화시킨다.
   ② 대리학습
      다른 사람의 진로결정 행동이나 결과를 관찰함으로써 의사결정의 학습을 촉진시킨다.
   ③ 변별학습
      바람직한 행동과 바람직하지 않은 행동을 구별할 수 있도록 학습시키는 방법이다.

09 스피어먼(Spearman)의 2요인을 설명하시오.[4점]   [심리학3장 2절 3번]

> **정답**

1) 일반지능요인 : 모든 지적 활동에 작용하는 일반적인 능력을 말한다.
2) 특수지능요인 : 특정 과제 수행에만 작용하는 구체적인 능력을 말한다.

10 검사는 사용목적에 따라 규준참조검사와 준거참조검사로 분류될 수 있다. 규준참조검사 와 준거참조검사의 의미를 설명하고 각각의 예를 들으시오.[6점]   [심리학1장 2절 8번]

> **정답**

1) 규준참조검사
   개인의 점수를 다른 사람들의 점수와 비교하여 상대적으로 어떤 점수인지 알아보는 것
   (예 상대평가－심리검사, 선발검사)
2) 준거참조검사
   어떤 기준점수와 비교하여 높낮이를 알아보는 검사
   (예 절대평가－국가기술자격시험, 운전면허시험)

11 근거없는 신념 확인하기를 엘리스(Ellis) A~F 이론으로 설명하시오.[6점]
   [상담학2장 9절 1번]

> **정답**

1) A : 선행사건 : 내담자에게 발생한 사건이나 행동
2) B : 신념체계 : 선행사건에서 비롯된 비합리적 신념
3) C : 결과 : 비합리적 신념에 의한 부적절한 결과
4) D : 논박 : 내담자의 비합리적인 신념을 수정하기 위한 방법
5) E : 효과 : 비합리적 신념을 논박함으로써 합리적인 신념으로 대치
6) F : 새로운 감정 : 합리적인 신념에서 비롯된 긍정적인 감정

12 확률표집 방법에 대하여 3종류를 쓰시오.[6점]   [심리학1장 2절 3번]

> **정답**

1) 단순무선표집
   구성원에게 일련의 번호를 부여하고 무작위로 필요한 만큼 표집

2) 층화표집
모집단을 몇 개의 이질적인 하위집단으로 구분하고 각 집단으로부터 무작위로 필요한
만큼 표집
3) 집락표집
모집단을 서로 동질적인 하위집단으로 구분하고 집단자체를 표집

13 직장 스트레스의 행동변화에 대하여 5가지를 설명하시오.[5점] [심리학5장 8번]

정답

1) 결근
2) 이직
3) 사고
4) 직무불만족
5) 직무수행감소

14 자기보고식 가치 사정방법 6가지를 쓰시오.[6점] [상담학3장 2절 4번]

정답

1) 체크목록의 가치에 순위 매기기
2) 존경하는 사람 기술하기
3) 백일몽 말하기
4) 과거의 선택 회상하기
5) 자유시간과 금전의 사용
6) 절정경험 조사하기

15 임금상승률에 따라 노동공급 곡선이 우상향한다. 이것이 참인지, 거짓인지, 불확실한지 판정하고 여가와 소득의 선택모형에 의하여 이유를 설명하시오.[5점] [시장론1장 4절 4번]

정답

1) 판정 : 불확실하다.

2016년 3회 기출문제

2) 이유 : 임금이 상승함에 따라 노동공급이 증가하는 대체효과로 틀린 답은 아니나, 임금이 상승하면서 소득효과와 대체효과로 인하여 노동공급시간은 줄어들 수도 있고 늘어날 수도 있으므로 불확실하다고 판정하는 것이 바람직하다.

16 홀랜드의 흥미유형에서 개인과 개인, 개인과 환경, 환경과 환경 간의 관계를 설명하는 이론 3가지만 설명하시오.[6점]
[심리학4장 1절 2번]

정답

1) 일관성
   홀랜드 코드의 두 개의 첫 문자가 육각형에 인접할 때 일관성이 높게 나타난다.
2) 차별성
   하나의 유형에는 유사성이 많지만 다른 유형에는 별로 유사성이 없다.
3) 정체성
   개인의 정체성이란 목표, 흥미, 재능에 대한 명확하고 견고한 청사진을 말하고, 환경정체성이란 조직의 투명성, 안정성, 목표·일·보상의 통합으로 규정된다.

17 고트프레드슨의 직업과 관련된 개인발달의 4단계를 쓰고 각각 설명하시오.[4점]
[심리학4장 3절 4번]

정답

1) 힘과 크기 지향성(3~5세)
   사고과정이 구체화되며 어른이 된다는 것의 의미를 알게 된다.
2) 성역할 지향성(6~8세)
   자아개념이 성의 발달에 의해서 영향을 받게 된다.
3) 사회적 가치 지향성(9~13세)
   사회계층에 대한 개념이 생기면서 자아를 인식하게 된다.
4) 내적, 고유한 자아 지향성(14세~)
   자아인식이 발달되며 타인에 대한 개념이 생겨난다.

18 아래 내용을 참조하여 기업의 한계노동비용과 이윤극대화가 이루어질 때 노동공급 등을 구하시오.[6점]

[시장론1장 2절 4번]

노동공급	임금	한계수입생산
5	6	62
6	8	50
7	10	38
8	12	26
9	14	14
10	16	2

※ 최고 우측란은 총 수입생산이 아니고 한계수입생산입니다.

정답

1) 노동공급이 7단위일 때 한계노동비용을 구하시오.

노동공급이 6단위일 때 $6 \times 8 = 48$

노동공급이 7단위일 때 $7 \times 10 = 70$

한계노동비용은 $70 - 48 = 22$

2) 이윤극대화가 이루어지는 노동공급과 임금을 구하시오.

노동공급	임금	노동총비용	한계노동비용	한계수입생산
5	6	$5 \times 6 = 30$	−	62
6	8	$6 \times 8 = 48$	$48 - 30 = 18$	50
7	10	$7 \times 10 = 70$	$70 - 48 = 22$	38
8	12	$8 \times 12 = 96$	$96 - 70 = 26$	26
9	14	$9 \times 14 = 126$	$126 - 96 = 30$	14
10	16	$10 \times 16 = 160$	$160 - 126 = 34$	2

한계수입=한계비용일 때 기업의 이윤이 극대화된다.

즉, 한계노동비용 26과 한계수입생산이 일치하는 8단위가 최적 고용단위이다.

따라서 이윤극대화가 이루어지는 노동공급은 8단위, 단위당 임금은 12이다.

2017년 1회 직업상담사 2급 필답형

01 한국표준산업분류의 산업분류는 주로 수행하고 있는 산업활동을 그 유사성에 따라 유형화한 것으로 3가지 분류기준에 의해 분류된다. 이 세가지 분류기준을 쓰시오.[6점]

[정보론3장 2번]

> **정답**

1) 산출물의 특성
2) 투입물의 특성
3) 생산활동의 일반적인 결합형태

02 반분신뢰도를 추정하기 위해 가장 많이 사용하는 3가지 방법을 쓰고, 각각에 대해 설명하시오.[6점]

[심리학2장 1절 7번]

> **정답**

1) 전후 절반법 : 검사 문항을 배열된 순서에 따라 전반부와 후반부로 나누는 방법이다.
2) 기우 절반법 : 검사 문항의 번호가 홀수인지 짝수인지에 따라 두 부분으로 나누는 방법이다.
3) 짝진 임의배치법 : 비교적 상관성이 높은 두 문항끼리 짝을 지은 다음, 각 짝에서 한 문항씩을 임의로 선택하여 양분하는 방법이다.

03 심리검사의 유형을 투사적 검사와 객관적 검사로 구분할 때 객관적 검사의 장점을 3가지 쓰시오.[6점]

[심리학3장 1절 2번]

> **정답**

1) 검사의 객관성이 보장된다.

2) 채점의 결과가 채점자에 관계없이 동일하다.

3) 검사의 실시가 간편하다.

04 심리검사 분류 중 검사의 실시 방식에 따른 분류를 쓰시오.[6점]　[심리학3장 1절 3번]

정답

1) 실시 시간에 따라 속도검사와 역량검사로 나눌 수 있다.

2) 수검자의 수에 따라 개인검사와 집단검사로 나눌 수 있다.

3) 검사도구에 따라 지필검사와 수행검사로 나눌 수 있다.

05 한국표준직업분류에서 직업분류의 일반원칙을 2가지 쓰시오.[5점]　[정보론2장 1번]

정답

1) 포괄성의 원칙

　모든 직무는 어떤 수준에서든지 분류에 포괄되어야 한다.

2) 배타성의 원칙

　동일하거나 유사한 직무는 어느 경우에든 같은 단위직업으로 분류되어야 한다.

06 윌리암슨 상담 중 검사해석과정(단계)에서 사용할 수 있는 상담기법 3가지를 쓰고 설명하시오.[4점]　[상담학2장 5절 4번]

정답

1) 직접충고 : 상담자가 자신의 견해를 솔직히 표명하는 것이다.

2) 설득 : 합리적이고 논리적인 방법으로 자료를 정리한 후에 내담자가 이해할 수 있는 방법으로 설득을 한다.

3) 설명 : 내담자가 검사결과가 주는 의미를 이해해서 현명한 선택을 하도록 하기 위해 검사결과를 설명해 준다.

07 외적 행동 변화인 주장훈련의 절차를 쓰시오.[6점]　　　　　　　[상담학2장 8절 6번]

정답

1) 주장적 행동과 비주장적 행동을 구분한다.
2) 비주장적 행동의 이유를 확인한다.
3) 비주장적 행동에 관련된 비합리적 사고를 합리적 사고로 바꾸어 주장적으로 사고한다.
4) 불안을 극복하기 위해 근육이완 훈련이나 자기 진술을 실시한다.
5) 주장적으로 행동한다.

08 심리검사의 신뢰도에 영향을 주는 요인 5가지를 쓰시오.[6점]　　　　　　[심리학2장 1절 1번]

정답

1) 문항 반응수 : 문항 반응수가 높을수록 신뢰도가 높아진다.
2) 응답자의 속성변화 : 측정기간 중에 특정사건이 발생하면 신뢰도가 달라진다.
3) 검사 문항의 수 : 검사 문항수가 많을수록 신뢰도가 높아진다.
4) 검사시간과 속도 : 검사시간이 길수록, 속도가 빠를수록 신뢰도가 높아진다.
5) 개인차 : 개인차가 클수록 신뢰도가 높아진다.

09 A씨는 복권으로 100억에 당첨되었다. 노동공급과 여가선호의 변화를 소득효과와 대체효과를 이용하여 설명하시오.[5점]　　　　　　[시장론1장 4절 5번]

정답

1) 여가가 정상재인 경우
　비노동소득 발생으로 소득효과가 대체효과보다 크기 때문에 노동공급을 줄이고 여가를 늘리게 된다.
2) 여가가 열등재일 경우
　비노동소득이 발생하였으나 대체효과가 소득효과보다 크기 때문에 노동공급이 증가한다.

10 프로이드의 방어기제 3가지를 쓰고, 이를 설명하시오.[6점]　　　　　　[상담학2장 1절 2번]

정답

1) 억압 : 의식하기에는 현실이 너무 고통스러워 무의식 속으로 억눌러 버리는 것

237

2) 거부 : 고통스러운 현실을 인정하지 않음으로써 불안을 방어해 보려는 수단

3) 고착 : 다음 단계로 발달하지 않음으로써 다음단계가 주는 불안에서 벗어나려는 것

11 검사점수의 변량에 영향을 미치는 요인 중에서 개인의 일시적이고 일반적인 특성 4가지는 무엇인가?[6점]

[심리학1장 1절 5번]

정답

1) 피로

2) 동기

3) 물리적 조건과 환경

4) 육체적 건강

5) 정서적 건강

12 시간당 임금이 500원일 때 1,000명을 고용하던 기업에서 시간당 임금이 400원으로 감소하였을 때 1,100명을 고용할 경우, 이 기업의 노동수요 탄력성을 계산하시오. (단, 계산과정과 정답을 모두 기재)[6점]

[시장론1장 1절 4번]

정답

$$노동수요탄력성 = \frac{노동수요량의~변화율(\%)}{임금의~변화율(\%)}$$

$$노동수요탄력성 : \frac{\dfrac{|1,000 - 1,100|}{1,000} \times 100}{\dfrac{|500 - 400|}{500} \times 100} = \frac{10\%}{20\%} = 0.5$$

13 정신분석 상담에서 필수적인 개념인 불안의 3가지 유형을 쓰고, 각각에 대해 설명하시오.[5점]

[상담학2장 1절 1번]

정답

1) 현실적 불안 : 외부 세계로부터 오는 위협에 대한 두려움으로 현실 세계의 위험에 대한 불안

2) 신경증적 불안 : 자아가 본능적 충동을 통제하지 못함으로써 어떤 일이 일어날 것 같은 위협에 대한 불안

3) 도덕적 불안 : 자신의 양심에 대한 두려움으로 자신의 도덕적 기준에 위배되는 일을 할 때 느끼는 죄의식

14 청소년 집단상담을 하려 한다. 부처의 집단상담과정 3단계를 쓰고 설명하시오.[5점]

[상담학1장 2절 4번]

정답

1) 탐색단계 : 자기개방, 흥미와 적성에 대한 측정, 측정결과에 대한 피드백, 불일치의 해결이 이루어진다.

2) 전환단계 : 자아와 피드백 간의 일치가 이루어지면 직업세계와 연결하고, 일과 삶의 가치를 조사한다.

3) 행동단계 : 목표설정, 목표달성을 촉진하기 위한 정보의 수집과 공유, 의사결정이 이루어지는 단계이다.

15 실업자에 대한 정의를 쓰고, 마찰적 실업과 구조적 실업의 공통점, 차이점을 설명하시오.[5점]

[시장론3장 2번]

정답

1) 실업자의 정의 : 조사대상주간에 수입 있는 일을 하지 않았고, 지난 4주간 일자리를 찾아 적극적으로 구직활동을 하였던 사람으로서 일자리가 주어지면 즉시 취업이 가능한 사람

2) 마찰적 실업과 구조적 실업의 공통점
   ① 비수요부족실업이다.
   ② 정보부족이나 노동이동이 어려워 발생하는 실업이다.

3) 마찰적 실업과 구조적 실업의 차이점
   ① 마찰적 실업은 자발적 실업이고, 구조적 실업은 비자발적 실업이다.
   ② 마찰적 실업은 비교적 짧은 기간에 해소되지만, 구조적 실업은 보다 장기간 지속된다.

16 아래의 물음에 답하세요.[5점]

[시장론1장 3절 8번]

구분	15~19세	20~24세	25~29세	30~50세
생산가능인구	3,284	2,650	3,846	22,982
경제활동인구	203	1,305	2,797	17,356
취업자	178	1,181	2,598	16,859
실업자	25	124	199	497
비경제활동인구	3,081	1,345	1,049	5,626

정답

1) 30~50세 고용률(%)을 계산하시오. (소수점 둘째자리에서 반올림)

$$\frac{16,859}{22,982} \times 100 = 73.4\%$$

2) 30~50세 고용률을 29세 이하 고용률과 비교하여 분석하시오.

$$25 \sim 29세 : \frac{2,589}{3,846} \times 100 = 67.6\%$$

$$20 \sim 24세 : \frac{1,181}{2,650} \times 100 = 44.6\%$$

$$15 \sim 19세 : \frac{178}{3,284} \times 100 = 5.4\%$$

30~50세의 고용률은 73.4%로 29세 이하 고용률에 비해서 높다. 따라서 30~50세는 다른 연령대에 비해 가장 경제활동이 활발한 세대라 볼 수 있다.

17 Super의 발달단계 5단계를 쓰고 설명하시오.[6점]

[심리학4장 3절 2번]

정답

1) 성장기(출생~14세)
   가정과 학교에서 중요한 타인에 대한 동일시를 통하여 자아개념을 발달시키는 단계
2) 탐색기(15~24세)
   학교생활, 여가활동 등과 같은 활동을 통하여 자아를 검증하고 역할을 수행하며 직업탐색을 시도하는 단계
3) 확립기(25~44세)
   자신에게 적합한 직업을 찾아서 안정과 만족, 지위, 소속감을 갖는 시기
4) 유지기(45~64세)
   개인이 비교적 안정된 삶 속에서 만족스런 삶을 살아가는 시기

5) 쇠퇴기(65세 이후)

직업전선에서 은퇴하게 되는 시기로, 다른 새로운 역할과 활동을 찾는 시기

18 사회인지이론(SCCT)의 세 가지 영역모델을 쓰고 설명하시오.[6점] [심리학4장 5절 2번]

정답

1) 흥미모형 : 자기효능감과 결과기대가 개인의 흥미발달에 영향을 준다.

2) 선택모형 : 개인차와 주위환경은 학습경험에 영향을 주고 그 학습경험은 자기효능감과 결과기대에 영향을 준다.

3) 수행모형 : 개인이 목표를 추구함에 있어서 얼마나 지속할 것인가와 어느 정도 수준의 수행을 해낼 것인지 예측한다.

2017년 2회 직업상담사 2급 필답형

01 다음 표를 보고 물음에 답하시오.[5점]

[시장론1장 1절 5번]

시간당 임금	A기업 노동수요량	B기업 노동수요량
5,000	22	24
6,000	21	22
7,000	20	20
8,000	19	18
9,000	18	16

정답

1) 시간당 7,000원에서 8,000원으로 인상될 때 각 기업의 임금탄력성을 구하시오

$$노동수요탄력성 = \frac{노동수요량의\ 변화율(\%)}{임금의\ 변화율(\%)}$$

① A기업

$$노동수요탄력성 = \frac{\frac{|19-20|}{20} \times 100}{\frac{|7,000-8,000|}{7,000} \times 100} = \frac{5\%}{14.3\%} = 0.35$$

② B기업

$$노동수요탄력성 = \frac{\frac{|18-20|}{20} \times 100}{\frac{|7,000-8,000|}{7,000} \times 100} = \frac{10\%}{14.3\%} = 0.7$$

2) 7,000원에서 8,000원으로 노동조합이 임금협상을 시도하고자 할 때 그 타결가능성이 높은 기업은?

<u>A기업</u>

3) 그 이유는 무엇인지 설명하시오.

노동수요의 임금탄력성이 비탄력적일수록 임금인상 시 고용량의 감소가 작기 때문에 노동조합의 교섭력은 커진다. 따라서 A기업 노동조합의 임금협상 타결가능성이 높다.

02 반두라의 사회인지이론에서 진로발달의 개인적 결정요인 2가지를 쓰고 설명하시오.[4점]

[심리학4장 5절 3번]

정답

1) 자기효능감

특정 과업을 수행할 수 있는 자신의 능력에 대한 신념이다.

2) 결과기대

행동의 결과로 얻게 될 것에 대한 기대이다.

03 준거타당도에 관한 다음 물음에 답하시오.[7점]

[심리학2장 2절 4번]

정답

1) 준거타당도의 종류 2가지를 설명하시오.

① 예언타당도

먼저 검사를 실시하고 그 후에 준거를 측정해서 얻은 두 점수 간의 상관계수를 측정하는 것

② 동시타당도

일정시점에서 검사와 준거를 동시에 측정해서 얻은 두 점수 간의 상관계수를 측정하는 것

2) 준거타당도가 중요한 이유 2가지를 설명하시오.

① 선발, 배치, 훈련 등의 인사관리에 관한 의사결정의 설득력을 제공한다.

② 어느 정도 명확한 준거를 가지고 미래를 예측할 수 있기 때문이다.

3) 실제 연구가 실증연구보다 타당도가 낮게 발생하는 이유 3가지를 설명하시오.

① 독립변인의 조작이 어렵다.

② 가외변인의 통제가 어렵다.

③ 실험과정 전체를 엄격히 통제하기 어렵다.

04 부정적인 심리검사 결과가 나온 내담자에게 검사결과를 통보하는 방법에 대해서 설명하시오.[4점]

[심리학1장 3절 4번]

> **정답**

1) 단순한 점수의 통보가 아니라 상담의 한 부분으로 간주한다.
2) 내담자가 충격을 받지 않도록 진점수의 범위를 설명한다.
3) 검사결과를 내담자가 호소한 특정 문제에 대한 설명이나 해결책으로 활용한다.

05 월리암슨의 특성요인상담에서 인간본성에 대한 가정 3가지를 쓰시오.[6점]

[상담학2장 5절 2번]

> **정답**

1) 인간은 선과 악의 잠재력을 모두 지니고 있다.
2) 인간은 선을 실현하는 과정에서 타인의 도움을 필요로 한다.
3) 인간이 선한 생활을 결정하는 것은 바로 자기 자신이다.

06 비수요부족실업(non-demand-deficient unemployment)에 해당하는 대표적인 실업을 3가지 쓰고, 각각에 대해 설명하시오.[6점]

[시장론3장 1번]

> **정답**

1) 마찰적 실업(자발적 실업)
   ① 신규·전직자가 노동시장에 진입하는 과정에서 직업정보의 부족에 의하여 일시적으로 발생하는 실업의 유형이다.
   ② 대책
      ㉠ 구인정보제공
      ㉡ 구직자세일즈
      ㉢ 구인구직 전산망 확충, 기업의 퇴직예고제
2) 구조적 실업
   ① 경제성장에 따른 산업구조 및 기술력의 변화 등에 노동력의 구조가 적절하게 대응하지 못하여 발생하는 실업의 유형이다.
   ② 대책
      ㉠ 직업전환교육
      ㉡ 이주에 대한 보조금
      ㉢ 산업구조 변화 예측에 따른 인력수급정책

3) 계절적 실업

   ① 기후 또는 계절적 편차에 따라 발생하는 실업의 유형이다.

   ② 주로 관광업, 건설업, 농업, 수산업 등에서 발생하는 실업현상

   ③ 대책

      ㉠ 휴경지 경작 등 유휴 노동력을 활용

      ㉡ 비수기에 근로할 수 있는 대체 구인처 확보

---

07 문항의 난이도와 변별력을 각각 점수의 예(특정점수의 의미 등)를 포함해서 설명하시오.
[6점]
[심리학1장 3절 9번]

정답

1) 문항의 난이도 : 특정 문항을 맞춘 사람들의 비율이다.

   예 문항 난이도 값이 높을수록 쉬운 문제이다.

2) 문항의 변별도 : 개개의 문항이 피험자 능력의 상하를 구별해 줄 수 있는 정도이다.

   예 변별도 지수가 크게 나올수록 변별도가 높다.

---

08 진로시간전망검사 중 원형검사에서 시간전망 개입 3가지 차원을 설명하시오.[6점]
[상담학3장 2절 7번]

정답

1) 방향성 : 미래에 대한 낙관적인 입장을 구성하여 미래지향성을 증진시킨다.

2) 변별성 : 미래를 현실처럼 느끼게 하고, 목표를 신속하게 설정하도록 하는 데 있다.

3) 통합성 : 현재 행동과 미래의 결과를 연결시키고, 진로에 대한 인식을 증진시킨다.

---

09 인터넷을 이용한 사이버 상담의 필요성에 대하여 6가지로 쓰시오.[6점] [상담학1장 2절 8번]

정답

1) 인터넷과 컴퓨터의 발달로 쉽고 편리하게 접근할 수 있다.

2) 청소년, 젊은 층의 내담자가 보다 더 친밀감을 느낀다.

3) 익명성이 보장되어 내담자의 불안 등을 감소시킨다.

4) 글을 써 내려가면서 내담자는 감정의 정화 효과를 얻을 수 있다.

5) 저렴한 비용으로 상담을 받을 수 있다.

6) 상담내용은 통신에서 저장, 유통, 가공이 용이하다.

10 고용정보를 미시정보와 거시정보로 구분하여 고용정보 내용 2가지를 적으시오.[4점]

[정보론1장 3번]

정답

1) 미시정보

　구인 및 구직정보, 자격정보

2) 거시정보

　고용전망, 인력수급정책

11 형태주의 상담의 목표를 3가지 쓰시오.[6점]

[상담학2장 6절 2번]

정답

1) 알아차림

2) 통합

3) 성장

12 다음 자료를 보고 경제활동참가율, 실업률, 고용률을 구하시오.[6점]

[시장론1장 3절 5번]

- 소수점 둘째자리에서 반올림, 계산과정을 포함하여 설명(단위 : 천명)

전체인구 : 500
15세 이상 인구 : 400
취업자 : 200
실업자 : 20
정규직을 희망하는 단시간근로자 : 10

정답

1) 경제활동 참가율$=\dfrac{경제활동인구수}{15세이상인구수}\times100=\dfrac{220}{400}\times100=55\%$

　*경제활동인구수＝취업자＋실업자＝200＋20＝220

2) 실업률$=\dfrac{실업자수}{경제활동인구수}\times100=\dfrac{20}{220}\times100=9.1\%$

3) 고용률$=\dfrac{취업자수}{15세이상인구수}\times100=\dfrac{200}{400}\times100=50\%$

13 부처가 제시한 집단직업상담 3단계를 쓰고 설명하시오.[6점]   [상담학1장 2절 4번]

정답

1) 탐색단계 : 자기개방, 흥미와 적성에 대한 측정, 측정결과에 대한 피드백, 불일치의 해결이 이루어진다.

2) 전환단계 : 자아와 피드백 간의 일치가 이루어지면 직업세계와 연결하고, 일과 삶의 가치를 조사한다.

3) 행동단계 : 목표설정, 목표달성을 촉진하기 위한 정보의 수집과 공유, 의사결정이 이루어지는 단계이다.

14 Jahoda의 박탈이론에 근거한 재직근로자의 잠재효과 3가지를 기술하시오.[6점]   [상담학3장 4절 6번]

정답

1) 시간 조직화 효과 : 근무일에 대한 시간을 계획하고 조직한다.

2) 사회적 접촉 효과 : 가족 이외의 사람들과 접촉하여 사교적인 범위를 넓힐 수 있다.

3) 공동의 목표에 참여 : 공동의 목표에 참가함으로써 자신이 쓸모 있음을 느낄 수 있다.

15 직업은 유사성을 갖는 직무를 계속하여 수행하는 계속성을 가져야 하는데, 일의 계속성 의미를 설명하시오.[4점]   [정보론2장 7번]

정답

1) 매일, 매주, 매월 등 주기적으로 행하는 것

2) 계절적으로 행해지는 것

3) 명확한 주기는 없으나 계속적으로 행해지는 것

4) 현재 하고 있는 일을 계속적으로 행할 의지와 가능성이 있는 것

16 실존주의 상담자들이 내담자의 궁극적 관심사와 관련해 중요하게 생각하는 주제 3가지를 설명하시오.[6점]   [상담학2장 3절 3번]

정답

1) 삶의 의미 : 삶의 중요성과 목적을 향한 노력은 인간의 독특한 특성이다.

2) 죽음과 비존재 : 언젠가는 자신이 죽는다는 것을 스스로 자각한다.

3) 자유와 책임 : 인간은 선택할 수 있는 자유를 가진 존재이기 때문에 책임을 져야한다.

17 진로개발 평가하는 데 사용되는 방법으로 진로결정척도가 있다. 이 방법 외에 진로개발을 평가하는 데 사용될 수 있는 검사 혹은 척도를 3가지 쓰시오.[6점] [심리학3장 2절 15번]

정답

1) 진로신념검사(CBI)

2) 진로발달검사(CDI)

3) 진로성숙도검사(CMI)

18 경제적 조합주의 특징 3가지를 쓰시오.[6점] [시장론4장 6번]

정답

1) 노동조합의 정치적 기능을 배제한다.

2) 조합활동은 임금과 근로조건 개선 등 노동자의 생활향상에 한정한다.

3) 합법적인 틀 안에서 노동자의 지위향상과 복지실현을 지향한다.

2017년 3회 직업상담사 2급 필답형

---

01 노동조합의 단결 강제는 shop 제도이다. 3가지를 설명하시오.[6점] [시장론4장 2번]

정답

1) 오픈 숍(open shop)
   사용자가 조합원이 아닌 노동자를 채용할 수 있고, 채용된 후에도 노동조합 가입 여부를 노동자가 자유롭게 결정할 수 있는 제도
2) 클로즈드 숍(closed shop)
   조합원만을 종업원으로 신규 채용할 수 있고, 일단 고용된 노동자라도 조합원 자격을 상실하면 종업원이 될 수 없는 제도
3) 유니온 숍(union shop)
   조합원 여부에 관계없이 종업원으로 채용될 수 있으나, 일단 채용된 후에는 일정기간 이내에 조합원이 되어야 하는 제도

02 노동수요 특성별 임금격차를 발생하게 하는 경쟁적 요인 3가지를 쓰시오.[6점]

[시장론2장 2절 1번]

정답

1) 인적자본량
2) 기업의 합리적 선택으로써 효율임금정책
3) 보상적임금격차
4) 노동시장의 단기적 불균형
5) 보이지 않은 질적 차이

03 아래의 주어진 예시를 보고 다음을 계산하시오.[6점] [시장론1장 3절 3번]

> ─ 15세 이상 인구 : 35,986천명
> ─ 비경제활동인구 : 14,717천명
> ─ 취업자 : 20,149천명(자영업자 5,645천명, 무급가족 종사자 1,685천명, 상용직 근로자 6,113천명, 임시근로자 4,481천명, 일용근로자 2,225천명)

정답

1) 실업률은?

경제활동인구＝15세 이상 인구－비경제활동인구＝35,986－14,717＝21,269

실업자＝경제활동인구－취업자＝21,269－20,149＝1,120

실업율＝실업자÷경제활동인구＝1,120÷21,269×100＝5.266%

2) 임금근로자 수는?

임금근로자 수＝상용직 근로자(6,113)＋임시근로자(4,481)＋일용근로자(2,225)
＝12,819천명

04 직무분석방법 중 최초분석법에 해당하는 방법을 3가지만 쓰고 설명하시오.[6점]

[정보론4장 2번]

정답

1) 면담법(면접법)

특정직무에 대하여 오랜 경력을 쌓아 전문지식과 숙련된 기술·기능을 보유하고 있는 작업자와 면담을 통하여 분석하는 방법이다.

2) 관찰법

분석자가 직접 사업장을 방문하여 작업자가 하는 직무활동을 상세하게 관찰하고 그 결과를 기술하는 방법이다.

3) 체험법

분석자 자신이 직접 직무활동에 참여하여 체험함으로써 직무분석 자료를 얻는 방법이다.

05 MMPI의 타당성 척도 중 L척도, F척도, K척도에 대해 설명하시오.[6점] [심리학3장 2절 13번]

정답

1) L척도

자신을 좋게 보이려고 하는 다소 고의적이고도 부정직한 정도를 측정하는 척도이다.

2) F척도

보통사람과 다르게 응답하는 사람들을 가려내기 위한 척도이다.

3) K척도

정신장애가 분명한데 정상 프로파일을 보이는 사람들을 가려내기 위한 척도이다.

06 홀랜드(Holland) 검사를 실시한 대학생 한명의 결과가 SAE이다. 이것이 의미하는 바를 설명하시오.[6점]
[심리학4장 1절 5번]

정답

1) 이 학생의 흥미는 사회형, 예술형, 진취형의 성향을 나타낸다.
2) 다른 사람과 함께 일하거나 돕는 것을 좋아하고, 표현이 풍부하고 독창적이며, 조직목표나 경제적 목표를 달성하기 위해 타인을 조작하는 활동을 좋아한다.
3) 선호하는 직업은 교사, 상담가, 사회복지사이다.

07 심리검사의 신뢰도계수에 영향을 주는 요인 3가지를 쓰고 설명하시오.[6점]
[심리학2장 1절 1번]

정답

1) 문항 반응수 : 문항 반응수가 높을수록 신뢰도가 높아진다.
2) 응답자의 속성변화 : 측정기간 중에 특정사건이 발생하면 신뢰도가 달라진다.
3) 검사 문항의 수 : 검사 문항수가 많을수록 신뢰도가 높아진다.

08 집단 내 규준 3가지를 쓰고, 각각에 대해 예를 들어 설명하시오.[6점]
[심리학1장 2절 6번]

정답

1) 백분위 점수

개인의 점수가 규준집단에서 차지하는 상대적 위치를 백분위로 나타낸 점수
2) 표준점수

분포의 표준편차를 이용하여 개인의 점수가 평균으로부터 벗어난 거리를 표시하는 것
3) 표준등급

원점수를 크기 순서에 따라 배열한 후 백분율에 맞추어 매긴 등급

09 생애진로사정(LCA)의 구조 4가지를 설명하시오. [4점]

[상담학3장 1절 4번]

정답

1) 진로사정
    내담자의 직업경험, 교육훈련, 여가활동 등에 대해 파악한다.
2) 전형적인 하루
    내담자가 일상생활을 어떻게 조직하는가를 파악한다.
3) 강점과 장애
    내담자가 믿고 있는 장점과 단점, 잘하는 일과 못하는 일이 무엇인지 물어본다.
4) 요약
    수집된 정보를 강조하고 진로계획을 향상시키기 위해 상담을 통해 목표를 성취하도록 자극한다.

10 집단상담의 장점 5가지를 쓰시오. [5점]

[상담학1장 2절 6번]

정답

1) 시간, 경제적인 면에서 효과적이다.
2) 소속감과 동료의식을 발전시킬 수 있다.
3) 개인상담보다 더 편하게 느낀다.
4) 집단에서 새로운 행동을 실천해 볼 수 있다.
5) 학습경험을 풍부히 할 수 있다.

11 체계적 둔감법의 의미와 단계를 설명하시오. [5점]

[상담학2장 8절 3번]

정답

1) 체계적 둔화법
    내담자로부터 불안을 없애기 위해 불안반응을 체계적으로 증대시키면서 동시에 불안과 대립되는 이완반응을 야기시키는 방법이다.
2) 단계 및 절차
    ① 근육이완훈련 : 마음의 안정을 위하여 근육이완훈련을 실시한다.
    ② 불안위계목록 작성 : 불안위계목록을 순차적으로 10~20개 작성한다.
    ③ 체계적 둔감화 : 가장 낮은 불안 정도에서부터 시작하여 가장 높은 불안으로 상상하게 하고, 더 이상 불안하지 않으면 종료한다.

12 정신역동 직업상담 모형을 구체화시킨 보딘의 직업상담 과정을 3단계 쓰시오.[6점]

[상담학2장 12절 2번]

> **정답**

1) 1단계 : 탐색과 계약체결
   방어의 의미를 탐색하고 상담과정을 구조화하여 계약을 체결
2) 2단계 : 중대한 결정의 단계
   성격에 맞춰 직업을 선택할 것인지 직업에 맞춰 성격을 변화시킬 것인지를 결정
3) 3단계 : 변화를 위한 노력의 단계
   성격, 흥미, 욕구 등에서 변화가 필요하면 그 부분에 대해 변화하려는 노력이 이루어지는
   단계

13 브레이필드(Brayfield)의 직업정보 기능에 대해 3가지를 설명하시오.[6점]

[상담학2장 5절 7번]

> **정답**

1) 정보제공 기능 : 모호한 의사결정을 돕고 진로선택에 관한 지식을 증가시켜 주는 기능
2) 재조정 기능 : 내담자가 현실에 비추어 부적당한 선택을 했는지 재조명 해보는 기능
3) 동기화 기능 : 내담자가 의사결정과정에 적극 참여하도록 동기화시켜주는 기능

14 임금하방경직성을 설명하고 이에 영향을 미칠 수 있는 요인 5가지를 쓰시오.[6점]

[시장론2장 1절 3번]

> **정답**

1) 정의
   한번 상승한 임금은 경제여건이 변하더라도 하락하지 않고 그 수준을 유지하려고 하는 것
2) 영향을 미치는 요인
   ① 노동자의 화폐환상
   ② 노동자의 역선택 발생 가능성
   ③ 강력한 노동조합의 존재
   ④ 장기노동계약
   ⑤ 최저임금제의 실시

15 일반적으로 직업으로 규명하기 위한 4가지 요건을 쓰고 설명하시오.[4점] [정보론2장 6번]

> **정답**

1) 경제성 : 경제적인 거래 관계가 성립하는 활동을 수행해야 한다.
2) 계속성 : 일시적인 것이 아니라 계속적으로 행해져야 한다.
3) 사회성 : 사회적으로 가치있고 쓸모 있는 일이어야 한다.
4) 윤리성 : 비윤리적인 영리행위나 반사회적인 활동이 아니어야 한다.

16 직업상담에서 내담자이해를 위한 질적 측정도구 3가지를 쓰시오.[6점] [심리학3장 1절 7번]

> **정답**

1) 직업가계도 : 내담자의 부모, 숙모와 삼촌, 형제자매 등의 직업들을 도해로 표시하는 것이다.
2) 생애진로사정 : 구조화된 면담기술로서 내담자의 직업경험과 교육수준, 강점과 장애 등에 관한 정보를 수집할 수 있다.
3) 직업카드분류 : 홀랜드 유형론에 따라서 내담자에게 일련의 카드를 주고 선호군, 혐오군, 미결정군으로 분류하는 기법이다.

17 발달적 직업상담에서 활용되는 진로성숙검사(CMI)의 태도척도와 능력척도를 각각 3가지 쓰시오.[6점] [심리학3장 2절 14번]

> **정답**

1) 태도척도
   ① 결정성
   ② 참여도
   ③ 독립성
2) 능력척도
   ① 자기평가
   ② 직업정보
   ③ 목표선정

18 동일한 스트레스일지라도 개인이 받는 스트레스는 각각 다를 수 있다. 스트레스의 조절변인 2가지를 설명하시오.[4점]

[심리학5장 9번]

> **정답**
>
> 1) 성격유형 : A유형의 사람들이 B유형에 비해 스트레스원에 더 취약하다.
> 2) 통제위치 : 내적 통제자가 외적 통제자에 비해 스트레스 상황에 대한 대처능력이 뛰어나다.

2018년 1회 직업상담사 2급 필답형

---

01 부가급여의 의미와 예, 사용자와 근로자가 부가급여를 선호하는 이유를 각각 2가지씩 쓰시오.[6점] [시장론2장 1절 1번]

정답

1) 의미

   사용자가 종업원에게 지불하는 임금 이외의 모든 보상

2) 종류

   유급휴일, 경조휴일, 퇴직금, 상여금, 의료비 지원

3) 사용자의 선호이유

   ① 근로자 유치가 쉽다.

   ② 조세나 보험료 부담이 감소한다.

4) 근로자의 선호이유

   ① 근로소득세 부담이 감소한다.

   ② 현물형태의 급여는 대량할인되어 구입함으로 근로자에게 유리하다.

02 한국직업사전에 수록된 부가직업정보 5가지를 쓰시오.[5점] [정보론1장 5번]

정답

1) 정규교육

2) 숙련기간

3) 직무기능

4) 작업강도

5) 육체활동

03 아들러의 개인주의 상담이론에서 열등감콤플렉스의 원인 3가지를 쓰시오.[6점]

[상담학2장 2절 4번]

정답

1) 기관열등감
2) 과잉보호
3) 양육태만

04 경제활동 참가율을 구하시오. (단, 계산과정을 쓰고 소수점 둘째 자리에서 반올림)[4점]

[시장론1장 3절 3번]

- 15세 이상 인구 : 35,986천명
- 비경제활동인구 : 14,717천명
- 취업자 : 20,149천명(자영업자 5,645천명, 무급가족 종사자 1,685천명, 상용직 근로자 6,113천명, 임시근로자 4,481천명, 일용근로자 2,225천명)

정답

경제활동인구 : $35,986 - 14,717 = 21,269$
경제활동참가율 $= 21,269 \div 35,986 \times 100 = 59.1\%$

05 김씨는 정리해고로 인해 자신이 무가치적인 존재라 여기고 자살을 시도하려고 한다. 김씨에 대한 상담기법을 엘리스의 ABCDE모델로 설명하시오.[6점]

[상담학2장 9절 5번]

정답

1) A(선행사건) : 김씨가 정리해고를 경험한다.
2) B(신념체계) : 나는 무가치적인 존재야.
3) C(결과) : 자살을 시도하려고 한다.
4) D(논박) : 정말 어떤 일도 할 수 없을까?
5) E(효과) : 다른 직장을 찾아 보려고 열심히 노력한다.

06 내부노동시장의 형성요인 3가지를 설명하시오.[6점] [시장론1장 5절 3번]

> **정답**

1) 숙련의 특수성 : 기업 내의 내부노동자만이 소유하는 숙련을 말한다.
2) 현장훈련 : 현장 담당자의 고유한 지식을 후임자에게 생산현장에서 직접 전수하는 것을 말한다.
3) 관습 : 문서화되지 않은 기업의 관습이나 규정을 말한다.

07 웩슬러 지능검사는 비네 지능 검사와는 다르게 지능검사에 동작성 검사를 추가하고 있다. 지능검사에서 동작성 검사의 장점 3가지를 쓰시오.[6점] [심리학3장 2절 2번]

> **정답**

1) 선천적 문제해결 능력을 알아볼 수 있다.
2) 동작성지능검사로 비언어적 지능을 측정할 수 있다.
3) 동작을 수행함으로 인해 관찰되는 여러 행동을 알아볼 수 있다.

08 Super의 발달적 직업상담 6단계를 순서대로 쓰시오.[6점] [상담학2장 13절 1번]

> **정답**

1) 문제탐색
2) 심층적탐색
3) 자아수용
4) 현실검증
5) 태도와 감정의 탐색과 처리
6) 의사결정

09 실업의 유형 중 마찰적 실업과 구조적 실업의 의미와 대책을 쓰시오.[6점] [시장론3장 1번]

> **정답**

1) 마찰적 실업(자발적 실업)
   ① 신규·전직자가 노동시장에 진입하는 과정에서 직업정보의 부족에 의하여 일시적으로 발생하는 실업의 유형이다.

② 대책

  ㉠ 구인정보제공

  ㉡ 구직자세일즈

  ㉢ 구인구직 전산망 확충, 기업의 퇴직예고제

2) 구조적 실업

  ① 경제성장에 따른 산업구조 및 기술력의 변화 등에 노동력의 구조가 적절하게 대응하지 못하여 발생하는 실업의 유형이다.

  ② 대책

  ㉠ 직업전환교육

  ㉡ 이주에 대한 보조금

  ㉢ 산업구조 변화 예측에 따른 인력수급정책

10 특성 – 요인상담의 기본원리 3가지 쓰시오.[6점]

[상담학2장 5절 1번]

정답

1) 자신에 대한 이해

2) 직업에 대한 이해

3) 자신과 직업의 합리적 연결

11 준거타당도 계수의 크기에 영향을 미치는 요인을 3가지만 쓰고 각각에 대해 설명하시오.[6점]

[심리학2장 2절 6번]

정답

1) 표집오차
   표본이 모집단을 잘 대표하지 못할 경우 검사의 준거타당도는 낮아진다.

2) 준거측정치의 신뢰도
   준거측정치의 신뢰도가 낮으면 검사의 준거타당도는 낮아진다.

3) 준거측정치의 타당도
   준거 측정치의 타당도가 낮으면 검사의 준거타당도는 낮아진다.

12 직업심리검사의 신뢰도를 추정하는 방법 3가지를 쓰고 설명하시오.[6점] [심리학2장 1절 2번]

> **정답**

1) 검사-재검사 신뢰도(안정성계수)
   동일한 검사를 동일한 사람에게 서로 다른 시간에 두 번 시행하여 얻은 두 점수 간의 상관계수로 신뢰도를 추정하는 것이다.
2) 동형검사신뢰도(동등성 계수)
   동형의 두 검사를 동일한 사람에게 실시하여 얻은 두 점수 간의 상관계수로 신뢰도를 추정하는 것이다.
3) 반분신뢰도(내적합치도 계수)
   하나의 검사를 문항수가 같도록 반씩 나누어 실시하여 얻은 두 점수 간의 상관계수로 신뢰도를 추정하는 것이다.

13 직업심리검사 중 투사적 검사의 장점과 단점을 각각 3가지씩 쓰시오.[6점]

[심리학3장 1절 1번]

> **정답**

1) 장점
   ① 반응의 독특성이 있다.
   ② 방어가 어렵다.
   ③ 무의식적 내용의 반응이 나타난다.
2) 단점
   ① 검사의 신뢰도가 낮다.
   ② 검사의 타당도가 낮다.
   ③ 상황적인 요인의 영향을 받는다.

14 생애진로평가(LCA)의 의미와 LCA를 통해 얻을 수 있는 정보 3가지를 기술하시오.[5점]

[상담학3장 1절 4번]

> **정답**

1) 내담자의 직업경험과 교육수준을 나타내는 객관적인 사실
2) 내담자 자신의 기술과 능력에 대한 자기평가
3) 내담자 자신의 가치와 자기인식

15 직무분석은 직무기술서와 직무명세서를 만들고 이로부터 얻어진 정보를 여러모로 활용하는 것을 목적으로 한다. 이와 같은 직무분석으로 얻어진 정보의 용도를 4가지 쓰시오.[4점]
[심리학5장 2번]

정답

1) 인력수급계획수립
2) 신규작업자의 모집
3) 종업원의 교육 및 훈련
4) 직무평가

16 극대수행검사와 습관적 수행검사를 설명하고 각각의 대표적인 유형 3가지를 쓰시오.[6점]
[심리학3장 1절 5번]

정답

1) 극대수행검사(성능검사)
  ① 일정 시간이 주어지고 그 시간 내에 자신의 능력을 최대한 발휘할 것을 요구한다.
  ② 지능검사(K-WAIS), 적성검사(GATB), 성취도검사(토익, 토플)
2) 습관적 수행검사(성향검사)
  ① 시간제한이 없고 최대한 정직한 응답을 요구한다.
  ② 성격검사(MBTI), 흥미검사(직업선호도 검사중 흥미검사), 태도검사(직무만족도검사)

17 의사교류분석상담의 제한점 3가지를 쓰시오.[6점]
[상담학2장 7절 4번]

정답

1) 인지적이므로 지적 능력이 낮은 내담자의 경우 부적절할 수도 있다.
2) 추상적이어서 실제 적용에 어려움이 있다.
3) 과학적인 증거로 제시되었다고 보기는 어렵다.

18 Williamson의 특성 – 요인 상담에서 직업의사결정과 관련하여 나타나는 여러 가지 문제들에 대한 변별진단 결과를 분류하는 4가지 범주를 쓰고 각각에 대해 설명하시오.[4점]

[상담학2장 5절 3번]

정답

1) 무선택

 미래의 진로에 대해 잘 모른다고 말한다.

2) 불확실한 선택

 선택은 했으나 자신의 선택에 의심을 나타낸다.

3) 현명하지 못한 선택

 충분한 적성을 가지고 있지 않은 직업을 선택한다.

4) 흥미와 적성 간의 불일치

 본인이 말하는 흥미와 적성 사이의 불일치일 수도 있고, 측정된 흥미와 적성 사이의 불일치일 수도 있다.

2018년 2회 직업상담사 2급 필답형

01 임금의 하방경직성의 의미를 쓰고, 임금의 하방경직성의 원인 5가지를 쓰시오.[6점]

[시장론2장 1절 3번]

정답

1) 정의

한번 상승한 임금은 경제여건이 변하더라도 하락하지 않고 그 수준을 유지하려고 하는 것

2) 영향을 미치는 요인

① 노동자의 화폐환상

② 노동자의 역선택 발생가능성

③ 강력한 노동조합의 존재

④ 장기노동계약

⑤ 최저임금제의 실시

02 예언타당도와 동시타당도에 대해 각각의 예를 포함하여 설명하시오.[6점] [심리학2장 2절 4번]

정답

1) 예언타당도

먼저 검사를 실시하고 그 후에 준거를 측정해서 얻은 두 점수 간의 상관계수를 측정하는 것

㉘ 자격시험에 합격한 사람이 해당분야에서 일을 제대로 수행하지 못하면 그 자격시험은 예측타당도가 낮아 자격시험의 개편을 고려해야 한다.

2) 동시타당도

일정시점에서 검사와 준거를 동시에 측정해서 얻은 두 점수 간의 상관계수를 측정하는 것

㉘ 외국어 시험의 동시타당도를 높이기 위해 TEPS나 TOEFL 같은 공인된 시험을 같이 시행하고 상호 비교하여 시험점수가 높으면 타당도가 높다고 판단한다.

03 행동주의 상담에서 노출치료법의 3가지 방법을 쓰고, 각각에 대해 설명하시오.[6점]

[상담학2장 8절 10번]

정답

1) 실제적 노출법 : 실제로 공포자극에 노출하는 방법
2) 심상적 노출법 : 공포자극을 상상하게 하여 노출하는 방법
3) 점진적 노출법 : 공포나 자극의 수위를 낮은 것에서부터 높은 쪽으로 점치 강도를 높이는 방법

04 게슈탈트 상담의 상담기법을 3가지만 쓰고 각각에 대해 설명하시오.[6점]

[상담학2장 6절 1번]

정답

1) 빈 의자 기법 : 현재 상담에 참여하고 있지 않은 사람과 직접 대화를 나누는 형식을 취함으로써 그 사람과의 관계를 직접 탐색해 볼 수 있다.
2) 과장하기 : 상담자는 감정 자각을 돕기 위해 내담자의 어떤 행동이나 언어를 과장하여 표현하게 한다.
3) 자기 부분들 간의 대화 : 내담자의 인격에서 분열된 부분을 찾아서 서로 대화를 시킴으로써 분열된 자기부분을 통합할 수 있다.

05 홀랜드(Holland) 직업흥미검사의 6가지 유형을 쓰고, 각각에 대해 간략히 설명하시오.[6점]

[심리학4장 1절 1번]

정답

1) 현실형(R)
   기계, 도구, 동물에 관한 체계적인 조작 활동을 좋아하나 사회적 기술이 부족하다.
   직업 : 기술자, 정비사, 농부
2) 탐구형(I)
   분석적이며 호기심이 많으나 리더십 기술이 부족하다.
   직업 : 과학자, 수학자, 의사
3) 예술형(A)
   표현이 풍부하고 독창적이나 규범적인 기술은 부족하다.
   직업 : 음악가, 화가, 배우

4) 사회형(S)

다른 사람과 함께 일하거나 돕는 것을 좋아하지만 조직적인 활동을 싫어한다.

직업 : 교사, 상담가, 사회복지사

5) 진취형(E)

조직목표나 경제적 목표를 달성하기 위해 타인을 조작하는 활동을 좋아하지만 과학적
능력이 부족하다.

직업 : 경영자, 세일즈맨, 정치가

6) 관습형(C)

체계적으로 자료를 처리하고 기록을 정리하거나 자료를 재생산하는 것을 좋아하지만
예술적 능력이 부족하다.

직업 : 은행원, 사서, 회계사

06 흥미검사의 목적을 3가지 쓰시오.[3점] [심리학3장 2절 6번]

정답

1) 여가선호와 직업선호 구별하기

2) 자기인식 발전시키기

3) 직업대안 규명하기

07 노동시장에서 임금격차를 발생시키는 경쟁적 요인 5가지를 쓰시오.[5점] [시장론2장 2절 1번]

정답

1) 인적자본량

2) 기업의 합리적 선택으로써 효율임금정책

3) 보상적임금격차

4) 노동시장의 단기적 불균형

5) 보이지 않은 질적 차이

08 직무스트레스의 조절변인 3가지를 쓰고 설명하시오.[3점] [심리학5장 9번]

정답

1) 성격유형 : A유형의 사람들이 B유형에 비해 스트레스원에 더 취약하다.

2) 통제위치 : 내적 통제자가 외적 통제자에 비해 스트레스 상황에 대한 대처능력이 뛰어나다.

3) 사회적지원 : 사회적 지원은 우울이나 불안같은 직무스트레스 반응을 감소시킨다.

09 최저임금의 긍정적 효과를 3가지 기술하시오.[3점] [시장론2장 1절 6번]

정답

1) 저임금근로자의 소득향상을 가져온다.

2) 기업경영의 근대화를 촉진한다.

3) 산업구조의 고도화에 기여한다.

10 사용자는 다른 조건이 일정할 때 사직률이 낮은 근로자를 선호하지만 사회적인 관점에서는 바람직하지 않다. 사용자가 사직률이 낮은 근로자를 선호하는 이유와 사직률이 낮은 근로자가 사회적으로 좋지 않은 영향을 주는 이유를 설명하시오.[6점] [시장론2장 2절 7번]

정답

1) 사용자가 사직율이 낮은 근로자를 선호하는 이유

근로자가 사직하지 않고 장기근속을 하게 되면

① 숙련도가 향상되어 인적자본의 축적이 용이하며,

② 그 결과 기업의 노동생산성을 향상시켜 경쟁력을 강화시킬 수 있으며,

③ 신규인력채용에 따르는 교육·훈련비용을 절감하여 수익성을 높일 수 있다.

2) 사직율이 낮은 근로자가 사회적으로 바람직하지 못한 이유

사직율이 낮으면

① 사회전반에 걸쳐 노동력의 이동이 줄어들기 때문에 노동시장의 효율성과 유연성이 낮아지고,

② 신규고용이 감소하여 노동시장에 새로 진입한 구직자와 여성들이 구직에 어려움을 겪을 수 있다.

11 [사례형 문제] 아래의 표는 한국직업사전에 수록된 "특수교육교사"의 직업정보에 관한 내용이다. 아래표의 숙련기간의 의미와 작업강도의 의미를 설명하시오.[4점] [정보론1장 11번]

• 숙련기간 : 1~2년

• 작업강도 : 보통작업

정답

1) 숙련기능은 정규교육과정을 이수한 후 해당 직업의 직무를 평균적인 수준으로 스스로 수행하기 위하여 필요한 각종 교육기간, 훈련기간 등을 의미하며 6수준을 나타낸다.
2) 작업강도는 해당 직업의 직무를 수행하는 데 필요한 육체적 힘의 강도를 나타낸 것으로 최고 20kg의 물건을 들어올리고 10kg 정도의 물건을 빈번히 들어 올리거나 운반한다.

12 Adler의 개인주의 상담과정의 목표를 3가지만 쓰시오.[3점]

[상담학2장 2절 1번]

정답

1) 사회적 관심을 갖도록 돕는다.
2) 사회의 구성원으로 기여하도록 돕는다.
3) 잘못된 동기를 바꾸도록 돕는다.

13 정신역동적 직업상담 모형을 구체화시킨 보딘은 직업상담 과정을 3단계로 구분하였다. 각 단계를 쓰고 각각에 대해 설명하시오.[6점]

[상담학2장 12절 2번]

정답

1) 1단계 : 탐색과 계약체결
   방어의 의미를 탐색하고 상담과정을 구조화하여 계약을 체결
2) 2단계 : 중대한 결정의 단계
   성격에 맞춰 직업을 선택할 것인지 직업에 맞춰 성격을 변화시킬 것인지를 결정
3) 3단계 : 변화를 위한 노력의 단계
   성격, 흥미, 욕구 등에서 변화가 필요하면 그 부분에 대해 변화하려는 노력이 이루어지는 단계

14 한국표준직업분류에서의 직업분류 개념인 직능, 직능수준, 직능유형에 대해 설명하시오.[6점]

[정보론2장 3번]

정답

1) 직능(skill)
   주어진 직무의 업무와 과업을 수행하는 능력이다.

2) 직능수준(skill level)

직무수행능력의 높낮이를 말하는 것으로 정규교육, 직업훈련, 직업경험 그리고 선천적 능력과 사회 문화적 환경 등에 의해 결정된다.

3) 직능유형(skill specialization)

직무수행에 요구되는 지식의 분야, 사용하는 도구 및 장비, 투입되는 원재료, 생산된 재화나 서비스의 종류와 관련된다.

15 완전경쟁시장에서 A제품을 생산하는 어떤 기업의 단기생산함수가 다음과 같다. 기업의 이윤극대화를 위한 최적고용량을 도출하고 그 근거를 설명하시오. (단, 노동1단위 임금 : 150원, 생산물1개 단가 : 100원) [4점]

[시장론1장 2절 2번]

노동투입량(단위)	0	1	2	3	4	5	6
총생산량(개)	0	2	4	7	8.5	9	9

정답

노동	0	1	2	3	4	5	6
생산량	0	2	4	7	8.5	9	9
한계생산량	−	2	2	3	1.5	0.5	0
한계생산물의 가치	−	200	200	300	150	50	0

1) 최적고용단위 : 4단위

2) 근거 : 한계수입=한계비용일 때 기업의 이윤이 극대화된다.

한계수입(한계생산물의 가치)=한계생산물×시장가격이며, 한계비용=임금이다.

따라서 노동1단위가격 150원과 노동의 한계생산물의 가치가 일치하는(1.5개×100원 =150원) 수준인 4단위가 최적고용단위이다.

16 검사-재검사에 영향을 미치는 요인 3가지를 쓰시오.[3점]

[심리학2장 1절 3번]

정답

1) 이월효과 : 앞의 시험 문제를 기억함으로써 높은 신뢰도 계수를 얻게 된다.

2) 반응민감성 : 망각효과로 인해 측정 시간 간격이 긴 경우 낮은 신뢰도 계수를 얻게 된다.

3) 측정 속성의 변화 : 측정기간 중에 특정 사건이 발생하면 점수가 달라질 수 있다.

17 스트롱 직업흥미검사의 척도 3가지를 쓰시오.[3점] [심리학3장 2절 9번]

> 정답

1) 일반직업분류(GOT) : 홀랜드이론이 반영된 6개의 주제로 구성되며 피검자의 흥미에 관한 포괄적 전망을 제공한다.
2) 기본흥미척도(BIS) : 특정 활동과 주제에 관한 세부척도로 특정 흥미분야를 제공한다.
3) 개인특성척도(PSS) : 일상생활과 일의 세계에 관련된 광범위한 특성에 대해 개인이 선호하고 편안하게 느끼는 것을 측정한다.

18 진로선택이론중 사회학습이론에서 크롬볼츠(krumboltz)가 제시한 진로선택에 영향을 주는 요인을 3가지만 쓰시오.[3점] [심리학4장 5절 1번]

> 정답

1) 유전적 요인과 특별한 능력
2) 환경조건과 사건
3) 학습경험

19 교류분석상담이론에서 상담자가 내담자를 이해하기(조력하기) 위해서 할 수 있는 생활을 분석할 때 사용할 수 있는 분석 유형 3가지를 설명하시오.[6점] [상담학2장 7절 3번]

> 정답

1) 구조분석
   세 가지 자아 상태가 어떻게 구성되어 있는지 분석
2) 교류패턴분석
   일상생활에서 주고받는 말, 태도, 행동 등을 분석
3) 각본분석
   자기각본을 이해하고 거기서 벗어나도록 하는 것

20 긴즈버그에 따르면 직업선택은 환상기, 잠정기, 현실기 3단계로 거쳐 이루어 진다. 현실기의 3가지 하위단계를 쓰고 설명하시오.[6점] [심리학4장 3절 1번]

> **정답**

1) 탐색 단계 : 진로선택을 위해 필요하다고 판단되는 교육이나 경험을 쌓으려고 노력하는 단계
2) 구체화 단계 : 특정직업 분야에 몰두하는 단계
3) 특수화 단계 : 자신의 결정을 구체화하고 보다 세밀한 계획을 세우는 단계

21 사람의 적성을 알아보기 위해 같은 명칭의 A 적성검사와 B 적성검사를 두 번 반복 실시를 했는데 두 검사의 점수가 차이를 보여 이 사람의 정확한 적성을 판단하기 매우 어려운 상황이 발생하였다. 이와 같은 동일명의 유사한 심리검사의 결과가 서로 다르게 나타날 수 있는 가능한 원인을 3가지 쓰시오.[3점] [심리학2장 1절 6번]

> **정답**

1) 응답자의 속성변화
2) 두 검사 간의 내용차이
3) 문항 속성의 차이

2018년 3회 직업상담사 2급 필답형

01 다음표를 보고 물음에 답하시오.[7점]   [시장론1장 1절 6번]

A기업 임금	A기업 노동시간	B기업 임금	B기업 노동시간
4,000	20,000	6,000	30,000
5,000	10,000	5,000	33,000

정답

1) 두 기업의 노동수요탄력성 값을 계산하시오. (소수점의 경우 셋째 자리에서 반올림 계산)

$$A기업\ 임금탄력성 = \frac{\frac{|20,000-10,000|}{20,000} \times 100}{\frac{|4,000-5,000|}{4,000} \times 100} = 2.00$$

$$B기업\ 임금탄력성 = \frac{\frac{|30,000-33,000|}{30,000} \times 100}{\frac{|6,000-5,000|}{6,000} \times 100} = 0.60$$

2) 노동조합이 임금협상을 시도하고자 할 때 그 타결 가능성이 높은 기업을 선택하고 그 이유를 설명하시오.

B기업

노동수요의 임금탄력성이 비탄력적일수록 임금인상 시 고용량의 감소가 작기 때문에 노동조합의 교섭력은 커진다. 따라서 B기업 노동조합의 임금협상 타결가능성이 높다.

02 Rogers의 인간중심상담의 철학적 기본가정 5가지를 쓰시오.[5점]   [상담학2장 4절 2번]

정답

1) 개인은 자기확충을 향한 적극적인 성장력을 지니고 있다.

2) 개인을 알려면 그의 주관적 생활에 초점을 두어야 한다.

3) 개인은 가치를 지닌 독특한 존재이다.

4) 개인은 근본적으로 선하며, 이성적이고 믿을 수 있는 존재이다.

5) 개인은 자신이 결정을 내릴 권리를 가지고 있을 뿐 아니라 자신의 장래를 선택할 권리도 지니고 있다.

03 노동공급에 영향을 미치는 결정적인 요인 5가지를 쓰시오.[5점]

[시장론1장 3절 1번]

정답

1) 경제활동 참가율

2) 인구의 규모와 구조

3) 임금지불방식

4) 노동시간

5) 동기부여와 사기

04 Beck의 인지치료에서 인지적 오류의 유형 3가지를 쓰고 설명하시오.[6점]

[상담학2장 10절 2번]

정답

1) 흑백논리 : 사건의 의미를 이분법적인 범주의 둘 중에 하나로 해석하는 오류

2) 과잉 일반화 : 한두 번의 사건에 근거하여 일반적인 결론을 내리는 오류

3) 선택적 추상화 : 특정한 일부의 정보에만 주의를 기울여 전체의 의미를 해석하는 오류

05 기혼여성의 경제활동참가율을 결정하는 요인 5가지를 쓰시오.[5점]

[시장론1장 5절 7번]

정답

1) 배우자 및 타가구원의 소득

2) 자녀의 수 및 연령

3) 가사노동의 대체

4) 전반적인 실업수준

5) 법, 제도적 요인

06 인지적 - 정서적 상담(RET)의 기본개념인 A - B - C - D - E - F의 의미를 쓰시오.[6점]

[상담학2장 9절 1번]

> **정답**

1) A : 선행사건 : 내담자에게 발생한 사건이나 행동
2) B : 신념체계 : 선행사건에서 비롯된 비합리적 신념
3) C : 결과 : 비합리적 신념에 의한 부적절한 결과
4) D : 논박 : 내담자의 비합리적인 신념을 수정하기 위한 방법
5) E : 효과 : 비합리적 신념을 논박함으로써 합리적인 신념으로 대치
6) F : 새로운 감정 : 합리적인 신념에서 비롯된 긍정적인 감정

07 수퍼(Super)의 진로발달 상담 6단계를 쓰시오.[6점]

[상담학2장 13절 1번]

> **정답**

1) 문제탐색
2) 심층적 탐색
3) 자아수용
4) 현실검증
5) 태도와 감정의 탐색과 처리
6) 의사결정

08 보딘의 직업선택 시 갖는 문제유형 3가지를 설명하시오.[6점]

[상담학2장 12절 1번]

> **정답**

1) 의존성
   자신의 진로문제를 해결하고 책임을 지는 것이 어렵다고 느껴서 지나치게 다른 사람들에게 의존한다.
2) 정보의 부족
   적합한 정보를 접할 기회가 없기 때문에 현명한 선택을 하지 못하는 경우가 많다.
3) 문제가 없음(불확신)
   내담자가 현명한 선택을 한 후에 확신감이 없다.
4) 선택의 불안
   진로 선택 시 개인은 불안을 경험한다.
5) 자아갈등(내적갈등)
   진로선택이나 기타 삶에서 중요한 결정을 내려야 하는 경우에 개인은 갈등을 겪게 된다.

09 검사에서 규준참조검사와 준거참조검사의 의미와 각각의 예를 들어 설명하시오.[6점]

[심리학1장 2절 8번]

정답

1) 규준참조검사

   개인의 점수를 다른 사람들의 점수와 비교하여 상대적으로 어떤 점수인지 알아보는 것
   (예 상대평가-심리검사, 선발검사)

2) 준거참조검사

   어떤 기준점수와 비교하여 높낮이를 알아보는 검사
   (예 절대평가-국가기술자격시험, 운전면허시험)

10 확률표집방법 3가지를 설명하시오.[6점]

[심리학1장 2절 3번]

정답

1) 단순무선표집

   구성원에게 일련의 번호를 부여하고 무작위로 필요한 만큼 표집

2) 층화표집

   모집단을 몇 개의 이질적인 하위집단으로 구분하고 각 집단으로부터 무작위로 필요한
   만큼 표집

3) 집락표집

   모집단을 서로 동질적인 하위집단으로 구분하고 집단자체를 표집

11 집단 내 규준 3가지를 쓰고 설명하시오.[6점]

[심리학1장 2절 6번]

정답

1) 백분위 점수

   개인의 점수가 규준집단에서 차지하는 상대적 위치를 백분위로 나타낸 점수

2) 표준점수

   분포의 표준편차를 이용하여 개인의 점수가 평균으로부터 벗어난 거리를 표시하는 것

3) 표준등급

   원점수를 크기 순서에 따라 배열한 후 백분율에 맞추어 매긴 등급

12 준거타당도 계수의 크기에 영향을 미치는 요인 3가지를 설명하시오.[6점]

[심리학2장 2절 6번]

정답

1) 표집오차
   표본이 모집단을 잘 대표하지 못할 경우 검사의 준거타당도는 낮아진다.
2) 준거측정치의 신뢰도
   준거측정치의 신뢰도가 낮으면 검사의 준거타당도는 낮아진다.
3) 준거측정치의 타당도
   준거 측정치의 타당도가 낮으면 검사의 준거타당도는 낮아진다.
4) 범위제한
   전체 범위를 포괄하지 못하고 일부의 범위를 포괄하는 경우를 말한다.

13 한국표준산업분류 개요 중 산업, 산업활동의 정의 및 산업활동의 범위를 기술하시오.[6점]

[정보론3장 1번]

정답

1) 산업의 정의
   유사한 성질을 갖는 산업활동에 주로 종사하는 생산단위의 집합을 말한다.
2) 산업 활동의 정의
   각 생산단위가 노동, 자본, 원료 등 자원을 투입하여, 재화 또는 서비스를 생산 또는
   제공하는 일련의 활동과정을 말한다.
3) 산업 활동의 범위
   영리적, 비영리적 활동이 모두 포함되나, 가정 내의 가사활동은 제외된다.

14 최저임금의 기대효과를 4가지 기술하시오.[4점]

정답

1) 임금격차를 개선한다.
2) 저임금근로자의 소득향상을 가져온다.
3) 기업경영의 근대화를 촉진한다.
4) 기업 간 공정한 경쟁을 확보할 수 있다.
5) 노동력의 질적향상에 기여한다.
6) 산업구조의 고도화에 기여한다.
7) 노사분규 방지에 기여할 수 있다.

15 노동조합의 파업 시 발생하는 이전효과와 위협효과에 대하여 설명하시오.[4점]

[시장론4장 5번]

정답

1) 이전효과 : 노조조직부문에서 비조직 부문으로의 노동이동을 유발하여 비조직부문의 임금을 하락시키는 효과이다.
2) 위협효과 : 노조의 잠재적인 조직 위협에 직면한 비조직 부문 사용자로 하여금 임금을 인상하게 하는 효과이다.

16 검사 – 재검사 신뢰도의 단점 3가지 쓰시오.[6점]

[심리학2장 1절 3번]

정답

1) 이월효과 : 앞의 시험 문제를 기억함으로써 높은 신뢰도 계수를 얻게 되는 것이다.
2) 반응민감성 : 망각효과로 인해 측정 시간 간격이 긴 경우 낮은 신뢰도 계수를 얻게 된다.
3) 측정 속성의 변화 : 측정기간 중에 특정 사건이 발생하면 점수가 달라질 수 있다.

17 상담에서 상담자와 내담자의 대화를 가로막을 수 있는 상담자의 반응 3가지를 쓰고 서술하시오.[6점]

[상담학3장 1절 2번]

정답

1) 이른조언 : 상담초기에 상담자는 내담자에 대해 충분히 알지 못하기 때문에 부적합하다.
2) 가르치기 : 내담자는 자신에 대한 이야기를 더 이상 하지 않거나, 방어적인 태도를 보이게 된다.
3) 과도한 질문 : 내담자는 상담하는 것이 아니라 상대가 캐묻는다고 느끼게 된다.

18 김대리는 업무능력이 높고 남보다 승진이 빠르다. 그러나 사소한 실수를 했다. 상사나 다른 동료들은 아무렇지 않다고 말했지만 김대리는 아니었다. 김대리는 "실수하면 안 된다. 실수하면 회사 생활은 끝이다."라는 생각을 했고, 심리적 혼란을 겪었다. 그래서 전직을 위해 직업상담사를 찾았다. 상담사는 RET 기법으로 김대리를 상담하면 될 것 같아 그렇게 하기로 했다.[4점]

[상담학2장 9절 7번]

정답

1) 이 내담자를 상담할 때의 목표는 어떤 것인가?

   비합리적 신념체계를 제거하고 좀 더 합리적인 신념체계를 가질 수 있도록 돕는다.

2) 이 내담자가 왜 전직을 생각했는지 이유를 쓰시오.

   "실수하면 안 된다. 실수하면 회사생활은 끝이다."라는 비합리적 신념 때문이다.

2019년 1회 직업상담사 2급 필답형

---

01 크라이티스(Crites)의 포괄적 직업상담의 상담과정을 단계별로 설명하시오.[6점]

[상담학2장 11절 2번]

정답

1) 진단의 단계
   내담자에 대한 검사자료와 상담을 통한 자료가 수집되는 단계
2) 명료화 또는 해석의 단계
   의사결정 과정을 방해하는 태도와 행동을 명료화하고 해석하여 대안을 탐색하는 단계
3) 문제해결의 단계
   내담자가 문제해결을 위해 어떤 행동을 취해야 하는지 결정하는 단계

02 Tolbert가 제시한 것으로 집단상담 과정에서 나타나는 5가지 활동유형을 제시하시오.[6점]

[상담학1장 2절 5번]

정답

1) 자기탐색
2) 상호작용
3) 개인적 정보의 검토 및 목표와의 연결
4) 직업적·교육적 정보의 획득과 검토
5) 의사결정

03 집단상담의 장점을 5가지씩 쓰시오.[5점]

[상담학1장 2절 6번]

정답

1) 시간, 경제적인 면에서 효과적이다.
2) 소속감과 동료의식을 발전시킬 수 있다.
3) 개인상담보다 더 편하게 느낀다.
4) 집단에서 새로운 행동을 실천해 볼 수 있다.
5) 학습경험을 풍부히 할 수 있다.

04 교류분석적 상담에서 개인의 생활 각본을 구성하는 주요 요소인 기본적인 생활자세 4가지를 쓰고 각각에 대해 설명하시오.[4점]

[상담학2장 7절 2번]

정답

1) 자기긍정 타인긍정 – 생산적 인간관계
2) 자기긍정 타인부정 – 공격적 인간관계
3) 자기부정 타인긍정 – 피해적 인간관계
4) 자기부정 타인부정 – 파괴적 인간관계

05 실존주의 상담의 양식세계 3가지를 쓰고 설명하시오.[6점]

[상담학2장 3절 4번]

정답

1) 물리적 세계 : 자연세계를 의미한다.
2) 사회적 세계 : 인간관계나 상호작용과 관계된 세계를 의미한다.
3) 내면적 세계 : 개인의 심리적 경험과 연관된 개인적 세계를 의미한다.

06 표준화된 심리검사에는 집단 내 규준이 포함되어 있다. 집단 내 규준 3가지를 적고 설명하시오.[6점]

[심리학1장 2절 6번]

정답

1) 백분위 점수
   개인의 점수가 규준집단에서 차지하는 상대적 위치를 백분위로 나타낸 점수

2) 표준점수

　　분포의 표준편차를 이용하여 개인의 점수가 평균으로부터 벗어난 거리를 표시하는 것

3) 표준등급

　　원점수를 크기 순서에 따라 배열한 후 백분율에 맞추어 매긴 등급이다.

07 Roe의 욕구이론에서 수직차원의 6단계를 쓰시오.[6점]

[심리학4장 4절 2번]

정답

1) 고급 전문 관리
2) 중급 전문 관리
3) 준 전문 관리
4) 숙련직
5) 반숙련직
6) 비숙련직

08 직무분석 방법 중 최초분석법에 해당하는 방법을 4가지만 쓰고 각각에 대해 설명하시오.[4점]

[정보론4장 2번]

정답

1) 면담법(면접법)

　　특정직무에 대하여 오랜 경력을 쌓아 전문지식과 숙련된 기술·기능을 보유하고 있는 작업자와 면담을 통하여 분석하는 방법이다.

2) 관찰법

　　분석자가 직접 사업장을 방문하여 작업자가 하는 직무활동을 상세하게 관찰하고 그 결과를 기술하는 방법이다.

3) 체험법

　　분석자 자신이 직접 직무활동에 참여하여 체험함으로써 직무분석 자료를 얻는 방법이다.

4) 중요사건법(결정적 사건법)

　　직무수행에 결정적인 역할을 한 사건이나 사례를 중심으로 직무를 분석하는 방법이다.

09 노동부 성격검사는 성격의 5요인 모델에 근거하고 있다. 5요인을 열거하고 각 요인을 간단히 설명하시오.[5점]

[심리학3장 2절 11번]

정답

1) 외향성 : 타인과의 상호작용을 원하고 타인의 관심을 끌고자 하는 정도
2) 호감성 : 타인과 편안하고 조화로운 관계를 유지하는 정도
3) 정서적 불안정성 : 정서적으로 얼마나 안정되어 있고 자신이 세상을 얼마나 통제할 수 있으며, 세상을 위협적이지 않다고 생각하는 정도
4) 성실성 : 사회적 규칙, 규범을 기꺼이 지키려는 정도
5) 경험에 대한 개방성 : 자기자신을 둘러싼 세계에 관한 관심, 호기심, 다양한 경험에 대한 추구 및 포용력 정도

10 심리검사의 결과에 영향을 미치는 검사자 변인과 수검자 변인 중에서 강화효과, 기대효과, 코칭효과를 설명하시오.[6점]

[심리학1장 1절 6번]

정답

1) 강화효과 : 수검자에 대한 강화는 특별한 의미가 있고, 이러한 강화는 검사점수에 결정적인 영향을 미칠 수 있다.
2) 기대효과 : 검사자가 어떻게 기대하는가에 따라 기대하는 방향과 유사한 검사결과가 나타나는 것이다.
3) 코칭효과 : 어떤 검사를 받으려는 수검자가 그 검사나 유사한 검사로 검사내용과 방법에 대해 설명, 지시, 조언 또는 훈련하는 행위를 말한다.

11 Lofquist와 Dawis의 직업적응이론에서 직업적응방식의 유형 3가지를 쓰고 설명하시오.[6점]

[심리학4장 2절 2번]

정답

1) 융통성 : 개인이 작업환경과 개인적 환경 간의 부조화를 참아내는 정도
2) 끈기 : 환경이 자신에게 맞지 않아도 오랫동안 견뎌낼 수 있는 정도
3) 적극성 : 자신과 환경을 좀 더 조화롭게 만들어 가려고 노력하는 정도

12 심리검사 도구를 검사장면에 따른 모의장면검사, 축소상황검사, 경쟁장면검사를 설명하시오.[6점]

[심리학3장 1절 6번]

정답

1) 모의장면검사－실제 상황과 거의 유사한 장면을 인위적으로 만들어 놓은 검사이다.
2) 경쟁장면검사－작업장면과 같은 상황에서 경쟁적으로 문제해결을 요구하는 검사이다.
3) 축소상황검사－실제 장면에서의 구체적인 과제나 직무를 매우 축소시킨 검사이다.

13 겔라트가 제시한 진로 의사결정의 단계를 쓰시오.[6점]

[심리학5장 5번]

정답

1) 목적의식
2) 정보수집
3) 대안 열거
4) 대안의 결과 예측
5) 대안의 실현가능성 예측
6) 가치평가
7) 의사결정
8) 평가 및 재투입

14 A국의 15세 이상 생산가능인구의 수가 100만명, 경제활동참가율이 70%, 실업률이 10%라고 할 때 실업자수를 구하시오.[5점]

[시장론1장 3절 4번]

정답

(경제활동인구/생산가능인구)×100＝경제활동참가율(%)

(경제활동인구/생산가능인구)×100＝70%

(경제활동인구/100만명)×100＝70%

경제활동인구＝70만명

(실업자수/경제활동인구)×100＝실업율

(실업자수/70만명)×100＝10%

실업자수＝7만명

15 여가와 소득의 선택모형에서 여가의 대체효과와 소득효과의 의미를 쓰고 여가가 열등재 일 때 소득 증가에 따른 노동공급의 변화를 설명하시오.[6점] [시장론1장 4절 1번]

정답

1) 대체효과

    임금이 상승하게 되면 여가에 활용하는 시간이 상대적으로 비싸게 됨으로써 노동자는 비싸진 여가를 활용하려는 대신 노동공급시간을 증가시키게 된다. 따라서 노동공급이 증가하는 것을 말한다.

2) 소득효과

    임금이 상승하게 되면 노동자의 소득이 증가하게 됨으로써 여가 및 기타소비재를 더 구입하려는 경향을 가지고 있다. 따라서 노동공급이 줄어드는 것을 말한다.

3) 여가가 열등재일 때 소득 증가에 따른 노동공급의 변화

    여가가 열등재라면 소득이 증가할수록 여가의 수요는 감소한다. 따라서 노동공급곡선은 소득이 증가하면 노동시간도 증가하는 우상향 형태가 된다.

16 던롭의 노사관계의 3주체와 노사관계를 규제하는 환경적 여건 3가지를 쓰시오.[6점] [시장론4장 1번]

정답

1) 3주체

    ① 노동자

    ② 사용자

    ③ 정부

2) 3여건

    ① 기술적 특성

    ② 시장 또는 예산제약

    ③ 각 주체의 세력관계

17 한국표준산업분류의 산업분류는 주로 수행하고 있는 산업활동을 그 유사성에 따라 유형화한 것으로 3가지 분류기준에 의해 분류된다. 이 세 가지 분류기준을 쓰시오.[6점]

[정보론3장 2번]

정답

1) 산출물의 특성
2) 투입물의 특성
3) 생산활동의 일반적인 결합형태

18 이중노동시장이론에서 1차노동시장의 직무 혹은 소속근로자들이 갖는 특징 5가지를 쓰시오.[5점]

[시장론1장 5절 2번]

정답

1) 고임금
2) 양호한 노동조건
3) 승진기회의 평등
4) 고용의 안정
5) 낮은 이직률

2019년 2회 직업상담사 2급 필답형

01 보딘의 정신역동 직업상담에서 내담자의 심리적 문제 원인을 5가지 쓰시오.[5점]

[상담학2장 12절 1번]

정답

1) 의존성
2) 정보의 부족
3) 문제가 없음(불확신)
4) 선택의 불안
5) 자아갈등(내적갈등)

02 정신분석에서 불안을 없애기 위해 사용하는 방어기제의 종류 5가지를 쓰시오.[5점]

[상담학2장 1절 2번]

정답

1) 억압 : 의식하기에는 현실이 너무 고통스러워 무의식 속으로 억눌러 버리는 것
2) 거부 : 고통스러운 현실을 인정하지 않음으로써 불안을 방어해보려는 수단
3) 고착 : 다음 단계로 발달하지 않음으로써 다음 단계가 주는 불안에서 벗어나려는 것
4) 퇴행 : 초기의 발달단계로 후퇴하는 행동
5) 합리화 : 실망을 주는 현실에서 도피하기 위해 그럴듯한 구실을 붙이는 것

03 브레이필드가 제시한 직업정보의 기능 3가지를 쓰고 설명하시오.[6점] [상담학2장 5절 7번]

정답

1) 정보제공 기능 : 모호한 의사결정을 돕고 진로선택에 관한 지식을 증가시켜 주는 기능

2) 재조정 기능 : 내담자가 현실에 비추어 부적당한 선택을 했는지 재조명해 보는 기능
3) 동기화 기능 : 내담자가 의사결정과정에 적극 참여하도록 동기화시켜주는 기능

04 집단상담의 형태 3가지를 쓰고 각각 설명하시오.[6점]

[상담학1장 2절 3번]

정답

1) 지도집단
   개인적 요구나 관심사에 대한 적절한 정보를 제공하려는 목적으로 실시된다.
2) 상담집단
   주제나 문제보다 사람에게 초점을 두고, 안전하고 신뢰감을 주는 분위기 속에서 개인적
   문제를 나누는 것을 통해 개인의 행동변화를 꾀한다.
3) 치료집단
   전문적인 훈련을 받은 지도자가 집중적인 심리치료를 필요로 하는 사람을 대상으로 심리
   치료를 목적으로 한다.

05 인적자본에 대한 투자의 대상을 3가지만 쓰고, 각각에 대해 설명하시오.[6점]

[시장론1장 5절 4번]

정답

1) 정규교육
   정규교육 또는 학교교육은 가장 일반적인 형태의 인적자본 투자의 대상이 된다.
2) 현장훈련
   취업자가 작업현장에서 작업을 통하여 획득하는 기술훈련을 말한다.
3) 이주
   노동자가 자신의 생산능력을 최대한 발휘하기에 알맞은 곳으로 이동함으로써 자신의
   가치를 더욱 증가시키는 과정을 말한다.

06 한국표준직업분류에서 다수직업 종사자의 의미와 분류 원칙에 대해 설명하시오.[6점]

[정보론2장 9번]

정답

1) 다수직업 종사자
   한 사람이 전혀 상관성이 없는 두 가지 이상의 직업에 종사하는 자를 말한다.

2) 분류원칙

① 취업시간 우선의 원칙

가장 먼저 분야별로 취업시간을 고려하여 보다 긴 시간을 투자하는 직업으로 결정한다.

② 수입 우선의 원칙

위의 경우로 분별하기 어려운 경우는 수입이 많은 직업으로 결정한다.

③ 조사 시 최근의 직업 원칙

위의 두 가지 경우로 판단할 수 없는 경우에는 조사시점을 기준으로 최근에 종사한
직업으로 결정한다.

07 노동수요 탄력성을 결정하는 요인을 4가지 쓰시오.[4점]　　　　　[시장론1장 1절 2번]

정답

1) 다른 생산요소의 공급탄력성이 클수록 노동수요의 탄력성은 커진다.

2) 다른 생산요소와 대체가능성이 클수록 노동수요의 탄력성은 커진다.

3) 생산물의 수요탄력성이 클수록 노동수요의 탄력성은 커진다.

4) 총 생산비에 대한 노동비용의 비중이 클수록 노동수요의 탄력성은 커진다.

08 롭퀴스트와 데이비스의 직업적응이론에서 사용할 수 있는 검사도구 3가지를 쓰시오.[6점]

[심리학4장 2절 4번]

정답

1) MIQ

2) MJDQ

3) MSQ

09 실직하고 나서 "나는 무능하다"라는 부정적인 자동적 사고가 떠올라 우울감에 빠진 내담
자에게 베크(Beck)의 인지행동적 상담을 하려 한다. 이 내담자의 부정적인 자동적 사고
와 이에 대한 반박, 긍정적인 대안적 사고를 찾게 하기 위한 방법에 대해 설명하시오.
[6점]

[상담학2장 10절 3번]

정답

1) 내담자의 부정적인 자동적 사고

실직하면 무능하다는 이분법적 사고이다.

2) 반박

실직한 모든 사람이 모두 무능하다고 생각하는 이유가 뭐죠?

3) 긍정적 사고를 찾게 하기 위한 방법

자신감을 가질 수 있는 문장을 외워서 긍정적 사고로 전환할 수 있게 한다.

10 홀랜드의 성격유형 6가지를 쓰시오.[6점]

[심리학4장 1절 1번]

정답

1) 현실형(R)

기계, 도구, 동물에 관한 체계적인 조작 활동을 좋아하나 사회적 기술이 부족하다.

직업 : 기술자, 정비사, 농부

2) 탐구형(I)

분석적이며 호기심이 많으나 리더십 기술이 부족하다.

직업 : 과학자, 수학자, 의사

3) 예술형(A)

표현이 풍부하고 독창적이나 규범적인 기술은 부족하다.

직업 : 음악가, 화가, 배우

4) 사회형(S)

다른 사람과 함께 일하거나 돕는 것을 좋아하지만 조직적인 활동을 싫어한다.

직업 : 교사, 상담가, 사회복지사

5) 진취형(E)

조직목표나 경제적 목표를 달성하기 위해 타인을 조작하는 활동을 좋아하지만 과학적 능력이 부족하다.

직업 : 경영자, 세일즈맨, 정치가

6) 관습형(C)

체계적으로 자료를 처리하고 기록을 정리하거나 자료를 재생산하는 것을 좋아하지만 예술적 능력이 부족하다.

직업 : 은행원, 사서, 회계사

11 측정의 신뢰성(reliability)을 높이기 위해서는 측정오차(measurement error)를 최대한 줄여야 한다. 이의 구체적인 방법들에 대하여 기술하시오.[6점] [심리학1장 2절 5번]

정답
1) 오차변량을 줄인다.
2) 검사실시와 채점과정을 표준화한다.
3) 신뢰도에 나쁜 영향을 주는 문항을 제거한다.
4) 문항수를 늘린다.
5) 신뢰성이 검증된 표준화된 검사를 사용한다.

12 특성 - 요인 직업상담의 과정을 순서대로 쓰고 설명하시오.[6점] [상담학2장 5절 6번]

정답
1) 분석 : 검사, 질문지, 면담 등 가능한 자원으로부터 정보를 모으는 것이다.
2) 종합 : 내담자의 강점과 약점을 확인할 수 있도록 자료를 요약하고 종합해야 한다.
3) 진단 : 강점과 약점에 관한 판단을 근거로 하여 추론을 하는 과정이다.
4) 예후(처방, 처치) : 내담자의 미래의 적응적 성과를 예언하는 과정이다.
5) 상담 : 일반화된 방식으로 생활 전체를 다루는 학습단계이다.
6) 추수지도 : 다시 문제가 발생하였을 때 실시한다.

13 수퍼의 경력개발 방법 중 성장기의 하위 3단계를 설명하시오.[5점] [심리학4장 3절 3번]

정답
1) 환상기 : 욕구가 지배적이며 역할수행이 중시되는 시기이다.
2) 흥미기 : 진로를 결정하는 데 있어서 흥미가 중시되는 시기이다.
3) 능력기 : 능력을 중시하며 직업에서의 훈련조건을 중시한다.

14 아래의 물음에 답하세요.[5점]

[시장론1장 3절 8번]

구분	15~19세	20~24세	25~29세	30~50세
생산가능인구	3,284	2,650	3,846	22,982
경제활동인구	203	1,305	2,797	17,356
취업자	178	1,181	2,598	16,859
실업자	25	124	199	497
비경제활동인구	3,081	1,345	1,049	5,626

정답

1) 30~50세 고용률(%)을 계산하시오. (소수점 둘째자리에서 반올림)

$$\frac{16,859}{22,982} \times 100 = 73.4\%$$

2) 30~50세 고용률을 29세 이하 고용률과 비교하여 분석하시오.

$$25 \sim 29세 : \frac{2,589}{3,846} \times 100 = 67.6\%$$

$$20 \sim 24세 : \frac{1,181}{2,650} \times 100 = 44.6\%$$

$$15 \sim 19세 : \frac{178}{3,284} \times 100 = 5.4\%$$

30~50세의 고용률은 73.4%로 29세 이하 고용률에 비해서 높다. 따라서 30~50세는 다른 연령대에 비해 가장 경제활동이 활발한 세대라 볼 수 있다.

15 생애진로사정의 구조 중 진로사정의 3가지 부분을 설명하시오.[6점]

[상담학3장 1절 4번]

정답

1) 진로사정
   내담자의 직업경험, 교육훈련, 여가활동 등에 대해 파악한다.
2) 전형적인 하루
   내담자가 일상생활을 어떻게 조직하는가를 파악한다.
3) 강점과 장애
   내담자가 믿고 있는 장점과 단점, 잘하는 일과 못하는 일이 무엇인지 물어본다.

16 심리검사 중 선다형이나 예, 아니오 등 객관적 형태의 자기보고형 검사(설문지 형태의 검사)가 가진 5가지 장점을 설명하시오.[5점] [심리학3장 1절 2번]

▶ 정답
1) 검사의 객관성이 보장된다.
2) 채점의 결과가 채점자에 관계없이 동일하다.
3) 검사의 실시가 간편하다.
4) 투사적 검사보다 쉽게 응한다.
5) 신뢰도와 타당도가 높다.

17 직무기술서에 어떤 내용이 기재되어야 하는지를 5가지 적으시오.[5점] [정보론4장 9번]

▶ 정답
1) 직무명
2) 직무절차 및 내용
3) 작업시간
4) 작업조건
5) 고용조건

18 심리검사는 규준에 의한 검사와 준거에 의한 검사로 나눌 수 있는데 그 의미와 예를 들어 설명하시오.[6점] [심리학1장 2절 8번]

▶ 정답
1) 규준참조검사
   개인의 점수를 다른 사람들의 점수와 비교하여 상대적으로 어떤 점수인지 알아보는 것
   (예 상대평가-심리검사, 선발검사)
2) 준거참조검사
   어떤 기준점수와 비교하여 높낮이를 알아보는 검사
   (예 절대평가-국가기술자격시험, 운전면허시험)

2019년 3회 직업상담사 2급 필답형

01 구성타당도를 분석하는 방법 2가지를 제시하고 각 방법에 대해 설명하시오. [4점]

[심리학2장 2절 3번]

정답

1) 수렴타당도
   그 속성과 관계있는 변인들과 높은 상관관계를 갖고 있는지의 정도를 측정하는 것
2) 변별타당도
   그 속성과 관계없는 변인들과 낮은 상관관계를 갖고 있는지의 정도를 측정하는 것

02 발달적 직업상담에서 직업상담사가 사용할 수 있는 기법으로 '진로자서전' 과 '의사결정일기'가 있다. 각각에 대해 설명하시오. [4점]

[상담학2장 13절 3번]

정답

1) 진로자서전 : 내담자가 과거에 진로 의사결정을 어떻게 했는지를 알아보는 재검토 자료이다.
2) 의사결정 일기 : 내담자가 매일 어떤 결정을 하는지 현재 상황을 설명해 주는 것으로 진로자서전의 보충역할을 한다.

03 노동수요 탄력성의 공식과 결정요인을 4가지 쓰시오. [6점]

[시장론1장 1절 3번]

정답

$$노동수요탄력성 = \frac{노동수요량의\ 변화율(\%)}{임금의\ 변화율(\%)}$$

$$노동공급탄력성 = \frac{노동공급량의\ 변화율(\%)}{임금의\ 변화율(\%)}$$

04 인지 – 정서적 상담이론에서 개인을 파멸로 몰아넣는 근본적인 문제는 개인이 갖고 있는 비합리적 신념 때문이라고 한다. 대체적으로 비합리적 신념의 뿌리를 이루고 있는 것은 3가지 당위성과 관련되어 있다. 이 3가지 당위성을 각각의 예를 들어 설명하시오.[6점]

[상담학2장 9절 3번]

> **정답**

1) 자신에 대한 당위성
   나는 반드시 타인으로부터 인정을 받아야만 한다.
2) 타인에 대한 당위성
   타인은 반드시 나를 공정하게 대우해야만 한다.
3) 세상에 대한 당위성
   세상의 조건들은 내가 원하는 방향으로 돌아가야만 한다.

05 심리검사 사용의 윤리적 문제와 관련하여 주의하여야 할 사항을 6가지만 쓰시오.[6점]

[심리학1장 3절 7번]

> **정답**

1) 유자격 검사자만이 사용한다.
2) 검사내용이 수검자에게 미리 알려져선 안 된다.
3) 수검자의 사생활은 보호되어야 한다.
4) 수검자가 부당하게 차별시키는 도구로 사용되어서는 안 된다.
5) 검사의 한계를 인식하고 검사의 질적인 향상을 위해 노력한다.
6) 검사의 목적과 절차에 관해 사전 동의를 받아야 한다.

06 한국표준 직업분류에서 직업으로 인정되지 않는 활동 5가지를 쓰시오.[4점] [정보론2장 8번]

> **정답**

1) 교육기관에 재학하며 학습에만 전념하는 경우
2) 이자, 주식배당, 임대료(전세금, 월세) 등과 같은 자산 수입이 있는 경우
3) 자기 집의 가사 활동에 전념하는 경우
4) 시민봉사활동 등에 의한 무급 봉사적인 일에 종사하는 경우
5) 수형자의 활동과 같이 법률에 의한 강제노동을 하는 경우

07 표준화를 위해 수집된 자료가 정규분포에서 벗어나는 것은 검사도구의 문제라기보다 표집절차의 오류에 원인이 있다. 이를 해결하기 위한 방법을 세 가지 쓰고 각각에 대해 설명하시오.[6점]

[심리학2장 1절 9번]

정답

1) 절미법
   편포의 꼬리를 잘라내는 방법이다.
2) 완곡화하는 방법
   정상분포의 모양을 갖추도록 점수를 보태거나 빼주는 방법이다.
3) 면적환산법
   각 점수들의 백분위를 구하고 그 백분위에 해당하는 표준점수를 찾는 방법이다.

08 K제과점 근로자 수와 하루 케이크 생산량은 다음과 같다. 아래의 물음에 답하시오. (종업원 일당은 80,000원, 케이크 한 개 가격은 10,000원)[6점]

[시장론1장 2절 3번]

종업원 수	케이크 생산량
0	0
1	10
2	18
3	23
4	27

근로자수	케이크생산량	한계생산량	한계수입생산 (한계생산물의 가치)
0	0	0	0
1	10	$10-0=10$	$10 \times 10,000 = 100,000$
2	18	$18-10=8$	$8 \times 10,000 = 80,000$
3	23	$23-18=5$	$5 \times 10,000 = 50,000$
4	27	$27-23=4$	$4 \times 10,000 = 40,000$

정답

1) 종업원 수가 2명인 경우 노동의 한계생산량(MPL)을 계산하시오.
   노동의 한계생산=18개-10개=8개

2) 종업원 수가 3명인 경우 노동의 한계수입생산물을 계산하시오.

노동의 한계생산=23개−18개=5개

노동의 한계수입생산(한계생산물의 가치)=5개×10,000원=50,000원

3) 종업원 임금이 하루 80,000원이라면 기업의 이윤극대화 시점의 K제과점의 근로자 수와 케이크 생산량을 구하시오.

근로자 수가 2명일 때

노동의 한계수입생산=8개×10,000원=80,000원이고, 이것은 임금 80,000원과 같다.

이윤극대화 시점의 K제과점의 근로자 수는 2명, 케이크 생산량은 18개이다.

09 게슈탈트 상담기법 3가지를 쓰고 설명하시오.[6점]

[상담학2장 6절 1번]

정답

1) 빈 의자 기법 : 현재 상담에 참여하고 있지 않은 사람과 직접 대화를 나누는 형식을 취함으로써 그 사람과의 관계를 직접 탐색해 볼 수 있다.

2) 과장하기 : 상담자는 감정 자각을 돕기 위해 내담자의 어떤 행동이나 언어를 과장하여 표현하게 한다.

3) 자기 부분들 간의 대화 : 내담자의 인격에서 분열된 부분을 찾아서 서로 대화를 시킴으로써 분열된 자기부분을 통합할 수 있다.

10 심리검사 중 선다형이나 예, 아니오 등 객관적 형태의 자기보고형 검사(설문지 형태의 검사)가 가장 많이 사용된다. 이런 형태의 검사가 가지는 단점을 3가지 쓰시오.[6점]

[심리학3장 1절 2번]

정답

1) 사회적으로 바람직한 것에 대해 긍정적으로 반응하는 경향이 나타날 수 있다.

2) 반응 경향성이 나타날 수 있다.

3) 응답의 범위가 제한적이다.

11 겔라트가 제시한 진로 의사결정의 8단계 중 2~7단계를 쓰시오.[6점] [심리학5장 5번]

정답

1) 목적의식
2) 정보수집
3) 대안 열거
4) 대안의 결과 예측
5) 대안의 실현가능성 예측
6) 가치평가
7) 의사결정
8) 평가 및 재투입

12 직무분석방법 중에서 결정적 사건법의 단점 3가지를 쓰시오.[6점] [정보론4장 3번]

정답

1) 일상적인 수행과 관련된 지식, 기술, 능력들이 배제될 수 있다.
2) 응답자들이 과거에 일어났던 결정적 사건을 왜곡해서 기술할 가능성이 있다.
3) 추론하는 과정에서 주관성이 개입될 수 있다.

13 생애진로사정(LCA)의 의미를 쓰고 알 수 있는 정보 3가지를 쓰시오.[7점]

[상담학3장 1절 4번]

정답

1) 의미
   내담자에 관한 가장 기초적인 직업상담정보를 얻는 질적 평가절차이며, 아들러(Adler)의 개인주의 심리학에 기반을 두고 있다. 생애진로사정은 내담자가 인생의 가치관이 무엇인지, 또 그런 가치관이 어떻게 자신의 행동을 지배하는지를 확인하고 명확하게 인식하도록 돕기 위한 과정이다.
2) 구체적으로 얻을 수 있는 정보
   ① 내담자의 직업경험과 교육수준을 나타내는 객관적인 사실
   ② 내담자 자신의 기술과 능력에 대한 자기평가
   ③ 내담자 자신의 가치와 자기인식

14 반분신뢰도를 추정하기 위해 가장 많이 사용하는 3가지 방법을 쓰고, 각각에 대해 설명하시오.[6점] [심리학2장 1절 7번]

정답

1) 전후 절반법 : 검사 문항을 배열된 순서에 따라 전반부와 후반부로 나누는 방법이다.
2) 기우 절반법 : 검사 문항의 번호가 홀수인지 짝수인지에 따라 두 부분으로 나누는 방법이다.
3) 짝진 임의배치법 : 비교적 상관성이 높은 두 문항끼리 짝을 지은 다음, 각 짝에서 한 문항씩을 임의로 선택하여 양분하는 방법이다.

15 고용동향이 다음과 같을 때 임금근로자는 몇 명인지 계산하시오.[4점] [시장론1장 3절 3번]

- 15세 이상 인구 : 35,986천명
- 비경제활동인구 : 14,717천명
- 취업자 : 20,149천명(자영업자 5,645천명, 무급가족 종사자 1,685천명, 상용직 근로자 6,113천명, 임시근로자 4,481천명, 일용근로자 2,225천명)

정답

임금근로자 수＝상용직 근로자(6,113)＋임시근로자(4,481)＋일용근로자(2,225)
＝12,819천명

16 자기보고식 가치사정 방법 6가지를 쓰시오.[6점] [상담학3장 2절 4번]

정답

1) 체크목록의 가치에 순위 매기기
2) 존경하는 사람 기술하기
3) 백일몽 말하기
4) 과거의 선택 회상하기
5) 자유시간과 금전의 사용
6) 절정경험 조사하기

17 산업별 임금격차가 발생하는 원인 3가지를 쓰시오.[6점]　　　　　　[시장론2장 2절 2번]

정답

1) 산업 간의 노동생산성의 차이
2) 노동조합의 존재
3) 산업별 집중도의 차이

18 진로시간 전망 검사지의 용도 3가지를 쓰시오.[6점]　　　　　　[상담학3장 2절 8번]

정답

1) 미래 방향성 증대
2) 미래가 실제인 것처럼 느끼도록 하기 위함
3) 미래에 대한 희망주기

2020년 1회 직업상담사 2급 필답형

---

01 진로상담과정에서 관계를 수립하고 문제를 파악하는 데 필요한 기본 상담기술 5가지를 설명하시오.[5점]
[상담학3장 3절 1번]

정답

1) 적극적 경청
   내담자의 생각이나 기분을 이해하고 감정까지 파악하는 것
2) 명료화
   내담자의 이야기 중에서 모호한 부분에 대하여 분명하게 하는 작업
3) 반영
   내담자의 말을 다른 참신한 말로 부연해 주는 것
4) 직면
   내담자의 말에 모순이 있는 경우 상담자의 지적해 주는 것
5) 공감
   상담자가 내담자의 입장이 되어 이해하고 받아들이는 것

02 직업상담의 단계를 쓰시오.[5점]
[상담학1장 1절 4번]

정답

1) 1단계 : 관계형성 및 구조화
2) 2단계 : 진단 및 측정
3) 3단계 : 목표설정
4) 4단계 : 개입
5) 5단계 : 평가

03 Alder의 개인주의 상담 과정의 목표 5가지를 쓰시오.[8점] [상담학2장 2절 1번]

정답

1) 사회적 관심을 갖도록 돕는다.
2) 사회의 구성원으로 기여하도록 돕는다.
3) 잘못된 동기를 바꾸도록 돕는다.
4) 타인과의 동질감을 갖도록 돕는다.
5) 패배감을 극복하고 열등감을 감소시킬 수 있도록 돕는다.

04 내담자중심상담을 성공적으로 이끌기 위하여 상담자가 갖추어야 할 기본적인 태도 3가지를 설명하시오.[6점] [상담학2장 4절 1번]

정답

1) 무조건적 수용
   내담자를 한 인간으로서 존중하며 평가하거나 판단하지 않고 있는 그대로 받아들이는 것
2) 공감적 이해
   상담자가 내담자의 입장이 되어 내담자를 깊이 있게 주관적으로 이해하면서도 자기 본연의 자세는 잃어버리지 않는 것
3) 일치성
   상담자가 내담자와의 관계에서 솔직하게 인정하고 표현하는 것

05 홀랜드가 제시하는 6가지 직업적 성격의 특징을 기술하시오.[6점] [심리학4장 1절 1번]

정답

1) 현실형(R)
   기계, 도구, 동물에 관한 체계적인 조작 활동을 좋아하나 사회적 기술이 부족하다.
   직업 : 기술자, 정비사, 농부
2) 탐구형(I)
   분석적이며 호기심이 많으나 리더십 기술이 부족하다.
   직업 : 과학자, 수학자, 의사
3) 예술형(A)
   표현이 풍부하고 독창적이나 규범적인 기술은 부족하다.
   직업 : 음악가, 화가, 배우

4) 사회형(S)

다른 사람과 함께 일하거나 돕는 것을 좋아하지만 조직적인 활동을 싫어한다.

직업 : 교사, 상담가, 사회복지사

5) 진취형(E)

조직목표나 경제적 목표를 달성하기 위해 타인을 조작하는 활동을 좋아하지만 과학적 능력이 부족하다.

직업 : 경영자, 세일즈맨, 정치가

6) 관습형(C)

체계적으로 자료를 처리하고 기록을 정리하거나 자료를 재생산하는 것을 좋아하지만 예술적 능력이 부족하다.

직업 : 은행원, 사서, 회계사

06 인지치료에서의 인지적 오류 유형 4가지를 쓰고 간략히 설명하시오.[6점]

[상담학2장 10절 2번]

정답

1) 흑백논리 : 사건의 의미를 이분법적인 범주의 둘 중에 하나로 해석하는 오류
2) 과잉 일반화 : 한두 번의 사건에 근거하여 일반적인 결론을 내리는 오류
3) 선택적 추상화 : 특정한 일부의 정보에만 주의를 기울여 전체의 의미를 해석하는 오류
4) 의미확대, 의미축소 : 사건의 의미를 지나치게 과장하거나 축소하는 오류

07 직업상담의 구조화된 면담법으로 생애진로사정의 구조 4가지에 대하여 설명하시오.[4점]

[상담학3장 1절 4번]

정답

1) 진로사정

내담자의 직업경험, 교육훈련, 여가활동 등에 대해 파악한다.

2) 전형적인 하루

내담자가 일상생활을 어떻게 조직하는가를 파악한다.

3) 강점과 장애

내담자가 믿고 있는 장점과 단점, 잘하는 일과 못하는 일이 무엇인지 물어본다.

4) 요약

수집된 정보를 강조하고 진로계획을 향상시키기 위해 상담을 통해 목표를 성취하도록 자극한다.

08 심리검사의 목적 3가지를 쓰고 이를 간단히 설명하시오.[6점] [심리학1장 1절 1번]

정답

1) 예측 : 검사를 통하여 그 사람의 장래 행동이나 성취 등을 예측한다.
2) 분류 및 진단 : 심리검사 결과를 통하여 피검자에 대한 분류 및 진단을 할 수 있다.
3) 자기 이해의 증진 : 현명한 의사결정과 합리적 행동을 위한 자기이해를 증진시킬 수 있다.

09 직업상담에서 사용할 검사를 선정할 때 고려해야 하는 기준 4가지를 설명하시오.[4점] [심리학1장 1절 2번]

정답

1) 내담자의 문제에 적합한 검사를 선정해야 한다.
2) 상담의 목적에 적합한 검사를 선정해야 한다.
3) 신뢰도와 타당도가 높은 표준화된 검사를 선정해야 한다.
4) 사회 윤리적으로 문제가 없는 검사를 선정해야 한다.

10 부정적인 심리검사 결과가 나온 내담자에게 검사결과를 통보하는 방법에 대해서 설명하시오.[4점] [심리학1장 3절 4번]

정답

1) 단순한 점수의 통보가 아니라 상담의 한 부분으로 간주한다.
2) 내담자가 충격을 받지 않도록 진점수의 범위를 설명한다.
3) 검사결과를 내담자가 호소한 특정 문제에 대한 설명이나 해결책으로 활용한다.

11 타당도의 종류 4가지를 기술하시오.[4점] [심리학2장 2절 1번]

정답

1) 내용타당도
   측정하고자 하는 내용영역을 얼마나 잘 반영하는가를 알아보는 것
2) 안면타당도
   검사문항을 수검자가 읽고 그 검사가 얼마나 타당한지를 알아보는 것

3) 준거타당도
   심리검사와 특정준거가 얼마나 관련이 있는지를 알아보는 것
4) 구성타당도
   검사의 이론적 구성개념이나 특성을 잘 측정할 수 있는지를 알아보는 것

12 역량검사(power test)와 속도검사에 대해 설명하시오.[4점] [심리학3장 1절 4번]

정답

1) 역량검사(power test)
   ① 시간제한이 없으며,
   ② 어려운 문제들로 구성되며
   ③ 숙련도보다는 문제해결력을 측정하는 검사이다.
   ④ 수학경시대회
2) 속도검사
   ① 시간제한이 있으며,
   ② 쉬운 문제들로 구성되며
   ③ 문제해결력보다는 숙련도를 측정하는 검사이다.
   ④ 웩슬러지능검사 바꿔쓰기

13 표준화된 심리검사에는 집단 내 규준이 포함되어 있다. 집단 내 규준을 3가지만 쓰고, 각
각에 대해 간략히 설명하시오.[6점] [심리학1장 2절 6번]

정답

1) 백분위 점수
   개인의 점수가 규준집단에서 차지하는 상대적 위치를 백분위로 나타낸 점수
2) 표준점수
   분포의 표준편차를 이용하여 개인의 점수가 평균으로부터 벗어난 거리를 표시하는 것
3) 표준등급
   원점수를 크기 순서에 따라 배열한 후 백분율에 맞추어 매긴 등급

14 한국직업사전의 부가직업정보 중 작업강도는 해당직업의 직무를 수행하는 데 필요한 육체적 힘의 강도를 나타낸 것으로 5단계로 분류하였다. 이 5단계를 쓰시오. (단, 순서는 상관없음)[5점]

[정보론1장 8번]

정답

1) 아주 가벼운 작업
2) 가벼운 작업
3) 보통 작업
4) 힘든 작업
5) 아주 힘든 작업

15 한국표준 직업분류에서 직업으로 인정되지 않는 활동 5가지를 기술하시오.[6점]

[정보론2장 8번]

정답

1) 교육기관에 재학하며 학습에만 전념하는 경우
2) 이자, 주식배당, 임대료(전세금, 월세) 등과 같은 자산 수입이 있는 경우
3) 자기 집의 가사 활동에 전념하는 경우
4) 시민봉사활동 등에 의한 무급 봉사적인 일에 종사하는 경우
5) 수형자의 활동과 같이 법률에 의한 강제노동을 하는 경우

16 한국표준산업분류 개요 중 산업, 산업활동의 정의 및 산업활동의 범위를 기술하시오.[4점]

[정보론3장 1번]

정답

1) 산업의 정의
   유사한 성질을 갖는 산업활동에 주로 종사하는 생산단위의 집합을 말한다.
2) 산업 활동의 정의
   각 생산단위가 노동, 자본, 원료 등 자원을 투입하여, 재화 또는 서비스를 생산 또는 제공하는 일련의 활동과정을 말한다.
3) 산업 활동의 범위
   영리적, 비영리적 활동이 모두 포함되나, 가정 내의 가사활동은 제외된다.

17 실업률, 경제활동 참가율, 최소 무급종사자(자영업근로자가 90천명일 경우), 경제활동가능 인구 중 취업자가 차지하는 비율을 구하시오. (단위 : 천명)[8점] [시장론1장 3절 2번]

경제활동인구	비경제활동인구	임금근로자	비임금근로자
350	150	190	140

정답

1) 실업률을 구하시오.

실업자 수=350−(190+140)=20천명

실업률=20÷350×100=5.71%

2) 경제활동 참가율을 구하시오.

생산가능인구=350+150=500천명

경제활동참가율=350÷500×100=70%

3) 자영업주가 90천명일 때 무급종사자는 최소한 얼마인가?

비임금근로자=자영업자+무급종사자

무급종사자=140−90=50천명

4) 경제활동가능인구 중 취업자가 차지하는 비율을 구하시오.

경제활동가능인구=350+150=500

취업자=190+140=330

경제활동가능인구 중 취업자 비율=330÷500×100=66%

18 노동수요 Ld= 5,000 - 2W이며, 1시간당 임금(W)이 2,000원일 때 노동수요의 임금탄력성의 절대값과 근로자 수입은 얼마인지 계산하시오.[7점] [시장론1장 1절 7번]

단, L은 근로자수, W는 시간당임금이다.

정답

1) 노동수요의 임금탄력성의 절대값

$$노동수요의\ 임금탄력성=\frac{노동수요량의\ 변화율(\%)}{임금의\ 변화율(\%)}=\frac{\dfrac{노동수요\ 변동분}{원래\ 노동수요}}{\dfrac{임금의\ 변동분}{원래\ 임금}}$$

$$=\frac{\dfrac{\Delta L_d}{L_d}}{\dfrac{\Delta w}{w}}=\frac{\Delta L_d \times w}{\Delta w \times L_d}$$

$\dfrac{\Delta L_d}{\Delta w}$ 는 노동수요를 임금에 대한 미분값이며, Ld= 5,000−2W를 임금에 대해 미분하면 −2이다.

노동수요의 임금탄력성$=\dfrac{dL_D}{dW}\cdot\dfrac{W}{L_D}=-2\cdot\dfrac{2000원}{1000원}=-4$

노동수요의 임금탄력성의 절대값$=4$

2) 근로자의 수입

근로자의 수입= 노동수요량×시간당 임금

노동수요량$(L_D)=5000-2×2,000원 =1,000$시간

근로자의 수입$=1,000$시간$×2,000원=2,000,000원$

2020년 2회 직업상담사 2급 필답형

---

01 인지적 - 정서적 상담(RET)의 기본개념인 A - B - C - D - E - F의 의미를 쓰시오. (단, 영문표기는 기재할 필요없음)[5점]

[상담학2장 9절 1번]

정답

1) A : 선행사건 : 내담자에게 발생한 사건이나 행동
2) B : 신념체계 : 선행사건에서 비롯된 비합리적 신념
3) C : 결과 : 비합리적 신념에 의한 부적절한 결과
4) D : 논박 : 내담자의 비합리적인 신념을 수정하기 위한 방법
5) E : 효과 : 비합리적 신념을 논박함으로써 합리적인 신념으로 대치
6) F : 새로운 감정 : 합리적인 신념에서 비롯된 긍정적인 감정

02 한국표준직업분류의 분류원칙 중 포괄적인 업무에 대한 분류를 설명하고 3가지 분류에 대해 약술하시오.[6점]

[정보론2장 10번]

정답

1) 포괄적인 업무
   직업분류는 국내외적으로 가장 보편적인 업무의 결합상태에 근거하여 직업 및 직업군을 결정한다.
2) 포괄적 업무의 분류원칙
   ① 주된 직무 우선 원칙
      2개 이상의 직무를 수행하는 경우 직무내용을 비교·평가하여 관련 직무 내용상의 상관성이 가장 많은 항목에 분류한다.
      예 교육과 진료를 겸하는 의과대학 교수는 강의, 연구, 평가 등과 진료, 처치, 환자 상담 등의 직무내용을 파악하여 관련 항목이 많은 분야로 분류한다.

307

② 최상급 직능수준 우선 원칙
수행된 직무가 상이한 수준의 직무능력을 필요로 한다면, 가장 높은 수준의 직무능력을 필요로 하는 일에 분류하여야 한다.
③ 생산업무 우선 원칙
재화의 생산과 공급이 같이 이루어지는 경우는 생산단계에 관련된 업무를 우선적으로 분류한다.

03 생애진로사정에서 얻고자 하는 정보 3가지를 쓰시오.[6점] [상담학3장 1절 4번]

정답

1) 내담자의 직업경험과 교육수준을 나타내는 객관적인 사실
2) 내담자 자신의 기술과 능력에 대한 자기평가
3) 내담자 자신의 가치와 자기인식

04 노동시장의 분석이론 중 내부노동시장, 이중노동시장, 인적자본이론의 의미를 간략히 설명하시오.[6점] [시장론1장 5절 1번]

정답

1) 내부노동시장
노동의 가격결정, 직무배치, 전환, 승진 등 고용의 여러 측면이 기업내부의 사내규칙이나 절차에 의해 지배되는 기업내부의 구조화된 고용관계를 말한다.
2) 이중노동시장
근로조건의 우열에 따라 1차 노동시장과 2차 노동시장으로 구분하고, 1차 노동시장은 고임금, 양호한 노동조건, 고용의 안정성, 낮은 노동 이동률, 많은 승진의 기회가 보장되는 노동시장인 반면 2차 노동시장은 저임금, 열악한 노동조건, 높은 노동 이동률, 승진 기회의 부재, 특히 고용의 불안정성이 심한 노동시장이다.
3) 인적자본이론
인적자본 투자량의 차이가 노동생산성의 차이를 가져오며 그로 인해 임금격차가 발생한다는 이론이다.

05 어떤 심리검사에서 C의 점수가 7점이고, 평균과 표준편차가 각각 10점, 5.77점일 때 C의 Z점수를 구하시오. (소수점 셋째자리에서 반올림하시오)[3점] [심리학2장 1절 8번]

> **정답**

$$Z = \frac{7 - 10}{5.77} = -0.52$$

06 규준을 만들기 위한 표집방법 3가지를 쓰고 각각에 대해 설명하시오.[6점] [심리학1장 2절 3번]

> **정답**

1) 단순무선표집
   구성원에게 일련의 번호를 부여하고 무작위로 필요한 만큼 표집
2) 층화표집
   모집단을 몇 개의 이질적인 하위집단으로 구분하고 각 집단으로부터 무작위로 필요한 만큼 표집
3) 집락표집
   모집단을 서로 동질적인 하위집단으로 구분하고 집단자체를 표집

07 검사 선정 시 고려해야 할 기준 4가지를 설명하시오.[8점] [심리학1장 1절 2번]

> **정답**

1) 내담자의 문제에 적합한 검사를 선정해야 한다.
2) 상담의 목적에 적합한 검사를 선정해야 한다.
3) 신뢰도와 타당도가 높은 표준화된 검사를 선정해야 한다.
4) 사회 윤리적으로 문제가 없는 검사를 선정해야 한다.

08 척도의 종류 4가지를 설명하시오.[8점] [심리학1장 2절 11번]

> **정답**

1) 명명척도
   숫자의 차이로 측정한 속성이 대상에 따라 다르다는 것만 나타내는 척도

2) 서열척도

명명척도가 제공하는 정보 외에 추가로 순위관계에 관한 정보를 나타내는 척도

3) 등간척도

위의 두가지 척도가 제공하는 정보 외에 추가로 수치 사이의 간격이 동일하다는 정보를 나타내는 척도

4) 비율척도

위의 세가지 척도가 제공하는 정보 외에 추가로 수의 비율에 관한 정보를 나타내는 척도

09 실존주의적 상담에서 실존적 존재로서의 인간이 갖는 궁극적 관심사에 대한 자각이 불안을 야기한다고 본다. 실존주의 상담자들이 내담자의 궁극적 관심사와 관련하여 중요하게 생각하는 주제를 3가지만 쓰고 각각에 대하여 간략히 설명하시오.[6점] [상담학2장 3절 3번]

정답

1) 삶의 의미 : 삶의 중요성과 목적을 향한 노력은 인간의 독특한 특성이다.
2) 죽음과 비존재 : 언젠가는 자신이 죽는다는 것을 스스로 자각한다.
3) 자유와 책임 : 인간은 선택할 수 있는 자유를 가진 존재이기 때문에 책임을 져야 한다.

10 직업적응 이론에서 개인이 환경과 상호작용하는 특성을 나타내는 4가지 성격 유형을 가정한다. 이 성격유형 요소들 중 3가지를 제시하고 각각에 대해 간략히 쓰시오.[8점]

[심리학4장 2절 1번]

정답

1) 리듬 : 활동에 대한 다양성을 의미한다.
2) 민첩성 : 과제를 얼마나 일찍 완성하느냐와 관계되는 것으로 정확성보다는 속도를 중시한다.
3) 지구력 : 개인이 환경과 상호작용하는 다양한 활동수준의 기간을 의미한다.

11 Butcher의 집단상담을 위한 3단계 모델에 대해서 설명하시오.[6점] [상담학1장 2절 4번]

정답

1) 탐색단계 : 자기개방, 흥미와 적성에 대한 측정, 측정결과에 대한 피드백, 불일치의 해결이 이루어진다.

2) 전환단계 : 자아와 피드백 간의 일치가 이루어지면 직업세계와 연결하고, 일과 삶의 가치를 조사한다.

3) 행동단계 : 목표설정, 목표달성을 촉진하기 위한 정보의 수집과 공유, 의사결정이 이루어지는 단계이다.

12 의사교류분석(TA) 상담기법에서 역동적(열정적) 자아상태 3가지에 대해 쓰시오.[3점]

[상담학2장 7절 1번]

정답

1) 부모자아(P)

2) 어른자아(A)

3) 어린이자아(C)

13 다음 표를 보고 물음에 답하시오.[7점]

[시장론1장 1절 5번]

시간당 임금	A기업 노동수요량	B기업 노동수요량
5,000	22	24
6,000	21	22
7,000	20	20
8,000	19	18
9,000	18	16

정답

1) 시간당 7,000원에서 8,000원으로 인상될 때 각 기업의 임금탄력성을 구하시오.

$$노동수요의\ 임금탄력성 = \frac{노동수요량의\ 변화율(\%)}{임금의\ 변화율(\%)}$$

① A기업

$$노동수요탄력성 = \frac{\frac{|19-20|}{20} \times 100}{\frac{|7,000-8,000|}{7,000} \times 100} = \frac{5\%}{14.3\%} = 0.35$$

② B기업

$$노동수요탄력성 = \frac{\frac{|18-20|}{20} \times 100}{\frac{|7,000-8,000|}{7,000} \times 100} = \frac{10\%}{14.3\%} = 0.7$$

2) 7,000원에서 8,000원으로 노동조합이 임금협상을 시도하고자 할 때 그 타결가능성이 높은 기업은?

A기업

3) 그 이유는 무엇인지 설명하시오.

노동수요의 임금탄력성이 비탄력적일수록 임금인상 시 고용량의 감소가 작기 때문에 노동조합의 교섭력은 커진다. 따라서 A기업 노동조합의 임금협상 타결가능성이 높다.

14 임금률이 상승함에 따른 노동 공급 증가 우상향이 참인지, 거짓인지, 불확실한지 판정하고 여가와 소득의 선택모형에 의거해서 이유를 설명하시오.[5점]　[시장론1장 4절 4번]

정답

1) 판정 : 불확실하다.

2) 이유 : 임금이 상승함에 따라 노동공급이 증가하는 대체효과로 틀린답은 아니나, 임금이 상승하면서 소득효과와 대체효과로 인하여 노동공급시간은 줄어들 수도 있고 늘어날 수도 있으므로 불확실하다고 판정하는 것이 바람직하다.

15 한국표준산업분류에서 산업분류의 정의를 쓰시오.[3점]　[정보론3장 2번]

정답

한국표준산업분류는 생산단위가 주로 수행하는 산업 활동을 그 유사성에 따라 체계적으로 유형화한 것이다.

16 고용정보를 미시정보와 거시정보로 구분하여 고용정보 내용 2가지를 적으시오.[4점]　[정보론1장 3번]

정답

1) 미시정보

구인 및 구직정보, 자격정보

2) 거시정보

고용전망, 인력수급정책

17 구조조정으로 인한 실직자의 특성과 직업지도 방법을 2가지씩 쓰시오.[4점]

[상담학3장 4절 2번]

정답

1) 구조조정 당한 실직자의 특성
   ① 조직에 대한 신뢰감을 상실한다.
   ② 무력감을 느끼고 구직활동에 대한 열의가 낮다.
2) 직업지도방법
   ① 내담자의 비합리적 신념을 합리적 신념으로 전환한다.
   ② 직업전환 프로그램이나 취업알선 프로그램에 대한 정보를 제공한다.

18 심리검사에서 검사 - 재검사 신뢰도, 동형검사신뢰도, 내적합치도를 설명하시오.[6점]

[심리학2장 1절 2번]

정답

1) 검사-재검사 신뢰도(안정성계수)
   동일한 검사를 동일한 사람에게 서로 다른 시간에 두 번 시행하여 얻은 두 점수 간의 상관계수로 신뢰도를 추정하는 것이다.
2) 동형검사신뢰도(동등성 계수)
   동형의 두 검사를 동일한 사람에게 실시하여 얻은 두 점수 간의 상관계수로 신뢰도를 추정하는 것이다.
3) 반분신뢰도(내적합치도 계수)
   하나의 검사를 문항수가 같도록 반씩 나누어 실시하여 얻은 두 점수 간의 상관계수로 신뢰도를 추정하는 것이다.

2020년 3회 직업상담사 2급 필답형

01 구성타당도를 분석하는 방법 2가지를 제시하고 각 방법에 대해 설명하시오.[4점]

[심리학2장 2절 3번]

> **정답**

1) 수렴타당도
   그 속성과 관계있는 변인들과 높은 상관관계를 갖고 있는지의 정도를 측정하는 것
2) 변별타당도
   그 속성과 관계없는 변인들과 낮은 상관관계를 갖고 있는지의 정도를 측정하는 것

02 흥미사정기법을 3가지를 쓰고 간략히 설명하시오.[6점]

[심리학3장 2절 7번]

> **정답**

1) 흥미평가기법
   종이에 알파벳을 쓰고 알파벳에 맞춰 흥밋거리를 기입한다.
2) 직업카드 분류
   일련의 카드를 주고 선호군, 혐오군, 미결정군으로 분류하는 기법이다.
3) 작업경험분석
   내담자의 과거 작업경험을 분석한다.

03 정신역동적 직업상담 모형을 구체화시킨 보딘은 직업상담 과정을 3단계로 구분하였다.
각 단계를 쓰고 각각에 대해 설명하시오.[6점]

[상담학2장 12절 2번]

> **정답**

1) 1단계 : 탐색과 계약체결
   방어의 의미를 탐색하고 상담과정을 구조화 하여 계약을 체결

2) 2단계 : 중대한 결정의 단계
성격에 맞춰 직업을 선택할 것인지 직업에 맞춰 성격을 변화시킬 것인지를 결정
3) 3단계 : 변화를 위한 노력의 단계
성격, 흥미, 욕구 등에서 변화가 필요하면 그 부분에 대해 변화하려는 노력이 이루어지는
단계

04 홀랜드의 6가지 직업적 유형에 대해 쓰시오.[6점]

[심리학4장 1절 1번]

정답

1) 현실형(R)
기계, 도구, 동물에 관한 체계적인 조작 활동을 좋아하나 사회적 기술이 부족하다.
직업 : 기술자, 정비사, 농부
2) 탐구형(I)
분석적이며 호기심이 많으나 리더십 기술이 부족하다.
직업 : 과학자, 수학자, 의사
3) 예술형(A)
표현이 풍부하고 독창적이나 규범적인 기술은 부족하다.
직업 : 음악가, 화가, 배우
4) 사회형(S)
다른 사람과 함께 일하거나 돕는 것을 좋아하지만 조직적인 활동을 싫어한다.
직업 : 교사, 상담가, 사회복지사
5) 진취형(E)
조직목표나 경제적 목표를 달성하기 위해 타인을 조작하는 활동을 좋아하지만 과학적
능력이 부족하다.
직업 : 경영자, 세일즈맨, 정치가
6) 관습형(C)
체계적으로 자료를 처리하고 기록을 정리하거나 자료를 재생산하는 것을 좋아하지만
예술적 능력이 부족하다.
직업 : 은행원, 사서, 회계사

05 아래 내용을 참조하여 기업의 한계노동비용과 이윤극대화가 이루어질 때 노동공급 등을 구하시오.[6점]
[시장론1장 2절 4번]

노동공급	임금	한계수입생산
5	6	62
6	8	50
7	10	38
8	12	26
9	14	14
10	16	2

※ 최고 우측란은 총 수입생산이 아니고 한계수입생산입니다.

정답

1) 노동공급이 7단위일 때 한계노동비용을 구하시오.
   노동공급이 6단위일 때 $6 \times 8 = 48$
   노동공급이 7단위일 때 $7 \times 10 = 70$
   한계노동비용은 $70 - 48 = 22$

2) 이윤극대화가 이루어지는 노동공급과 임금을 구하시오.

노동공급	임금	노동총비용	한계노동비용	한계수입생산
5	6	$5 \times 6 = 30$	−	62
6	8	$6 \times 8 = 48$	$48 - 30 = 18$	50
7	10	$7 \times 10 = 70$	$70 - 48 = 22$	38
8	12	$8 \times 12 = 96$	$96 - 70 = 26$	26
9	14	$9 \times 14 = 126$	$126 - 96 = 30$	14
10	16	$10 \times 16 = 160$	$160 - 126 = 34$	2

한계수입=한계비용일 때 기업의 이윤이 극대화된다.
즉, 한계노동비용 26과 한계수입생산이 일치하는 8단위가 최적 고용단위이다.
따라서 이윤극대화가 이루어지는 노동공급은 8단위, 단위당 임금은 12이다.

06 한국표준산업분류에서 통계단위의 산업을 결정하는 방법을 3가지만 쓰시오.[6점]
[정보론3장 6번]

정답

1) 생산단위의 산업 활동은 그 생산단위가 수행하는 주된 산업 활동의 종류에 따라 결정된다.

2) 계절에 따라 정기적으로 산업을 달리하는 사업체의 경우에는 조사시점에서 경영하는 사업과는 관계없이 조사대상 기간 중 산출액이 많았던 활동에 의하여 분류된다.

3) 휴업 중 또는 자산을 청산 중인 사업체의 산업은 영업 중 또는 청산을 시작하기 이전의 산업활동에 의하여 결정하며, 설립 중인 사업체는 개시하는 산업활동에 따라 결정한다.

07 CMI 능력척도 3가지를 쓰고 설명하시오.[6점] [심리학3장 2절 14번]

정답

1) 자기평가 : 자신의 흥미, 성격 등에 대한 이해의 능력

2) 직업정보 : 직업에 대한 지식, 고용정보 등을 얻고 평가하는 능력

3) 목표선정 : 자아와 직업세계에 대한 지식을 토대로 합리적인 직업선택을 하는 능력

08 내담자와의 초기면담 수행 시 상담자가 유의해야 할 사항 4가지를 쓰시오.[4점]

[상담학1장 1절 9번]

정답

1) 면담 시작 전에 가능한 모든 사례자료 검토하기

2) 내담자와 만나기

3) 내담자의 직업상담에 대한 기대를 결정하기

4) 비밀유지에 대해 설명하기

09 상담목표(Goal)를 설정할 때 고려해야 할 사항 4가지를 설명하시오.[4점] [상담학1장 1절 5번]

정답

1) 목표는 구체적이어야 한다.

2) 목표는 실현 가능해야 한다.

3) 목표는 내담자가 원하고 바라는 것이어야 한다.

4) 목표는 상담자의 기술과 양립 가능해야만 한다.

10 한국표준직업분류의 분류원칙 중 포괄적인 업무에 대한 직업분류 원칙의 의미를 설명하고, 사례를 제시하시오.[9점]　　　　　　　　　　　　　　　[정보론2장 10번]

정답

1) 주된 직무 우선 원칙

   2개 이상의 직무를 수행하는 경우 직무내용을 비교·평가하여 관련 직무 내용상의 상관성이 가장 많은 항목에 분류한다.

   예 교육과 진료를 겸하는 의과대학 교수는 강의, 연구, 평가 등과 진료, 처치, 환자상담 등의 직무내용을 파악하여 관련 항목이 많은 분야로 분류한다.

2) 최상급 직능수준 우선 원칙

   수행된 직무가 상이한 수준의 직무능력을 필요로 한다면, 가장 높은 수준의 직무능력을 필요로 하는 일에 분류하여야 한다.

   예 조리와 배달의 직무비중이 같을 경우에는, 조리의 직능수준이 높으므로 조리사로 분류한다.

3) 생산업무 우선 원칙

   재화의 생산과 공급이 같이 이루어지는 경우는 생산단계에 관련된 업무를 우선적으로 분류한다.

   예 한 사람이 빵을 생산하여 판매도 하는 경우에는, 판매원으로 분류하지 않고 제빵사 및 제과원으로 분류하여야 한다.

11 직업심리 검사 중 투사적 검사의 장단점을 각각 3가지 쓰시오.[6점]　　　　　　[심리학3장 1절 1번]

정답

1) 장점

   ① 반응의 독특성이 있다.

   ② 방어가 어렵다.

   ③ 무의식적 내용의 반응이 나타난다.

2) 단점

   ① 검사의 신뢰도가 낮다.

   ② 검사의 타당도가 낮다.

   ③ 상황적인 요인의 영향을 받는다.

12 스트롱(Strong) 직업흥미검사의 척도를 3가지 쓰고 각각에 대해 간략히 설명하시오.[6점]

[심리학3장 2절 9번]

정답

1) 일반직업분류(GOT) : 홀랜드이론이 반영된 6개의 주제로 구성되며 피검자의 흥미에 관한 포괄적 전망을 제공한다.
2) 기본흥미척도(BIS) : 특정 활동과 주제에 관한 세부척도로 특정 흥미분야를 제공한다.
3) 개인특성척도(PSS) : 일상생활과 일의 세계에 관련된 광범위한 특성에 대해 개인이 선호하고 편안하게 느끼는 것을 측정한다.

13 한국직업사전의 부가직업정보 중 정규교육, 숙련기간, 직무기능의 의미를 설명하시오.[6점]

[정보론1장 5번]

정답

1) 정규교육 : 해당 직업의 직무를 수행하는 데 필요한 일반적인 정규교육수준을 의미하는 것으로 해당 직업 종사자의 평균 학력을 나타내는 것은 아니다.
2) 숙련기간 : 정규교육과정을 이수한 후 해당 직업의 직무를 평균적인 수준으로 스스로 수행하기 위하여 필요한 각종 교육기간, 훈련기간 등을 의미한다.
3) 직무기능 : 해당 직업종사자가 직무를 수행하는 과정에서 자료, 사람, 사물과 맺는 관련된 특성을 나타낸다.

14 지필검사나 평정이 요구되는 관찰 혹은 면접 시 채점자, 평정자로 인해 발생하는 오차의 유형을 3가지 제시하고 설명하시오.[6점]

[심리학1장 3절 8번]

정답

1) 후광효과
   내담자의 한 가지 측면을 다른 측면으로 일반화하는 경향
2) 관용의 오류
   실제보다 더 호의적으로 평가하는 경향
3) 중앙집중 경향
   모든 사람을 평균에 가깝게 평정하려는 경향

15 직무분석 자료 활용의 용도 4가지를 쓰시오.[4점] [심리학5장 2번]

정답
1) 인력수급계획 수립
2) 신규작업자 모집
3) 종업원의 교육 및 훈련
4) 직무평가

16 임금하방경직성이 무엇인지 쓰고, 이에 영향을 미칠 수 있는 요인 5가지를 쓰시오.[6점]

[시장론2장 1절 3번]

정답
1) 정의
   한번 상승한 임금은 경제여건이 변하더라도 하락하지 않고 그 수준을 유지하려고 하는 것
2) 영향을 미치는 요인
   ① 노동자의 화폐환상
   ② 노동자의 역선택 발생 가능성
   ③ 강력한 노동조합의 존재
   ④ 장기노동계약
   ⑤ 최저임금제의 실시

17 신뢰도 추정방법 중 사람들이 하나의 검사에 대해 서로 다른 시점에서 얼마나 일관성 있게 반응하는지 알아보는 검사 – 재검사의 단점을 4가지 쓰시오.[4점] [심리학2장 1절 3번]

정답
1) 이월효과 : 앞의 시험 문제를 기억함으로써 높은 신뢰도 계수를 얻게 되는 것이다.
2) 반응민감성 : 망각효과로 인해 측정 시간 간격이 긴 경우 낮은 신뢰도 계수를 얻게 된다.
3) 측정 속성의 변화 : 측정기간 중에 특정 사건이 발생하면 점수가 달라질 수 있다.
4) 물리적 환경의 변화 : 온도·날씨·소음 등에 따라 점수가 달라질 수 있다.

18 인지적 - 정서적 상담(RET)의 기본개념인 Ａ - Ｂ - Ｃ - Ｄ - Ｅ - Ｆ의 의미를 쓰시오.[5점]

[상담학2장 9절 1번]

정답

1) A : <u>선행사건</u> : 내담자에게 발생한 사건이나 행동
2) B : <u>신념체계</u> : 선행사건에서 비롯된 비합리적 신념
3) C : <u>결과</u> : 비합리적 신념에 의한 부적절한 결과
4) D : <u>논박</u> : 내담자의 비합리적인 신념을 수정하기 위한 방법
5) E : <u>효과</u> : 비합리적 신념을 논박함으로써 합리적인 신념으로 대치
6) F : <u>새로운 감정</u> : 합리적인 신념에서 비롯된 긍정적인 감정

2020년 5회 직업상담사 2급 필답형

---

01 직업상담사가 갖추어야 할 자질 4가지를 열거하시오.[6점] [상담학1장 1절 6번]

정답

1) 내담자에 대한 존경심을 가져야 한다.
2) 자신에 대한 정당한 이해가 있어야 한다.
3) 상담업무를 수행하는 데 결함이 없는 성격을 갖추어야 한다.
4) 심리학적 기초지식을 갖추어야 한다.

02 인지적 · 정서적 상담기법에서의 인간에 대한 기본가정과 RET의 기본개념, 그리고 상담의 목표에 대해 설명하시오.[6점] [상담학2장 9절 2번]

정답

1) 인간에 대한 기본가정
   ① 인간은 합리적 사고와 비합리적 사고의 잠재성을 모두 가지고 태어났다.
   ② 비합리적 신념은 쉽지는 않지만 변화시킬 수 있다.
2) RET의 기본개념(원리)
   ① 인지는 인간정서의 핵심적 요소이다.
   ② 역기능적 사고는 정서 장애의 중요한 결정요인이다.
   ③ 비합리적 사고의 분석부터 시작한다.
   ④ 행동에 대한 과거의 영향보다 현재에 초점을 둔다.
   ⑤ 비록 쉽게 이루어지지는 않지만 인간의 신념은 변화한다고 믿는다.
   ⑥ 인간의 비합리적 사고는 유전과 환경 모두에 영향을 받는다.
3) 상담의 목표
   ① 내담자의 비합리적 신념 체계를 논박을 통해 합리적 신념으로 바꾸고, 궁극적으로 내담자의 삶의 철학 자체를 변화시키는 것이다.
   ② 내담자가 정서적 장애를 최소화하고, 자기 파괴적 행동을 감소시키며, 보다 행복한 삶을 영위하도록 조력한다.

03 슈퍼의 발달적 직업상담에서 진단을 위한 3가지 평가유형을 설명하시오.[6점]

[상담학2장 13절 2번]

정답

1) 문제의 평가 : 내담자가 경험하고 있는 어려움과 진로상담에 대한 기대가 평가된다.
2) 개인의 평가 : 심리 검사와 사회적인 각종 통계자료 등을 통해 내담자의 적성, 흥미, 능력 등을 평가한다.
3) 예언의 평가 : 문제의 평가와 개인의 평가를 바탕으로 내담자가 성공하고 만족할 수 있는 직업에 대한 예언이 이루어진다.

04 윌리암슨의 변별진단의 4가지 범주를 적으시오.[6점]

[상담학2장 5절 3번]

정답

1) 무선택
2) 불확실한 선택
3) 현명하지 못한 선택
4) 흥미와 적성 간의 불일치

05 집단상담의 장점을 개인상담과 비교해서 3가지 적으시오.[6점]

[상담학1장 2절 6번]

정답

1) 시간, 경제적인 면에서 효과적이다.
2) 소속감과 동료의식을 발전시킬 수 있다.
3) 개인상담보다 더 편하게 느낀다.

06 구성타당도를 분석하는 방법 3가지를 제시하고 각 방법에 대해 설명하시오.[6점]

[심리학2장 2절 3번]

정답

1) 수렴타당도
   그 속성과 관계있는 변인들과 높은 상관관계를 갖고 있는지의 정도를 측정하는 것
2) 변별타당도
   그 속성과 관계없는 변인들과 낮은 상관관계를 갖고 있는지의 정도를 측정하는 것
3) 요인분석법
   검사를 구성하고 있는 문항들 간의 상호관계를 분석해서 서로 상관이 높은 문항들을 묶어주는 것

07 Tinsley와 Bradley가 제시한 심리검사 결과 해석의 4단계를 설명하시오.[4점]

[심리학1장 3절 3번]

정답

1) 1단계 : 해석준비단계

　검사결과가 의미하는 바를 숙고하는 단계이다.

2) 2단계 : 내담자가 검사결과 해석을 받아들일 수 있도록 준비시키는 단계

　측정의 목적이 무엇이며, 검사에 응답하는 동안 어떤 경험을 했는지 생각해 보도록 한다.

3) 3단계 : 정보전달단계

　어려운 용어는 피하고 점수자체보다 그 의미를 강조한다.

4) 4단계 : 추후활동단계

　검사결과를 어떻게 해석했는지 확인하고, 통합할 수 있도록 한다.

08 흥미검사는 특정 직업 활동에 대한 선호도를 측정하기 위해 만들어진 것이다. 현재 사용할 수 있는 흥미검사의 종류를 5가지만 쓰시오.[5점]

[심리학3장 2절 8번]

정답

1) 스트롱 직업흥미검사　　　　　　2) 쿠더식 직업흥미검사

3) 직업선호도검사　　　　　　　　4) 진로사정검사

5) 직업카드분류법

09 Super의 발달단계 5단계를 설명하시오.[5점]

[심리학4장 3절 2번]

정답

1) 성장기(출생~14세)

　가정과 학교에서 중요한 타인에 대한 동일시를 통하여 자아개념을 발달시키는 단계

2) 탐색기(15~24세)

　학교생활, 여가활동 등과 같은 활동을 통하여 자아를 검증하고 역할을 수행하며 직업탐색을 시도하는 단계

3) 확립기(25~44세)

　자신에게 적합한 직업을 찾아서 안정과 만족, 지위, 소속감을 갖는 시기

4) 유지기(45~64세)

　개인이 비교적 안정된 속에서 만족스런 삶을 살아가는 시기

5) 쇠퇴기(65세 이후)

직업전선에서 은퇴하게 되는 시기로, 다른 새로운 역할과 활동을 찾는 시기

10 아래의 주어진 예시를 보고 다음을 계산하시오.[4점]

[시장론1장 3절 3번]

> - 15세 이상 인구 : 35,986천명
> - 비경제활동인구 : 14,717천명
> - 취업자 : 20,149천명(자영업자 5,645천명, 무급가족 종사자 1,685천명, 상용직 근로자 6,113천명, 임시근로자 4,481천명, 일용근로자 2,225천명)

정답

1) 실업률은?

경제활동인구＝15세 이상－비경제활동인구＝35,986－14,717＝21,269

실업자＝경제활동인구－취업자＝21,269－20,149＝1,120

실업율＝실업자÷경제활동인구＝1,120÷21,269×100＝5.266%

2) 임금근로자 수는?

임금근로자 수＝상용직 근로자(6,113)＋임시근로자(4,481)＋일용근로자(2,225)

＝12,819천명

11 한국직업사전 부가직업정보 중 육체활동 4가지를 쓰시오.[4점]

[정보론1장 10번]

정답

1) 시각
2) 청각
3) 언어력
4) 손사용

12 한국표준직업분류의 분류원칙 중 포괄적인 업무에 대한 분류를 설명하고 3가지 분류에 대해 약술하시오.[6점]

[정보론2장 10번]

정답

1) 포괄적인 업무

직업분류는 국내외적으로 가장 보편적인 업무의 결합상태에 근거하여 직업 및 직업군을 결정한다.

2) 포괄적 업무의 분류원칙

① 주된 직무 우선 원칙

2개 이상의 직무를 수행하는 경우 직무내용을 비교·평가하여 관련 직무 내용상의 상관성이 가장 많은 항목에 분류한다.

② 최상급 직능수준 우선 원칙

수행된 직무가 상이한 수준의 직무능력을 필요로 한다면, 가장 높은 수준의 직무능력을 필요로 하는 일에 분류하여야 한다.

③ 생산업무 우선 원칙

재화의 생산과 공급이 같이 이루어지는 경우는 생산단계에 관련된 업무를 우선적으로 분류한다.

13 한국표준산업분류에서 통계단위의 산업을 결정하는 방법을 3가지만 쓰시오.[6점]

[정보론3장 6번]

정답

1) 생산단위의 산업 활동은 그 생산단위가 수행하는 주된 산업 활동의 종류에 따라 결정된다.
2) 계절에 따라 정기적으로 산업을 달리하는 사업체의 경우에는 조사시점에서 경영하는 사업과는 관계없이 조사대상 기간 중 산출액이 많았던 활동에 의하여 분류된다.
3) 휴업 중 또는 자산을 청산 중인 사업체의 산업은 영업 중 또는 청산을 시작하기 이전의 산업활동에 의하여 결정하며, 설립 중인 사업체는 개시하는 산업활동에 따라 결정한다.

14 홀랜드가 제시하는 6가지 직업적 성격의 특징을 기술하시오.[6점]   [심리학4장 1절 1번]

정답

1) 현실형(R)

기계, 도구, 동물에 관한 체계적인 조작 활동을 좋아하나 사회적 기술이 부족하다.

직업 : 기술자, 정비사, 농부
2) 탐구형(I)

분석적이며 호기심이 많으나 리더십 기술이 부족하다.

직업 : 과학자, 수학자, 의사
3) 예술형(A)

표현이 풍부하고 독창적이나 규범적인 기술은 부족하다.

직업 : 음악가, 화가, 배우

4) 사회형(S)

다른 사람과 함께 일하거나 돕는 것을 좋아하지만 조직적인 활동을 싫어한다.

직업 : 교사, 상담가, 사회복지사

5) 진취형(E)

조직목표나 경제적 목표를 달성하기 위해 타인을 조작하는 활동을 좋아하지만 과학적 능력이 부족하다.

직업 : 경영자, 세일즈맨, 정치가

6) 관습형(C)

체계적으로 자료를 처리하고 기록을 정리하거나 자료를 재생산하는 것을 좋아하지만 예술적 능력이 부족하다.

직업 : 은행원, 사서, 회계사

15 **직업심리검사의 분류에서 극대수행검사와 습관적 수행검사를 설명하시오.[6점]**

[심리학3장 1절 5번]

정답

1) 극대수행검사(성능검사)

① 일정 시간이 주어지고 그 시간 내에 자신의 능력을 최대한 발휘할 것을 요구한다.

② 지능검사(K-WAIS), 적성검사(GATB), 성취도검사(토익, 토플)

2) 습관적 수행검사(성향검사)

① 시간제한이 없고 최대한 정직한 응답을 요구한다.

② 성격검사(MBTI), 흥미검사(직업선호도 검사 중 흥미검사), 태도검사(직무만족도 검사)

16 **심리검사는 검사 내용에 따라 능력적인 요소를 측정하는 성능검사와 습관적인 행동경향을 측정하는 성향검사로 분류할 수 있다. 성능검사와 성향검사에 해당하는 검사명을 각각 3가지씩만 쓰시오.[6점]**

[심리학3장 1절 5번]

정답

1) 극대수행검사(성능검사)

지능검사(K-WAIS), 적성검사(GATB), 성취도검사(토익, 토플)

2) 습관적 수행검사(성향검사)

성격검사(MBTI), 흥미검사(직업선호도 검사 중 흥미검사), 태도검사(직무만족도검사)

17 직무분석 방법에 대하여 3가지만 쓰고 설명하시오.[6점]　　　　　[정보론4장 1번]

정답

1) 최초분석법
   조사할 직무대상에 관한 참고문헌이나 자료가 드물고 그 분야에 많은 경험과 지식을
   갖춘 사람이 거의 없을 경우에 직접 현장을 방문하여 실시하는 방법
2) 비교확인법
   참고자료가 충분하고 단기간에 관찰이 불가능한 직무에 적합한 방법
3) 데이컴법
   교과과정을 개발하기 위해 사용되는 방법

18 생산성임금제에 의하면 명목 임금의 상승률을 결정할 때 부가가치, 노동생산성과 일치 시
키는 것이 적당하다고 한다. 어떤 기업의 2020년 근로자수 40명, 생산량 100개, 생산물
단가 10원, 자본비용 150원이었다. 2021년에는 근로자수 50명, 생산물은 120개, 생산물
단가 12원, 자본비용 200원으로 올랐다고 가정하자. 생산성임금제에 근거했을 때 이 기
업의 2022년도 적정임금 상승률을 구하시오.[6점]　　　　　[시장론2장 1절 5번]

정답

1) 2020년 근로자 1인당 생산량은
   근로자 40명＝100개 $\times$ 10원 ＝ 1,000원
   근로자 1인당＝$\dfrac{1,000원}{40명}$＝ 25원/인
2) 2021년 근로자 1인당 생산량은
   근로자 50명＝120개 $\times$ 12원 ＝ 1440원
   근로자 1인당＝$\dfrac{1,440원}{50명}$＝ 28.8원/인
3) 2020년 기준 근로자 1인당 생산성 변화량은
   $\dfrac{25원 - 28.8원}{25원} \times 100 ＝ 15.2\%$

따라서, 2022년에는 15.2%의 임금상승이 적정할 것으로 판단된다.

2021년 1회 직업상담사 2급 필답형

01 Butcher의 집단상담을 위한 3단계 모델을 쓰고 설명하시오.[6점] [상담학1장 2절 4번]

정답

1) 탐색단계 : 자기개방, 흥미와 적성에 대한 측정, 측정결과에 대한 피드백, 불일치의 해결이 이루어진다.
2) 전환단계 : 자아와 피드백 간의 일치가 이루어지면 직업세계와 연결하고, 일과 삶의 가치를 조사한다.
3) 행동단계 : 목표설정, 목표달성을 촉진하기 위한 정보의 수집과 공유, 의사결정이 이루어지는 단계이다.

02 표의 괄호를 채우시오.[5점] [정보론2장 5번]

정답

대분류	직능수준
전문가 및 관련 종사자	(제4직능 수준 혹은 제3직능 수준 필요)
사무 종사자	(제2직능 수준 필요)
서비스 종사자	(제2직능 수준 필요)
단순노무 종사자	(제1직능 수준 필요)
군인	(제2직능 수준 이상 필요)

03 엘리스의 ABCDE모형에 따라 실직으로 인한 우울증에 걸린 내담자의 상담단계를 쓰시오.[6점]

[상담학2장 9절 5번]

> 정답

1) A(선행사건) : 내담자가 실직을 경험한다.
2) B(신념체계) : 모든 것이 끝나버렸다.
3) C(결과) : 절망감, 좌절감을 느낀다.
4) D(논박) : 정말 어떤 일도 할 수 없을까? 비합리적 신념에 대한 논박
5) E(효과) : 다른 직장을 찾아 보려고 열심히 노력한다.

04 면접 상황에서의 긴장과 불안을 완화시켜 나가는 구체적인 절차에 대해 설명하시오.[6점]

[상담학2장 8절 3번]

> 정답

1) 근육이완훈련 : 마음의 안정을 위하여 근육이완 훈련을 실시한다.
2) 불안위계목록 작성 : 불안위계목록을 순차적으로 10~20개 작성한다.
3) 체계적둔감화 : 가장 낮은 불안 정도에서부터 시작하여 가장 높은 불안으로 상상하게 하고, 더 이상 불안하지 않으면 종료한다.

05 한국표준산업분류 개요 중 산업, 산업활동의 정의 및 산업활동의 범위를 기술하시오.[6점]

[정보론3장 1번]

> 정답

1) 산업의 정의
   유사한 성질을 갖는 산업활동에 주로 종사하는 생산단위의 집합을 말한다.
2) 산업 활동의 정의
   각 생산단위가 노동, 자본, 원료 등 자원을 투입하여, 재화 또는 서비스를 생산 또는 제공하는 일련의 활동과정을 말한다.
3) 산업 활동의 범위
   영리적, 비영리적 활동이 모두 포함되나, 가정 내의 가사활동은 제외된다.

06 근로자 5명일 때 평균생산량과 이윤극대화를 위한 인원수와 한계생산량을 구하시오. (임금이 10,000원, 상품가격은 2,000원)[6점]
[시장론1장 2절 3번]

근로자 수	0	1	2	3	4	5
생산량	0	10	18	23	27	30

정답

근로자 수	0	1	2	3	4	5
생산량	0	10	18	23	27	30
평균생산량	0	10	9	7.67	6.75	6
한계생산량	−	10	8	5	4	3

1) 근로자 5명일 때 평균생산량 : 30개/5명＝6개
2) 기업이윤 극대화 지점은 한계생산물의 가치(한계생산량×시장가격)＝임금이다.
   한계생산량×2,000원＝10,000원이므로 근로자 수는 3명, 한계생산량 5개이다.

07 직장 스트레스의 행동변화에 대하여 5가지를 쓰시오.[5점]
[심리학5장 8번]

정답

1) 결근
2) 이직
3) 사고
4) 직무불만족
5) 직무수행감소

08 상담자가 내담자에게 좋은 영향을 줄 수 있는 언어적 행동과 비언어적 행동을 3가지씩 쓰시오.[6점]
[상담학3장 1절 1번]

정답

1) 언어적 행동
   ① 해명
   ② 재진술
   ③ 종합적 느낌
2) 비언어적 행동
   ① 눈맞춤
   ② 미소
   ③ 끄덕임

331

09 기혼여성의 노동참가율에 영향을 끼치는 요인 3가지를 쓰고 설명하시오.[6점]

[시장론1장 5절 7번]

> 정답

1) 배우자 및 타가구원의 소득
   배우자 및 타가구원의 소득이 높을수록 기혼여성의 경제활동 참가율은 낮아진다.
2) 자녀의 수 및 연령
   자녀의 수가 많거나, 연령이 낮을수록 기혼여성의 경제활동참가율은 낮아진다.
3) 가사노동의 대체
   가사노동을 대체할 수 있는 서비스나 가전제품이 많을수록 기혼여성의 경제활동 참가율은 높아진다.

10 인지적 명확성의 부족을 나타내는 내담자 유형을 5가지만 쓰시오.[5점] [상담학3장 2절 9번]

> 정답

1) 강박적 사고
2) 원인과 결과 착오
3) 양면적 사고
4) 파행적 의사소통
5) 가정된 불가능/불가피성

11 심리검사는 규준에 의한 검사와 준거에 의한 검사로 나눌 수 있는데 그 의미와 예를 쓰시오.[6점] [심리학1장 2절 8번]

> 정답

1) 규준참조검사
   개인의 점수를 다른 사람들의 점수와 비교하여 상대적으로 어떤 점수인지 알아보는 것
   (예 상대평가 - 심리검사, 선발검사)
2) 준거참조검사
   어떤 기준점수와 비교하여 높낮이를 알아보는 검사
   (예 절대평가 - 국가기술자격시험, 운전면허시험)

12 예측타당도와 동시타당도의 의미와 차이점을 설명하시오.[6점] [심리학2장 2절 4번]

정답

1) 예측타당도 : <u>먼저 검사를 실시하고 그 후에 준거를 측정해서 얻은 두 점수 간의 상관계수</u>를 <u>측정하는 것</u>

2) 동시타당도 : <u>일정시점에서 검사와 준거를 동시에 측정해서 얻은 두 점수 간의 상관계수</u>를 <u>측정하는 것</u>

4) 차이점 : <u>동시타당도는 심리검사가 피검자 현재의 상태를 잘 나타내는지를 알아보는 것이며, 예언타당도는 피검자의 미래행동을 예측하기 위한 것이다.</u>

13 한국직업사전에 수록된 부가직업정보 5가지를 쓰시오.[5점] [정보론1장 5번]

정답

1) <u>정규교육</u> 2) <u>숙련기간</u>
3) <u>직무기능</u> 4) <u>작업강도</u>
5) <u>육체활동</u>

14 심리검사의 신뢰도에 영향을 주는 요인 5가지를 쓰시오.[3점] [심리학2장 1절 1번]

정답

1) <u>문항반응수</u> 2) <u>응답자의 속성변화</u>
3) <u>검사 문항의 수</u> 4) <u>검사시간과 속도</u>
5) <u>개인차</u>

15 Bordin은 정신역동적 직업상담을 체계화하면서 직업문제의 진단에 관한 새로운 관점을 제시하였다. 그가 제시한 직업문제의 심리적 원인 3가지를 설명하시오.[6점]

[상담학2장 12절 1번]

정답

1) 의존성
   <u>자신의 진로문제를 해결하고 책임을 지는 것이 어렵다고 느껴서 지나치게 다른 사람들에게 의존한다.</u>

2) 정보의 부족

    적합한 정보에 접할 기회가 없기 때문에 현명한 선택을 하지 못하는 경우가 많다.

3) 문제가 없음(불확신)

    내담자가 현명한 선택을 한 후에 확신감이 없다.

16 홀랜드의 흥미유형에 따라 각 유형의 직업 특성에 대해서 기술하시오.[6점]

[심리학4장 1절 1번]

정답

1) 현실형(R)

    기계, 도구, 동물에 관한 체계적인 조작 활동을 좋아하나 사회적 기술이 부족하다.

    직업 : 기술자, 정비사, 농부

2) 탐구형(I)

    분석적이며 호기심이 많으나 리더십 기술이 부족하다.

    직업 : 과학자, 수학자, 의사

3) 예술형(A)

    표현이 풍부하고 독창적이나 규범적인 기술은 부족하다.

    직업 : 음악가, 화가, 배우

4) 사회형(S)

    다른 사람과 함께 일하거나 돕는 것을 좋아하지만 조직적인 활동을 싫어한다.

    직업 : 교사, 상담가, 사회복지사

5) 진취형(E)

    조직목표나 경제적 목표를 달성하기 위해 타인을 조작하는 활동을 좋아하지만 과학적 능력이 부족하다.

    직업 : 경영자, 세일즈맨, 정치가

6) 관습형(C)

    체계적으로 자료를 처리하고 기록을 정리하거나 자료를 재생산하는 것을 좋아하지만 예술적 능력이 부족하다.

    직업 : 은행원, 사서, 회계사

17 스트롱(Strong) 직업흥미검사의 척도를 3가지 쓰고 각각에 대해 간략히 설명하시오.[6점]

[심리학3장 2절 9번]

> **정답**

1) 일반직업분류(GOT) : 홀랜드이론이 반영된 6개의 주제로 구성되며 피검자의 흥미에 관한 포괄적 전망을 제공한다.

2) 기본흥미척도(BIS) : 특정 활동과 주제에 관한 세부척도로 특정 흥미분야를 제공한다.

3) 개인특성척도(PSS) : 일상생활과 일의 세계에 관련된 광범위한 특성에 대해 개인이 선호하고 편안하게 느끼는 것을 측정한다.

18 직무 분석 시 사용되는 방법 5가지를 쓰시오.[5점]

[정보론4장 2번]

> **정답**

1) 면담법
2) 관찰법
3) 체험법
4) 중요사건법
5) 설문지법

2021년 2회 직업상담사 2급 필답형

---

01 한국표준직업분류의 직무 유사성의 판단기준 4가지를 쓰시오.[4점] [정보론2장 2번]

정답

1) 지식
2) 경험
3) 기능
4) 요건

02 비수요부족실업(non-demand-deficient unemployment)에 해당하는 대표적인 실업을 3가지 쓰고, 각각에 대해 설명하시오.[6점] [시장론3장 1번]

정답

1) 마찰적 실업(자발적 실업)
   ① 신규·전직자가 노동시장에 진입하는 과정에서 직업정보의 부족에 의하여 일시적으로 발생하는 실업의 유형이다.
   ② 대책
      (1) 구인정보제공
      (2) 구직자세일즈
      (3) 구인구직 전산망 확충, 기업의 퇴직예고제
2) 구조적 실업
   ① 경제성장에 따른 산업구조 및 기술력의 변화 등에 노동력의 구조가 적절하게 대응하지 못하여 발생하는 실업의 유형이다.
   ② 대책
      (1) 직업전환교육
      (2) 이주에 대한 보조금
      (3) 산업구조 변화 예측에 따른 인력수급정책

3) 계절적 실업

　① 기후 또는 계절적 편차에 따라 발생하는 실업의 유형이다.

　② 주로 관광업, 건설업, 농업, 수산업 등에서 발생하는 실업현상

　③ 대책

　　(1) 휴경지 경작 등 유휴 노동력을 활용

　　(2) 비수기에 근로할 수 있는 대체 구인처 확보

03 규준의 유형 중 백분위 점수, 표준점수, 표준등급의 의미를 쓰시오.[6점][심리학1장 2절 6번]

정답

1) 백분위 점수

　개인의 점수가 규준집단에서 차지하는 상대적 위치를 백분위로 나타낸 점수

2) 표준점수

　분포의 표준편차를 이용하여 개인의 점수가 평균으로부터 벗어난 거리를 표시하는 것

3) 표준등급

　원점수를 크기 순서에 따라 배열한 후 백분율에 맞추어 매긴 등급이다.

04 다음 자료를 보고 경제활동참가율, 실업률, 고용률을 구하시오.[6점] [시장론1장 3절 5번]
(소수점 둘째자리에서 반올림, 계산과정을 포함하여 설명, 단위 : 천명)

> 전체인구 : 500
>
> 15세 이상 인구 : 400
>
> 취업자 : 200
>
> 실업자 : 20
>
> 정규직을 희망하는 단시간근로자 : 10

정답

1) 경제활동 참가율 $= \dfrac{경제활동인구수}{15세이상인구수} \times 100 = \dfrac{220}{400} \times 100 = 55\%$

　*경제활동인구수 = 취업자 + 실업자 = 200 + 20 = 220

2) 실업률 $= \dfrac{실업자수}{경제활동인구수} \times 100 = \dfrac{20}{220} \times 100 = 9.1\%$

3) 고용률 $= \dfrac{취업자수}{15세이상인구수} \times 100 = \dfrac{200}{400} \times 100 = 50\%$

05 심리검사의 신뢰도에 영향을 주는 요인 5가지를 쓰시오.[5점]

[심리학2장 1절 1번]

정답

1) 문항반응수
2) 응답자의 속성변화
3) 검사 문항의 수
4) 검사시간과 속도
5) 개인차

06 다음 괄호를 채우시오.[5점]

[정보론1장 8번]

정답

- 아주 가벼운 작업 : 최고 (4)kg의 물건을 들어올리고 때때로 장부, 대장, 소도구 등을 들어올리거나 운반한다.
- 보통 작업 : 최고 (20)kg의 물건을 들어올리고 (10)kg 정도의 물건을 빈번히 들어올리거나 운반한다.
- 힘든 작업 : 최고 (40)kg의 물건을 들어올리고 (20)kg 정도의 물건을 빈번히 들어올리거나 운반한다.

07 어떤 사람의 직업적성을 알아보기 위해 같은 명칭의 A적성검사와 B적성검사를 두 번 반복실시를 했는데 두 검사의 점수가 차이를 보여 이 사람의 정확한 적성을 판단하기 매우 어려운 상황이 발생하였다. 이와 같은 동일명의 유사한 심리검사의 결과가 서로 다르게 나타날 수 있는 가능한 원인 5가지를 쓰시오.[5점]

[심리학2장 1절 6번]

정답

1) 응답자의 속성변화
2) 두 검사 간의 내용차이
3) 문항 속성의 차이
4) 시행 기간의 차이
5) 시행 절차상의 차이

08 산업분류의 결정방법 중 생산단위의 활동형태 3가지를 쓰고 설명하시오.[6점]

[정보론3장 4번]

정답

1) 주된 산업활동 : 생산된 재화 또는 제공된 서비스 중에서 부가가치가 가장 큰 활동
2) 부차적 산업활동 : 주된 산업활동 이외의 재화 생산 및 서비스 제공 활동
3) 보조적 산업활동 : 회계, 창고, 운송, 수리 서비스 등이 포함된다.

09 노동부 성격검사는 성격의 5요인 모델에 근거하고 있다. 5요인을 쓰시오.[5점]

[심리학3장 2절 11번]

정답

1) 외향성
2) 호감성
3) 정서적 불안정성
4) 성실성
5) 경험에 대한 개방성

10 내담자와 관련된 정보를 수집하고 내담자의 행동을 이해하고, 해석하는 데 기본이 되는 상담기법 6가지를 쓰시오.[6점]

[상담학3장 3절 6번]

정답

1) 가정 사용하기
2) 왜곡된 사고 확인하기
3) 변명에 초점 맞추기
4) 전이된 오류 정정하기
5) 저항감 재인식하기 및 다루기
6) 의미있는 질문 및 지시 사용하기

11 심리검사 제작을 위한 예비문항 제작 시 고려해야 할 5가지를 쓰시오.[5점]

[심리학1장 3절 5번]

정답

1) 문항의 적절성
2) 문항의 난이도
3) 문항의 구조화
4) 문항의 동기유발
5) 문항의 참신성

12 인지적-정서적 상담(RET)의 기본개념인 A-B-C-D-E-F의 의미를 쓰시오.[6점]

[상담학2장 9절 1번]

정답

1) A : <u>선행사건</u> : <u>내담자에게 발생한 사건이나 행동</u>
2) B : <u>신념체계</u> : <u>선행사건에서 비롯된 비합리적 신념</u>
3) C : <u>결과</u> : <u>비합리적 신념에 의한 부적절한 결과</u>
4) D : <u>논박</u> : <u>내담자의 비합리적인 신념을 수정하기 위한 방법</u>
5) E : <u>효과</u> : <u>비합리적 신념을 논박함으로써 합리적인 신념으로 대치</u>
6) F : <u>새로운 감정</u> : <u>합리적인 신념에서 비롯된 긍정적인 감정</u>

13 정신분석 상담에서 필수적인 개념인 불안의 3가지 유형을 쓰고, 각각에 대해 설명하시오.[6점]

[상담학2장 1절 1번]

정답

1) 현실적 불안 : <u>외부 세계로부터 오는 위협에 대한 두려움으로 현실 세계의 위험에 대한 불안</u>
2) 신경증적 불안 : <u>자아가 본능적 충동을 통제하지 못함으로써 어떤 일이 일어날 것 같은 위협에 대한 불안</u>
3) 도덕적 불안 : <u>자신의 양심에 대한 두려움으로 자신의 도덕적 기준에 위배되는 일을 할 때 느끼는 죄의식</u>

14 개인의 관심이나 호기심을 자극하거나 일으키는 어떤 것을 흥미라고 한다. 내담자의 흥미를 사정하려고 할 때 사용할 수 있는 사정기법을 3가지만 쓰고 각각에 대해서 설명하시오.[6점]

[심리학3장 2절 7번]

정답

1) 흥미평가기법
   <u>종이에 알파벳을 쓰고 알파벳에 맞춰 흥밋거리를 기입한다.</u>
2) 직업카드 분류
   <u>일련의 카드를 주고 선호군, 혐오군, 미결정군으로 분류하는 기법이다.</u>
3) 작업경험분석
   <u>내담자의 과거 작업경험을 분석한다.</u>

15 최저임금제도의 실시에 따른 기대효과 6가지를 쓰시오.[6점]　　　　[시장론2장 1절 6번]

정답

1) 저임금근로자의 소득향상을 가져온다.
2) 기업경영의 근대화를 촉진한다.
3) 산업구조의 고도화에 기여한다.
4) 사회복지제도의 기초가 된다.
5) 기업 간 공정한 경쟁을 확보할 수 있다.
6) 임금격차를 개선한다.

16 행동주의 상담의 치료기법 중 적응행동증진기법 3가지를 설명하시오.[6점]

[상담학2장 8절 9번]

정답

1) 강화
   상담자가 내담자의 진로선택이나 결정에 대해 긍정적 또는 부정적인 반응을 보임으로써
   바람직한 행동을 강화시킨다.
2) 대리학습
   다른 사람의 진로결정 행동이나 결과를 관찰함으로써 직업결정행동의 학습을 촉진시킨다.
3) 변별학습
   바람직한 행동과 바람직하지 않은 행동을 구별할 수 있도록 학습시키는 방법이다.

17 심리검사의 유형을 투사적 검사와 객관적 검사로 구분할 때 객관적 검사의 장점 3가지를
쓰시오.[6점]　　　　[심리학3장 1절 2번]

정답

1) 검사의 객관성이 보장된다.
2) 채점의 결과가 채점자에 관계없이 동일하다.
3) 검사의 실시가 간편하다.

18 흥미를 사정하는 목적을 5가지만 쓰시오.[5점]　　　　　　　　　[심리학3장 2절 6번]

> 정답

1) 여가선호와 직업선호 구별하기
2) 자기인식 발전시키기
3) 직업대안 규명하기
4) 직업·교육상의 불만족의 원인 규명하기
5) 직업탐색 조장하기

2021년 3회 직업상담사 2급 필답형

---

01 프로이드의 방어기제 5가지를 쓰고, 이를 설명하시오.[5점] [상담학2장 1절 2번]

정답

1) <u>억압</u> : 의식하기에는 현실이 너무 고통스러워 무의식 속으로 억눌러 버리는 것
2) <u>거부</u> : 고통스러운 현실을 인정하지 않음으로서 불안을 방어해보려는 수단
3) <u>고착</u> : 다음 단계로 발달하지 않음으로써 다음단계가 주는 불안에서 벗어나려는 것
4) <u>퇴행</u> : 초기의 발달단계로 후퇴하는 행동
5) <u>합리화</u> : 실망을 주는 현실에서 도피하기 위해 그럴듯한 구실을 붙이는 것

---

02 윌리암슨의 변별진단 3가지를 쓰고 설명하시오.[6점] [상담학2장 5절 3번]

정답

1) <u>무선택</u>
   미래의 진로에 대해 잘 모른다고 말한다.
2) <u>불확실한 선택</u>
   선택은 했으나 자신의 선택에 의심을 나타낸다.
3) <u>현명하지 못한 선택</u>
   충분한 적성을 가지고 있지 않은 직업을 선택한다.
4) 흥미와 적성 간의 불일치
   본인이 말하는 흥미와 적성 사이의 불일치일 수도 있고, 측정된 흥미와 적성 사이의 불일치일 수도 있다.

03 인지적-정서적 상담(RET)의 기본개념인 A-B-C-D-E-F의 의미를 쓰시오.[6점]

[상담학2장 9절 1번]

정답

1) A : 선행사건 : 내담자에게 발생한 사건이나 행동
2) B : 신념체계 : 선행사건에서 비롯된 비합리적 신념
3) C : 결과 : 비합리적 신념에 의한 부적절한 결과
4) D : 논박 : 내담자의 비합리적인 신념을 수정하기 위한 방법
5) E : 효과 : 비합리적 신념을 논박함으로써 합리적인 신념으로 대치
6) F : 새로운 감정 : 합리적인 신념에서 비롯된 긍정적인 감정

04 발달적 직업상담에서 Super는 진단이라는 용어 대신에 평가라는 말을 사용했다. Super가 제시한 3가지 평가를 쓰고 설명하시오.[6점]

[상담학2장 13절 2번]

정답

1) 문제의 평가 : 내담자가 경험하고 있는 어려움과 진로상담에 대한 기대가 평가된다.
2) 개인의 평가 : 심리 검사와 사회적인 각종 통계자료 등을 통해 내담자의 적성, 흥미, 능력 등을 평가한다.
3) 예언의 평가 : 문제의 평가와 개인의 평가를 바탕으로 내담자가 성공하고 만족할 수 있는 직업에 대한 예언이 이루어진다.

05 생애진로사정의 구조 3가지를 쓰고 설명하시오.[6점]

[상담학3장 1절 4번]

정답

1) 진로사정
   내담자의 직업경험, 교육훈련, 여가활동 등에 대해 파악한다.
2) 전형적인 하루
   내담자가 일상생활을 어떻게 조직하는가를 파악한다.
3) 강점과 장애
   내담자가 믿고 있는 장점과 단점, 잘하는 일과 못하는 일이 무엇인지 물어본다.
4) 요약
   수집된 정보를 강조하고 진로계획을 향상시키기 위해 상담을 통해 목표를 성취하도록 자극한다.

06 Butcher의 집단상담을 위한 3단계 모델에 대해서 쓰시오.[6점] [상담학1장 2절 4번]

정답

1) 탐색단계 : 자기개방, 흥미와 적성에 대한 측정, 측정결과에 대한 피드백, 불일치의 해결이 이루어진다.
2) 전환단계 : 자아와 피드백 간의 일치가 이루어지면 직업세계와 연결하고, 일과 삶의 가치를 조사한다.
3) 행동단계 : 목표설정, 목표달성을 촉진하기 위한 정보의 수집과 공유, 의사결정이 이루어지는 단계이다.

07 심리검사는 규준에 의한 검사와 준거에 의한 검사로 나눌 수 있는데 그 의미와 예를 들어 설명하시오.[6점] [심리학1장 2절 8번]

정답

1) 규준참조검사
   개인의 점수를 다른 사람들의 점수와 비교하여 상대적으로 어떤 점수인지 알아보는 것
   (예 상대평가–심리검사, 선발검사)
2) 준거참조검사
   어떤 기준점수와 비교하여 높낮이를 알아보는 검사
   (예 절대평가–국가기술자격시험, 운전면허시험)

08 심리검사 도구를 검사장면에 따른 모의장면검사, 축소상황검사, 경쟁장면검사를 설명하시오.[6점] [심리학3장 1절 6번]

정답

1) 모의장면검사–실제 상황과 거의 유사한 장면을 인위적으로 만들어 놓은 검사이다.
2) 경쟁장면검사–작업장면과 같은 상황에서 경쟁적으로 문제해결을 요구하는 검사이다.
3) 축소상황검사–실제 장면에서의 구체적인 과제나 직무를 매우 축소시킨 검사이다.

09 직업심리검사의 신뢰도를 추정하는 방법 3가지를 설명하시오.[6점]   <small>[심리학2장 1절 2번]</small>

> **정답**

1) 검사-재검사 신뢰도(안정성계수)
   동일한 검사를 동일한 사람에게 서로 다른 시간에 두 번 시행하여 얻은 두 점수 간의 상관계수로 신뢰도를 추정하는 것이다.
2) 동형검사신뢰도(동등성 계수)
   동형의 두 검사를 동일한 사람에게 실시하여 얻은 두 점수 간의 상관계수로 신뢰도를 추정하는 것이다.
3) 반분신뢰도(내적합치도 계수)
   하나의 검사를 문항수가 같도록 반씩 나누어 실시하여 얻은 두 점수 간의 상관계수로 신뢰도를 추정하는 것이다.

10 직업상담사는 내담자의 검사결과를 해석하기에 앞서 검사결과를 검토해야 한다. Tinsley 와 Bradley가 언급한 검사결과 검토의 2단계를 쓰고 각각에 대해 설명하시오.[4점]

<small>[심리학1장 3절 2번]</small>

> **정답**

1) 1단계 : 이해 단계
   점수가 내담자에게 어떤 의미를 갖는지 알아본다.
2) 2단계 : 통합 단계
   내담자에 대해 알고 있는 다른 정보들과 검사 결과를 통합한다.

11 진로시간전망 검사 중 원형검사(The Circles test)에서 시간전망 개입의 3가지 차원을 쓰고 각각에 대해 설명하시오.[6점]   <small>[상담학3장 2절 7번]</small>

> **정답**

1) 방향성 : 미래에 대한 낙관적인 입장을 구성하여 미래지향성을 증진시킨다.
2) 변별성 : 미래를 현실처럼 느끼게 하고, 목표를 신속하게 설정하도록 하는 데 있다.
3) 통합성 : 현재 행동과 미래의 결과를 연결시키고, 진로에 대한 인식을 증진시킨다.

12 **직무평가방법 4가지를 쓰시오.[4점]** [정보론4장 10번]

정답

1) 서열법
2) 분류법
3) 요소비교법
4) 점수법

13 **홀랜드 유형론에서 5개의 주요개념 중 일관성, 변별성, 정체성에 대해 설명하시오.[6점]**
[심리학4장 1절 2번]

정답

1) 일관성
   홀랜드 코드의 두 개의 첫문자가 육각형에 인접할 때 일관성이 높게 나타난다.
2) 차별성(변별성)
   하나의 유형에는 유사성이 많지만 다른 유형에는 별로 유사성이 없다.
3) 정체성
   개인의 정체성이란 목표, 흥미, 재능에 대한 명확하고 견고한 청사진을 말하고, 환경정체성이란 조직의 투명성, 안정성, 목표ㆍ일ㆍ보상의 통합으로 규정된다.

14 **노동수요 탄력성에 대한 4가지 원리를 쓰시오.[4점]** [시장론1장 1절 2번]

정답

1) 다른 생산요소의 공급탄력성이 클수록 노동수요의 탄력성은 커진다.
2) 다른 생산요소와 대체가능성이 클수록 노동수요의 탄력성은 커진다.
3) 생산물의 수요 탄력성이 클수록 노동수요의 탄력성은 커진다.
4) 총 생산비에 대한 노동비용의 비중이 클수록 노동수요의 탄력성은 커진다.

15 다음표를 보고 물음에 답하시오.[7점]

[시장론1장 1절 6번]

A기업 임금	A기업 노동시간	B기업 임금	B기업 노동시간
4,000	20,000	6,000	30,000
5,000	10,000	5,000	33,000

정답

1) 두 기업의 노동수요탄력성 값을 계산하시오. (소수점의 경우 셋째 자리에서 반올림 계산)

$$A기업\ 임금탄력성 = \frac{\dfrac{|20,000 - 10,000|}{20,000} \times 100}{\dfrac{|4,000 - 5,000|}{4,000} \times 100} = 2.00$$

$$B기업\ 임금탄력성 = \frac{\dfrac{|30,000 - 33,000|}{30,000} \times 100}{\dfrac{|6,000 - 5,000|}{6,000} \times 100} = 0.60$$

2) 노동조합이 임금협상을 시도하고자 할 때 그 타결 가능성이 높은 기업을 선택하고 그 이유를 설명하시오.

B기업

노동수요의 임금탄력성이 비탄력적일수록 임금인상 시 고용량의 감소가 작기 때문에 노동조합의 교섭력은 커진다. 따라서 B기업 노동조합의 임금협상 타결가능성이 높다.

16 한국직업사전의 부가직업정보 직무기능은 자료, 사람, 사물과 연관된 특성을 나타낸다. 자료의 하위직무기능으로 다음 (   ) 안에 들어갈 직무기능은?[6점]

[정보론1장 12번]

종합-(   )-(   )-(   )-(   )-(   )-(   )

정답

종합-(조정)-(분석)-(수집)-(계산)-(기록)-(비교)

17 한국표준직업분류에서 말하는 다수직업 종사자의 직업을 결정하는 일반적인 원칙을 순서
대로 나열하시오.[6점]

[정보론2장 9번]

정답

1) 취업시간 우선의 원칙

가장 먼저 분야별로 취업시간을 고려하여 보다 긴 시간을 투자하는 직업으로 결정한다.

2) 수입 우선의 원칙

위의 경우로 분별하기 어려운 경우는 수입이 많은 직업으로 결정한다.

3) 조사 시 최근의 직업 원칙

위의 두 가지 경우로 판단할 수 없는 경우에는 조사시점을 기준으로 최근에 종사한 직업
으로 결정한다.

18 한국표준산업분류에서 통계단위의 산업을 결정하는 방법을 2가지만 쓰시오.[4점]

[정보론3장 6번]

정답

1) 생산단위의 산업 활동은 그 생산단위가 수행하는 주된 산업 활동의 종류에 따라 결정된다.

2) 계절에 따라 정기적으로 산업을 달리하는 사업체의 경우에는 조사시점에서 경영하는
사업과는 관계없이 조사대상 기간 중 산출액이 많았던 활동에 의하여 분류된다.

3) 휴업 중 또는 자산을 청산중인 사업체의 산업은 영업 중 또는 청산을 시작하기 이전의
산업활동에 의하여 결정하며, 설립중인 사업체는 개시하는 산업활동에 따라 결정한다.

4) 단일사업체의 보조단위는 그 사업체의 일개 부서로 포함하며, 여러 사업체를 관리하는
중앙보조단위는 별도의 사업체로 처리한다.

2022년 1회 직업상담사 2급 필답형

---

01 아래의 표를 보고 최적고용단위를 결정하고 근거를 설명하시오. (단, 노동 1단위 임금 : 150원, 생산물 1개 단가 : 100원) [4점]

[시장론1장 2절 2번]

노동	1	2	3	4	5	6
생산량	2	4	7	8.5	9	9

> **정답**

노동	1	2	3	4	5	6
생산량	2	4	7	8.5	9	9
한계생산량	2	2	3	1.5	0.5	0
한계생산물의 가치	200	200	300	150	50	0

1) 최적고용단위 : <u>4단위</u>
2) 근거 : <u>한계수입＝한계비용일 때 기업의 이윤이 극대화된다.</u>
   <u>한계수입(한계생산물의 가치)＝한계생산물×시장가격이며, 한계비용＝임금이다.</u>
   <u>따라서 노동1단위 가격 150원과 노동의 한계생산물의 가치가 일치하는(1.5개×100원</u>
   <u>＝150원) 수준인 4단위가 최적고용단위이다.</u>

02 한국표준직업분류에서 말하는 '다수직업 종사자'란 무엇인지 설명하고, 이의 직업을 결정하는 일반적인 원칙을 순서대로 나열하시오.[6점]

[정보론2장 9번]

> **정답**

1) 다수직업 종사자
   <u>한 사람이 전혀 상관성이 없는 두 가지 이상의 직업에 종사하는 자를 말한다.</u>

2) 분류원칙
① 취업시간 우선의 원칙 : 가장 먼저 분야별로 취업시간을 고려하여 보다 긴 시간을 투자하는 직업으로 결정한다.
② 수입 우선의 원칙 : 위의 경우로 분별하기 어려운 경우는 수입이 많은 직업으로 결정한다.
③ 조사 시 최근의 직업 원칙 : 위의 두 가지 경우로 판단할 수 없는 경우에는 조사 시점을 기준으로 최근에 종사한 직업으로 결정한다.

03 상담에서 "역전이"의 의미를 기술하고, 그 해결책을 작성하시오.[4점]　　[상담학2장 1절 4번]

정답

1) 의미 : 상담자가 전에 다른 사람에게 느꼈던 감정을 내담자에게서 느끼게 되는 현상을 말한다.
2) 해결책
① 자기 분석과 교육 분석을 통해 그 원인을 제거한다.
② 자기분석을 통해 그 원인이 제거되지 않으면 지도감독을 받는다.
③ 그래도 역전이 문제가 해결되지 않으면 내담자를 다른 상담자에게 보낸다.

04 홀랜드가 제시하는 6가지 직업적 성격의 특징을 기술하시오.[6점]　　[심리학4장 1절 1번]

정답

1) 현실형(R)
① 기계, 도구, 동물에 관한 체계적인 조작 활동을 좋아하나 사회적 기술이 부족하다.
② 직업 : 기술자, 정비사, 농부
2) 탐구형(I)
① 분석적이며 호기심이 많으나 리더십 기술이 부족하다.
② 직업 : 과학자, 수학자, 의사
3) 예술형(A)
① 표현이 풍부하고 독창적이나 규범적인 기술은 부족하다.
② 직업 : 음악가, 화가, 배우
4) 사회형(S)
① 다른 사람과 함께 일하거나 돕는 것을 좋아하지만 조직적인 활동을 싫어한다.
② 직업 : 교사, 상담가, 사회복지사

5) 진취형(E)
  ① 조직목표나 경제적 목표를 달성하기 위해 타인을 조작하는 활동을 좋아하지만 과학적 능력이 부족하다.
  ② 직업 : 경영자, 세일즈맨, 정치가
6) 관습형(C)
  ① 체계적으로 자료를 처리하고 기록을 정리하거나 자료를 재생산하는 것을 좋아하지만 예술적 능력이 부족하다.
  ② 직업 : 은행원, 사서, 회계사

05 직업상담의 목적 5가지를 쓰시오.[5점]

[상담학1장 1절 2번]

정답

1) 직업 문제를 인식하게 한다.
2) 직업 의사결정 능력을 배양한다.
3) 직업 선택에 대한 책임을 진다.
4) 직업 세계를 이해한다.
5) 실업 등 직업에 대한 위기 관리능력을 배양한다.

06 프로이드의 방어기제 5가지를 쓰고, 이를 설명하시오.[6점]

[상담학2장 1절 2번]

정답

1) 억압 : 의식하기에는 현실이 너무 고통스러워 무의식 속으로 억눌러버리는 것
2) 거부 : 고통스러운 현실을 인정하지 않음으로써 불안을 방어해보려는 수단
3) 고착 : 다음 단계로 발달하지 않음으로써 다음 단계가 주는 불안에서 벗어나려는 것
4) 퇴행 : 초기의 발달단계로 후퇴하는 행동
5) 합리화 : 실망을 주는 현실에서 도피하기 위해 그럴듯한 구실을 붙이는 것

07 Brayfield가 제시한 직업정보의 기능 3가지를 쓰고 설명하시오.[6점]　　[상담학2장 5절 7번]

정답

1) 정보제공 기능 : 모호한 의사결정을 돕고 진로 선택에 관한 지식을 증가시켜 주는 기능
2) 재조정 기능 : 내담자가 현실에 비추어 부적당한 선택을 했는지 재조명해 보는 기능
3) 동기화 기능 : 내담자가 의사결정과정에 적극 참여하도록 동기화시켜주는 기능

08 행동주의 상담기법 중 불안감소기법과 학습촉진기법을 3가지씩 쓰고, 각각에 대해 설명하시오.[6점]　　[상담학2장 8절 9번]

정답

1) 불안을 완화시키기 위한 방법
   ① 체계적 둔감화 : 불안을 일으키는 자극을 가장 약한 정도에서 출발하여 가장 강한 자극으로 점차적으로 자극력을 감소해 나가는 방법
   ② 반조건형성 : 증상에 상반되는 바람직한 행동을 강화함으로써 증상행동이 없어지거나 약화되게 하는 방법
   ③ 금지적조건형성 : 불안을 일으킬 만한 단서를 반복적으로 제시함으로써 불안반응을 제거하는 방법
2) 학습촉진기법(적응행동증진기법)
   ① 강화 : 상담자가 내담자의 진로선택이나 결정에 대해 긍정적 또는 부정적인 반응을 보임으로써 바람직한 행동을 강화시킨다.
   ② 대리학습 : 다른 사람의 진로결정 행동이나 결과를 관찰함으로써 의사결정의 학습을 촉진시킨다.
   ③ 변별학습 : 바람직한 행동과 바람직하지 않은 행동을 구별할 수 있도록 학습시키는 방법이다.

09 의사교류분석 상담의 제한점 3가지를 설명하시오.[6점]　　[상담학2장 7절 4번]

정답

1) 인지적이므로 지적 능력이 낮은 내담자의 경우 부적절할 수도 있다.
2) 추상적이어서 실제 적용에 어려움이 있다.
3) 과학적인 증거로 제시되었다고 보기는 어렵다.

10 다음 내용은 내담자의 짧은 호소문이다. 이 호소문의 내용을 참고하여 아래의 각 물음에 답하시오.[10점]

[상담학2장 9절 6번]

> 저는 어렸을 때부터 모범생이었으며, 항상 부모님을 실망시키지 않았습니다. 대학교에서도 우수한 성적으로 졸업하였습니다. 그리고 부모님이나 친척들이 저에게 많은 기대를 하고 있지요.
> 좋은 직업을 갖고 내로라하는 직장에 취업할 수 있다고 믿고 있습니다. 사실 제 형제들은 저보다 공부도 잘하지 못했고 좋은 대학도 나오지 못했습니다. 그래서 항상 부모님들은 제가 기쁘게 해드릴 수 있다고 생각합니다. 대학의 학과 선택도 부모님의 의견을 존중했었습니다. 전 부모님을 실망시켜 드리고 싶지 않아 열심히 취업 준비를 하였습니다.
> 그런데 어쩐 일인지 아무리 노력해도 취업하기가 힘듭니다. 이번에 Y회사에 이력서를 냈는데 그르칠까 봐 걱정입니다. 더군다나 이번이 그럴듯한 회사의 채용공고가 거의 마지막 기회이기 때문에 실패하게 된다고 생각하니 숨이 막힐 것 같습니다. 어떻게 해서라도 좋은 회사에 취업을 해야만 한다고 생각하니 하루하루 생활이 힘듭니다.

정답

1) 이 내담자를 진단하고, 어떤 기법을 사용해야 하는지를 제시하시오.
　　-진단 : <u>강박적 사고</u>
　　-기법 : <u>REBT 기법</u>

2) 직업상담을 실시한다면 각 치료단계(5단계)마다 어떤 내용으로 상담을 진행해야 하는지 간략하게 가상적인 상담내용을 기록하시오.
　① 1단계 : 선행사건 A : <u>내담자가 Y회사에 입사하려고 한다.</u>
　② 2단계 : 신념체계 B : <u>반드시 Y회사에 들어가야만 한다.</u>
　③ 3단계 : 결과 C : <u>입사하지 못하면 숨이 막힐 것 같다.</u>
　④ 4단계 : 논박 D : <u>Y회사 입사에 실패하는 것이 인생의 실패인가?</u>
　⑤ 5단계 : 효과 E : <u>Y회사보다 좋은 곳이 많으며 재도전의 기회도 존재한다.</u>

3) 호소문에 제시되지는 않았으나 이 내담자가 갖고 있는 예측될 수 있는 문제는 무엇이 있는지 6가지를 쓰시오.
　① <u>무기력감</u>　　② <u>스트레스</u>　　③ <u>긴장</u>
　④ 불안　　　　　⑤ 초조　　　　　⑥ <u>좌절</u>
　⑦ 분노　　　　　⑧ 우울감

11 신뢰도 추정방법 중 사람들이 하나의 검사에 대해 서로 다른 시점에서 얼마나 일관성 있게 반응하는지 알아보는 검사 - 재검사의 단점을 4가지 쓰시오.[4점]　[심리학2장 1절 3번]

정답

1) 이월효과
2) 반응민감성
3) 측정 속성의 변화
4) 물리적 환경의 변화

12 다음 (　　) 안에 알맞은 타당도의 종류를 아래에 쓰시오.[6점]　[심리학2장 2절 2번]

(A)은/는 검사의 각 문항을 주의 깊게 검토하여, 그 문항이 검사에서 측정하고자 하는 것을 재는지 여부를 결정하는 것이다. 이것은 그 분야의 자격을 갖춘 사람들에 의해 판단된다.
(B)의 유형으로는 공인타당도와 예언타당도가 있다.
(C)은/는 조작적으로 정의되지 않은 인간의 심리적 특성이나 성질은 심리적 구인으로 분석하여 조작적 정의를 부여한 후, 검사점수가 이러한 심리적 구인으로 구성되어 있는가를 검정하는 방법이다.

정답

A : 내용타당도
B : 준거타당도
C : 구성타당도

13 스피어먼(Spearman)의 2요인을 설명하시오.[4점]　[심리학3장 2절 3번]

정답

1) 일반지능요인 : 모든 지적 활동에 작용하는 일반적인 능력을 말한다.
2) 특수지능요인 : 특정 과제 수행에만 작용하는 구체적인 능력을 말한다.

355

14 일반 적성검사(General Aptitude Test Battery ; GATB)에서 사용되는 9개의 적성항목을 설명하시오.[6점]

[심리학3장 2절 5번]

정답

1) 지능(G) : 일반적인 학습능력
2) 언어능력(V) : 언어의 뜻과 개념을 이해하는 능력
3) 수리능력(N) : 빠르고 정확하게 계산하는 능력
4) 사무지각(Q) : 문자나 전표 등의 세부를 식별하는 능력
5) 공간적성(S) : 공간상의 형태를 이해하는 능력
6) 운동반응(K) : 빠르고 정확한 운동을 할 수 있는 능력
7) 형태지각(P) : 실물이나 도해를 바르게 지각하는 능력
8) 손의 재치(M) : 손을 마음대로 정교하게 조절하는 능력
9) 손가락 재치(F) : 손가락을 정교하게 움직이는 능력

15 아래의 주어진 예시를 보고 다음을 계산하시오.[4점]

[시장론1장 3절 3번]

- 15세 이상 인구 : 35,986천명
- 비경제활동인구 : 14,717천명
- 취업자 : 20,149천명(자영업자 5,645천명, 무급가족 종사자 1,685천명, 상용직 근로자 6,113천명, 임시근로자 4,481천명, 일용근로자 2,225천명)

정답

1) 실업률은?

경제활동인구＝15세 이상－비경제활동인구＝35,986－14,717＝21,269
실업자＝경제활동인구－취업자＝21,269－20,149＝1,120
실업율＝실업자÷경제활동인구＝1,120÷21,269×100＝5.266%

2) 임금근로자 수는?

임금근로자 수＝상용직 근로자(6,113)＋임시근로자(4,481)＋일용근로자(2,225)
＝12,819천명

3) 경제활동참가율은?

경제활동인구 : 35,986－14,717＝21,269
경제활동참가율＝21,269÷35,986×100＝59.10%

16 최저임금제도의 실시에 따른 기대효과 5가지 대하여 약술하시오.[5점]　[시장론2장 1절 6번]

> **정답**

1) 저임금근로자의 소득 향상을 가져온다.
2) 기업경영의 근대화를 촉진한다.
3) 산업구조의 고도화에 기여한다.
4) 사회복지제도의 기초가 된다.
5) 기업 간 공정한 경쟁을 확보할 수 있다.
6) 임금격차를 개선한다.
7) 노사분규 방지에 기여할 수 있다.

17 공공직업정보의 특성 4가지만 쓰시오.[4점]　[정보론1장 2번]

> **정답**

1) 무료로 제공된다.
2) 객관적 기준에 따라 직업을 분류한다.
3) 전체 산업, 업종에 대한 포괄적인 정보를 제공한다.
4) 지속적으로 조사·분석하여 제공된다.

18 한국표준산업분류 중 사례별 산업결정방법과 산업분류의 적용원칙 4가지를 쓰시오.[8점]
[정보론3장 6번]

> **정답**

1) 생산단위는 산출물뿐만 아니라 투입물과 생산공정 등을 함께 고려하여 그들의 활동을 가장 정확하게 설명된 항목에 분류해야 한다.
2) 자기가 직접 실질적인 생산활동은 하지 않고, 다른 계약업자에 의뢰하여 재화 또는 서비스를 자기계정으로 생산케 하고, 이를 자기명의로, 자기 책임하에서 판매하는 단위는 이들 재화나 서비스 자체를 직접 생산하는 단위와 동일한 산업으로 분류하여야 한다.
3) 복합적인 활동단위는 우선적으로 최상급 분류단계를 정확히 결정하고, 순차적으로 중, 소, 세, 세세분류 단계 항목을 결정하여야 한다.
4) 산업활동이 결합되어 있는 경우에는 그 활동단위의 주된 활동에 따라 분류하여야 한다.

2022년 2회 직업상담사 2급 필답형

---

01 직업상담사가 갖추어야 할 자질 5가지를 쓰시오.[5점]   [상담학1장 1절 6번]

정답

1) 내담자에 대한 존경심을 가져야 한다.
2) 자신에 대한 정당한 이해가 있어야 한다.
3) 상담업무를 수행하는 데 결함이 없는 성격을 갖추어야 한다.
4) 심리학적 기초지식을 갖추어야 한다.
5) 직업정보 분석 능력과 전산 운영 능력을 갖추어야 한다.

02 윌리암슨의 변별 진단 4가지를 쓰고 설명하시오.[4점]   [상담학2장 5절 3번]

정답

1) 무선택 : 미래의 진로에 대해 잘 모른다고 말한다.
2) 불확실한 선택 : 선택은 했으나 자신의 선택에 의심을 나타낸다.
3) 현명하지 못한 선택 : 충분한 적성을 가지고 있지 않은 직업을 선택한다.
4) 흥미와 적성 간의 불일치 : 본인이 말하는 흥미와 적성 사이의 불일치일 수도 있고, 측정된 흥미와 적성 사이의 불일치일 수도 있다.

03 인지적 - 정서적 상담(RET)의 기본개념인 A - B - C - D - E - F의 의미를 쓰시오.[6점]

[상담학2장 9절 1번]

정답

1) A(선행사건) : 내담자에게 발생한 사건이나 행동
2) B(신념체계) : 선행사건에서 비롯된 비합리적 신념
3) C(결과) : 비합리적 신념에 의한 부적절한 결과
4) D(논박) : 내담자의 비합리적인 신념을 수정하기 위한 방법
5) E(효과) : 비합리적 신념을 논박함으로써 합리적인 신념으로 대치
6) F(새로운 감정) : 합리적인 신념에서 비롯된 긍정적인 감정

04 인지치료에서의 인지적 오류 유형 4가지를 쓰시오.[4점]

[상담학2장 10절 2번]

정답

1) 흑백논리
2) 과잉 일반화
3) 선택적 추상화
4) 의미 확대, 의미 축소

05 형태주의 상담의 주요 목표 6가지를 쓰시오.[6점]

[상담학2장 6절 2번]

정답

1) 알아차림
2) 통합
3) 성장
4) 실존적 삶
5) 자립
6) 책임

06 직업상담에서 내담자 이해를 위한 질적 측정도구 3가지를 쓰고 설명하시오.[6점]

[심리학3장 1절 7번]

정답

1) 직업가계도 : 내담자의 부모, 숙모와 삼촌, 형제자매 등의 직업들을 도해로 표시하는 것이다.
2) 생애진로사정 : 구조화된 면담기술로서 내담자의 직업경험과 교육수준, 강점과 장애 등에 관한 정보를 수집할 수 있다.
3) 직업카드분류 : 홀랜드 유형론에 따라서 내담자에게 일련의 카드를 주고 선호군, 혐오군, 미결정군으로 분류하는 기법이다.

07 한국직업사전의 부가직업정보 중 직무기능은 자료 · 사람 · 사물과 연관된 특성을 나타낸다. 이때 사람과 관련된 특성 5가지를 쓰시오.[5점]

[정보론4장 12번]

정답

1) 자문
2) 협의
3) 교육
4) 감독
5) 설득

08 한국표준 직업분류에서 직업으로 인정되지 않는 활동 6가지를 기술하시오.[6점]

[정보론2장 8번]

정답

1) 교육기관에 재학하며 학습에만 전념하는 경우
2) 이자, 주식배당, 임대료(전세금, 월세) 등과 같은 자산 수입이 있는 경우
3) 자기 집의 가사 활동에 전념하는 경우
4) 시민봉사활동 등에 의한 무급 봉사적인 일에 종사하는 경우
5) 수형자의 활동과 같이 법률에 의한 강제노동을 하는 경우
6) 사회복지시설 수용자의 시설 내 경제활동

09 한국표준산업분류 개요 중 산업, 산업활동의 정의 및 산업활동의 범위를 기술하시오. [8점]

[정보론3장 1번]

정답

1) 산업의 정의 : 유사한 성질을 갖는 산업활동에 주로 종사하는 생산단위의 집합을 말한다.
2) 산업활동의 정의 : 각 생산단위가 노동, 자본, 원료 등 자원을 투입하여, 재화 또는 서비스를 생산 또는 제공하는 일련의 활동과정을 말한다.
3) 산업 활동의 범위 : 영리적, 비영리적 활동이 모두 포함되나, 가정 내의 가사활동은 제외된다.
4) 산업분류 : 생산단위가 주로 수행하는 산업 활동을 그 유사성에 따라 체계적으로 유형화한 것이다.

10 표준화를 위해 수집된 자료가 정규분포에서 벗어나는 것은 검사도구의 문제라기보다 표집절차의 오류에 원인이 있다. 이를 해결하기 위한 방법을 세 가지 쓰고 각각에 대해 설명하시오.[6점]

[심리학2장 1절 9번]

정답

1) 절미법 : 편포의 꼬리를 잘라내는 방법이다.
2) 완곡화하는 방법 : 정상분포의 모양을 갖추도록 점수를 보태거나 빼주는 방법이다.
3) 면적환산법 : 각 점수들의 백분위를 구하고 그 백분위에 해당하는 표준점수를 찾는 방법이다.

11 준거타당도 계수의 크기에 영향을 미치는 요인 3가지를 쓰고 이를 설명하시오.[6점]

[심리학2장 2절 6번]

정답

1) 표집오차 : 표본이 모집단을 잘 대표하지 못할 경우 검사의 준거타당도는 낮아진다.
2) 준거측정치의 신뢰도 : 준거측정치의 신뢰도가 낮으면 검사의 준거타당도는 낮아진다.
3) 준거측정치의 타당도 : 준거측정치의 타당도가 낮으면 검사의 준거타당도는 낮아진다.

12 심리검사의 목적 3가지를 쓰고 이를 간단히 설명하시오.[6점] [심리학1장 1절 1번]

정답

1) 예측 : 심리검사를 통하여 그 사람의 장래 행동이나 성취 등을 예측한다.
2) 분류 및 진단 : 심리검사 결과를 통하여 피검자에 대한 분류 및 진단을 할 수 있다.
3) 자기 이해의 증진 : 현명한 의사결정과 합리적 행동을 위한 자기이해를 증진시킬 수 있다.

13 부정적인 심리검사 결과가 나온 내담자에게 검사결과를 통보하는 방법 4가지를 설명하시오.[4점] [심리학1장 3절 4번]

정답

1) 단순한 점수의 통보가 아니라 상담의 한 부분으로 간주한다.
2) 내담자가 충격을 받지 않도록 진점수의 범위를 설명한다.
3) 검사결과를 내담자가 호소한 특정 문제에 대한 설명이나 해결책으로 활용한다.
4) 어려운 용어는 피하고 일상적인 용어를 사용한다.

14 심리검사 사용의 윤리적 문제와 관련하여 주의하여야 할 사항을 6가지 쓰시오.[6점] [심리학1장 3절 7번]

정답

1) 유자격 검사자만이 사용한다.
2) 검사내용이 수검자에게 미리 알려져선 안 된다.
3) 수검자의 사생활은 보호되어야 한다.
4) 수검자를 부당하게 차별하는 도구로 사용되어서는 안 된다.
5) 검사의 한계를 인식하고 검사의 질적인 향상을 위해 노력한다.
6) 검사의 목적과 절차에 관해 사전 동의를 받아야 한다.

15 직무분석방법 중에서 결정적 사건법의 단점 4가지를 쓰시오.[4점] [정보론4장 3번]

정답

1) 일상적인 수행과 관련된 지식, 기술, 능력들이 배제될 수 있다.
2) 응답자들이 과거에 일어났던 결정적 사건을 왜곡해서 기술할 가능성이 있다.
3) 추론하는 과정에서 주관성이 개입될 수 있다.
4) 수집된 자료를 분류하는 데 많은 시간과 노력이 필요하다.

16 겔라트가 제시한 진로 의사결정의 단계를 쓰시오.[6점] [심리학5장 5번]

정답

1) 목적의식
2) 정보 수집
3) 대안 열거
4) 대안의 결과 예측
5) 대안의 실현 가능성 예측
6) 가치평가
7) 의사결정
8) 평가 및 재투입

17 아래의 표를 토대로 제시된 물음에 답하시오.[5점] [시장론1장 3절 8번]

구분	15~19세	20~24세	25~29세	30~50세
생산가능인구	3,284	2,650	3,846	22,982
경제활동인구	203	1,305	2,797	17,356
취업자	178	1,181	2,598	16,859
실업자	25	124	199	497
비경제활동인구	3,081	1,345	1,049	5,626

정답

1) 30~50세 고용률(%)을 계산하시오. (소수점 둘째 자리에서 반올림)

$$\frac{16,859}{22,982} \times 100 = 73.4\%$$

2) 30~50세 고용률을 29세 이하 고용률과 비교하여 분석하시오.

$25{\sim}29$세 : $\dfrac{2{,}589}{3{,}846} \times 100 = 67.6\%$

$20{\sim}24$세 : $\dfrac{1{,}181}{2{,}650} \times 100 = 44.6\%$

$15{\sim}19$세 : $\dfrac{178}{3{,}284} \times 100 = 5.4\%$

30~50세의 고용률은 73.4%로 29세 이하 고용률에 비해서 높다. 따라서 30~50세는 다른 연령대에 비해 가장 경제활동이 활발한 세대라 볼 수 있다.

18 노동수요 $L_d = 5{,}000 - 2W$이며, 1시간당 임금(W)이 2,000원일 때 노동수요의 임금탄력성의 절댓값과 근로자 수입은 얼마인지 계산하시오. (단 L은 근로자 수, W는 시간당 임금) [7점]

[시장론1장 1절 7번]

정답

1) 노동수요의 임금탄력성의 절댓값

$$\text{노동수요의 임금탄력성} = \frac{\text{노동수요량의 변화율(\%)}}{\text{임금의 변화율(\%)}} = \frac{\dfrac{\text{노동수요 변동분}}{\text{원래 노동수요}}}{\dfrac{\text{임금의 변동분}}{\text{원래 임금}}}$$

$$= \frac{\dfrac{\Delta L_d}{L_d}}{\dfrac{\Delta w}{w}} = \frac{\Delta L_d \times w}{\Delta w \times L_d}$$

$\dfrac{\Delta L_d}{\Delta w}$ 는 노동수요를 임금에 대한 미분값이며, $L_d = 5{,}000 - 2W$를 임금에 대해 미분하면 -2이다.

$$\text{노동수요의 임금탄력성} = \frac{dL_D}{dW} \times \frac{W}{L_D} = -2 \times \frac{2{,}000\text{원}}{1{,}000\text{원}} = -4$$

노동수요의 임금탄력성의 절댓값 $= 4$

2) 근로자의 수입

근로자의 수입 = 노동수요량 × 시간당 임금

노동수요량(L_D) = $5{,}000 - 2 \times 2000$원 = 1,000시간

근로자의 수입 = 1,000시간 × 2,000원 = 2,000,000원

2022년 3회 직업상담사 2급 필답형

01 산업분류의 결정방법 중 생산단위의 활동형태 3가지를 쓰고 설명하시오.[6점]

[정보론3장 4번]

정답

1) 주된 산업활동 : 생산된 재화 또는 제공된 서비스 중에서 부가가치가 가장 큰 활동이다.
2) 부차적 산업활동 : 주된 산업활동 이외의 재화 생산 및 서비스 제공 활동이다.
3) 보조적 산업활동 : 회계, 창고, 운송, 수리 서비스 등이 포함된다.

02 산업별 임금격차가 발생하는 원인 3가지를 쓰시오.[3점]

[시장론2장 2절 2번]

정답

1) 산업 간의 노동생산성의 차이
2) 노동조합의 존재
3) 산업별 집중도의 차이

03 측정의 신뢰성(reliability)을 높이기 위해서는 측정오차(measurement error)를 최대한 줄여야 한다. 이에 대한 구체적인 방법을 기술하시오.[5점]

[심리학1장 2절 5번]

정답

1) 오차변량을 줄인다.
2) 검사실시와 채점과정을 표준화한다.
3) 신뢰도에 나쁜 영향을 주는 문항을 제거한다.
4) 문항수를 늘린다.
5) 신뢰성이 검증된 표준화된 검사를 사용한다.

04 규준을 만들기 위한 표집방법 3가지를 쓰고 각각에 대해 설명하시오.[6점]

[심리학1장 2절 3번]

> **정답**
>
> 1) 단순무선표집 : 구성원에게 일련의 번호를 부여하고 무작위로 필요한 만큼 표집하는 방법
> 2) 층화표집 : 모집단을 몇 개의 이질적인 하위집단으로 구분하고 각 집단으로부터 무작위로 필요한 만큼 표집(예 대학 구성원의 특성을 성별, 전공으로 층별한 후 각 층으로부터 필요한 만큼 단순무선표집하는 방법)
> 3) 집락표집 : 모집단을 서로 동질적인 하위집단으로 구분하고 집단 자체를 표집(예 서울의 15개 구 중에서 2개 구를 뽑아 전수조사하는 방법)

05 크리츠(Crites)의 포괄적 직업상담의 3단계 상담과정을 설명하시오.[6점]

[상담학2장 11절 2번]

> **정답**
>
> 1) 진단의 단계 : 내담자에 대한 검사자료와 상담을 통한 자료가 수집되는 단계
> 2) 명료화 또는 해석의 단계 : 의사결정 과정을 방해하는 태도와 행동을 명료화하고 해석하여 대안을 탐색하는 단계
> 3) 문제해결의 단계 : 내담자가 문제해결을 위해 어떤 행동을 취해야 하는지 결정하는 단계

06 심리검사 중 선다형 및 '예, 아니요' 등 객관적 형태의 자기보고형 검사(설문지 형태의 검사)가 가진 5가지 장점을 설명하시오.[6점]

[심리학3장 1절 2번]

> **정답**
>
> 1) 검사의 객관성이 보장된다.
> 2) 채점의 결과가 채점자에 관계없이 동일하다.
> 3) 검사의 실시가 간편하다.
> 4) 투사적 검사보다 쉽게 응한다.
> 5) 신뢰도와 타당도가 높다.

07 준거타당도 계수의 크기에 영향을 미치는 요인 3가지를 쓰고 설명하시오.[6점]

[심리학2장 2절 6번]

정답

1) 표집오차 : 표본이 모집단을 잘 대표하지 못할 경우 검사의 준거타당도는 낮아진다.
2) 준거측정치의 신뢰도 : 준거측정치의 신뢰도가 낮으면 검사의 준거타당도는 낮아진다.
3) 준거측정치의 타당도 : 준거 측정치의 타당도가 낮으면 검사의 준거타당도는 낮아진다.
4) 범위제한 : 전체 범위를 포괄하지 못하고 일부의 범위를 포괄하는 경우를 말한다.

08 태도척도와 능력척도의 내용을 3가지씩 적으시오.[6점]

[심리학3장 2절 14번]

정답

1) 태도척도
　① 결정성 : 선호하는 진로의 방향에 대한 확신의 정도
　② 참여도 : 진로 선택 과정에의 능동적 참여의 정도
　③ 독립성 : 진로 선택을 독립적으로 할 수 있는 정도
　④ 성향 : 진로 결정에 필요한 사전이해와 준비의 정도
　⑤ 타협성 : 진로 선택 시 욕구와 현실을 타협하는 정도
2) 능력척도
　① 자기평가 : 자신의 흥미, 성격 등에 대한 이해의 능력
　② 직업정보 : 직업에 대한 지식, 고용정보 등을 얻고 평가하는 능력
　③ 목표선정 : 자아와 직업세계에 대한 지식을 토대로 합리적인 직업 선택을 하는 능력
　④ 계획 : 직업목표를 달성하기 위한 계획을 수립하는 능력
　⑤ 문제해결 : 진로 선택이나 의사결정 과정에서 다양한 문제들을 해결하는 능력

09 직무 분석 방법의 구체적인 방법 4가지를 쓰시오.[6점]

[정보론4장 2번]

정답

1) 면담법(면접법) : 특정 직무에 대하여 오랜 경력을 쌓아 전문지식과 숙련된 기술·기능을 보유하고 있는 작업자와 면담을 통하여 분석하는 방법이다.
2) 관찰법 : 분석자가 직접 사업장을 방문하여 작업자가 하는 직무활동을 상세하게 관찰하고 그 결과를 기술하는 방법이다.

3) 체험법 : 분석자 자신이 직접 직무활동에 참여하여 체험함으로써 직무분석 자료를 얻는 방법이다.

4) 중요사건법(결정적 사건법) : 직무수행에 결정적인 역할을 한 사건이나 사례를 중심으로 직무를 분석하는 방법이다.

5) 설문지법(질문지법) : 현장의 작업자 또는 감독자에게 설문지를 배부하여 직무내용을 기술하게 하는 방법이다.

6) 녹화법 : 반복되는 단순 직무이고 작업환경이 소음, 분진, 진동, 습윤 등으로 인하여 장시간 관찰하기 어려운 경우, 비디오로 작업 장면을 촬영·녹화하여 작업자와 작업 장면을 보면서 분석하는 방법이다.

10 한국표준직업분류의 분류원칙 중 포괄적인 업무에 대한 분류를 3가지 쓰시오.[3점]

[정보론2장 10번]

정답

1) 주된 직무 우선 원칙
2) 최상급 직능수준 우선 원칙
3) 생산업무 우선 원칙

11 한국표준직업분류에서 말하는 '다수직업 종사자' 직업을 결정하는 일반적인 원칙을 순서대로 쓰시오.[3점]

[정보론2장 9번]

정답

1) 취업시간 우선의 원칙
2) 수입 우선의 원칙
3) 조사 시 최근의 직업 원칙

12 내부노동시장의 형성요인과 장점을 각각 3가지씩 쓰시오.[6점] [시장론1장 5절 3번]

정답

1) 형성요인
   ① 숙련의 특수성 : 기업 내의 내부노동자만이 소유하는 숙련을 말한다.
   ② 현장훈련 : 현장 담당자의 고유한 지식을 후임자에게 생산현장에서 직접 전수하는 것을 말한다.
   ③ 관습 : 문서화되지 않은 기업의 관습이나 규정을 말한다.
2) 장점
   ① 내부 승진이 많다.
   ② 장기적인 고용관계가 성립한다.
   ③ 특수한 인적자원 육성에 유리하다.

13 직업적응이론(TWA)에서 중요하게 다루는 6가지 직업가치를 쓰시오.[6점] [심리학4장 2절 3번]

정답

1) 편안함 : 직무에 대해 스트레스받지 않고 편안한 직업환경을 바라는 욕구
2) 지위 : 타인에 의해 자신이 어떻게 지각되는지와 사회적 명성에 대한 욕구
3) 성취 : 자신의 능력을 발휘하고 성취감을 얻는 일을 하려는 욕구
4) 이타주의 : 타인을 돕고 그들과 함께 일하고자 하는 욕구
5) 안정성 : 혼란스러운 조건이나 환경을 피하고 정돈되고 예측 가능한 환경에서 일하고자 하는 욕구
6) 자율성 : 자신의 의사대로 일할 기회를 가지고 자유롭게 생각하고 결정하고자 하는 욕구

14 Butcher의 집단상담을 위한 3단계 모델에 대해서 설명하시오.[6점] [상담학1장 2절 4번]

정답

1) 탐색단계 : 자기개방, 흥미와 적성에 대한 측정, 측정 결과에 대한 피드백, 불일치의 해결이 이루어진다.
2) 전환단계 : 자아와 피드백 간의 일치가 이루어지면 직업세계와 연결하고, 일과 삶의 가치를 조사한다.
3) 행동단계 : 목표 설정, 목표 달성을 촉진하기 위한 정보의 수집과 공유, 의사결정이 이루어지는 단계이다.

15 Alder의 개인주의 상담 과정의 목표 5가지를 쓰시오.[5점] [상담학2장 2절 1번]

> **정답**
>
> 1) 사회적 관심을 갖도록 돕는다.
> 2) 사회의 구성원으로 기여하도록 돕는다.
> 3) 잘못된 동기를 바꾸도록 돕는다.
> 4) 타인과의 동질감을 갖도록 돕는다.
> 5) 패배감을 극복하고 열등감을 감소시킬 수 있도록 돕는다.
> 6) 내담자의 잘못된 가치와 목표를 수정하도록 돕는다.

16 한국직업사전의 부가직업정보 중 직무기능에는 자료, 사람, 사물이 있다. 이 중 사물의 세부사항 5가지를 쓰시오.[5점] [정보론4장 13번]

> **정답**
>
> 1) 설치
> 2) 정밀작업
> 3) 제어조작
> 4) 조작운전
> 5) 수동조작
> 6) 유지

17 진로선택이론 중 사회학습이론에서 크롬볼츠(krumboltz)가 제시한 진로 선택에 영향을 주는 요인 4가지를 쓰시오.[4점] [심리학4장 5절 1번]

> **정답**
>
> 1) 유전적 요인과 특별한 능력
> 2) 환경조건과 사건
> 3) 학습경험
> 4) 과제접근기술

18 인터넷을 이용한 사이버 상담의 필요성에 대하여 6가지를 쓰시오.[6점] [상담학1장 2절 8번]

> 정답

1) 인터넷과 컴퓨터의 발달로 쉽고 편리하게 접근할 수 있다.
2) 청소년, 젊은 층의 내담자가 보다 더 친밀감을 느낀다.
3) 익명성이 보장되어 내담자의 불안 등을 감소시킨다.
4) 글을 써 내려가면서 내담자는 감정의 정화 효과를 얻을 수 있다.
5) 저렴한 비용으로 상담을 받을 수 있다.
6) 상담 내용은 통신에서 저장, 유통, 가공이 용이하다.

19 직업적응 이론에서는 개인이 환경과 상호작용하는 특성을 나타내는 4가지 성격 유형을 가정한다. 이 성격유형 요소 중 3가지를 제시하고 각각에 대해 간략히 쓰시오.[6점]

[심리학4장 2절 1번]

> 정답

1) 리듬 : 활동에 대한 다양성을 의미한다.
2) 민첩성 : 과제를 얼마나 일찍 완성하느냐와 관계되는 것으로 정확성보다는 속도를 중시한다.
3) 지구력 : 개인이 환경과 상호작용하는 다양한 활동 수준의 기간을 의미한다.
4) 역량 : 작업자의 평균 활동 수준을 말한다.

2023년 1회 직업상담사 2급 필답형

01 노동수요의 탄력성 공식과 결정요인 3가지를 쓰시오.[5점]

정답

$$노동수요탄력성 = \frac{노동수요량의\ 변화율(\%)}{임금의\ 변화율(\%)}$$

1) 다른 생산요소의 공급탄력성이 클수록 노동수요의 탄력성은 커진다.
2) 다른 생산요소와 대체가능성이 클수록 노동수요의 탄력성은 커진다.
3) 생산물의 수요탄력성이 클수록 노동수요의 탄력성은 커진다.
4) 총 생산비에 대한 노동비용의 비중이 클수록 노동수요의 탄력성은 커진다.

02 직무분석 방법 중 면접법의 장단점을 각각 2가지씩 쓰시오.[4점]

정답

1) 장점
   ① 직무수행자의 정신적 활동까지 파악할 수 있다.
   ② 보다 정확한 직무자료를 얻을 수 있다.
2) 단점
   ① 자료수집에 많은 시간과 노력이 필요하다.
   ② 수량화된 정보를 얻기 어렵다.

03 검사 – 재검사 신뢰도에 영향을 미치는 요인 4가지를 쓰시오.[6점]

정답

1) 이월효과
2) 반응민감성
3) 측정 속성의 변화
4) 물리적 환경의 변화

04 흥미검사에서 홀랜드의 6가지 흥미유형을 쓰시오.[6점]

정답

1) 현실형(R) 2) 탐구형(I) 3) 예술형(A)
4) 사회형(S) 5) 진취형(E) 6) 관습형(C)

05 행동주의 상담기법 중 불안감소기법과 학습촉진기법을 2가지씩 쓰고, 각각에 대해 설명
하시오.[8점]

정답

1) 불안을 완화시키기 위한 방법
   ① 체계적 둔감화 : 불안을 일으키는 자극을 가장 약한 정도에서 출발하여 가장 강한
      자극으로 점차적으로 자극력을 감소해 나가는 방법
   ② 반조건형성 : 증상에 상반되는 바람직한 행동을 강화함으로써 증상행동이 없어지거
      나 약화되게 하는 방법
   ③ 금지적조건형성 : 불안을 일으킬만한 단서를 반복적으로 제시함으로써 불안반응을
      제거하는 방법
2) 학습촉진기법(적응행동증진기법)
   ① 강화 : 상담자가 내담자의 진로선택이나 결정에 대해 긍정적 또는 부정적인 반응을
      보임으로써 바람직한 행동을 강화시킨다.
   ② 대리학습 : 다른 사람의 진로결정 행동이나 결과를 관찰함으로써 의사결정의 학습을
      촉진시킨다.
   ③ 변별학습 : 바람직한 행동과 바람직하지 않은 행동을 구별할 수 있도록 학습시킨다.

06 로저스가 주장한 인간중심상담의 철학적 가정 4가지를 쓰시오.[4점]

> 정답

1) 개인은 자기확충을 향한 적극적인 성장력을 지니고 있다.
2) 개인을 알려면 그의 주관적 생활에 초점을 두어야 한다.
3) 개인은 가치를 지닌 독특한 존재이다.
4) 개인은 근본적으로 선하며, 이성적이고 믿을 수 있는 존재이다.
5) 개인은 자신이 결정을 내릴 권리와 장래를 선택할 권리도 지니고 있다.

07 한국직업사전 부가직업정보의 직무기능 중 자료(조정, 분석, 수집, 계산, 기록, 비교)에서 빈칸을 채우시오.[6점]

(1)	데이터 분석에 기초하여 시간, 장소, 작업순서, 활동 등을 결정한다. 결정을 실행하거나 상황을 보고한다.
(2)	조사하고 평가한다. 평가와 관련된 대안적 행위의 제시가 빈번하게 포함된다.
(3)	자료, 사람, 사물에 관한 정보를 수집·대조·분류한다. 정보와 관련한 규정된 활동의 수행 및 보고가 자주 포함된다.
(4)	사칙연산을 실시하고 사칙연산과 관련하여 규정된 활동을 수행하거나 보고한다. 수를 세는 것은 포함되지 않는다.
(5)	데이터를 옮겨 적거나 입력하거나 표시한다.
(6)	자료, 사람, 사물의 쉽게 관찰되는 기능적, 구조적, 조합적 특성을(유사성 또는 표준과의 차이) 판단한다.

> 정답

1) 조정   2) 분석   3) 수집
4) 계산   5) 기록   6) 비교

08 진로상담과정에서 관계를 수립하고 문제를 파악하는 데 필요한 기본 상담기술 6가지를 쓰시오.[6점]

> 정답

1) 적극적 경청   2) 명료화
3) 반영   4) 직면
5) 공감   6) 환언
7) 구조화   8) 요약
9) 해석   10) 수용

09 동시타당도와 예언타당도에 대해 각각의 예를 포함하여 설명하시오.[4점]

> 정답

1) 예언타당도
   - 먼저 검사를 실시하고 그 후에 준거를 측정해서 얻은 두 점수 간의 상관계수를 측정하는 것
     > 예 자격시험에 합격한 사람이 해당분야에서 일을 제대로 수행하지 못하면 그 자격시험은 예측타당도가 낮아 자격시험의 개편을 고려해야 한다.
2) 동시타당도
   - 일정시점에서 검사와 준거를 동시에 측정해서 얻은 두 점수 간의 상관계수를 측정하는 것
     > 예 외국어 시험의 동시타당도를 높이기 위해 TEPS나 TOEFL 같은 공인된 시험을 같이 시행하고 상호 비교하여 시험점수가 높으면 타당도가 높다고 판단한다.

10 직업상담에서 사용할 검사를 선정할 때 고려해야 하는 기준 3가지를 설명하시오.[6점]

> 정답

1) 내담자의 문제에 적합한 검사를 선정해야 한다.
2) 상담의 목적에 적합한 검사를 선정해야 한다.
3) 신뢰도와 타당도가 높은 표준화된 검사를 선정해야 한다.
4) 사회 윤리적으로 문제가 없는 검사를 선정해야 한다.
5) 검사의 실시가 간편하고 채점이 쉬운 검사를 선정해야 한다.

11 집단상담의 장점 6가지를 쓰시오.[6점]

> 정답

1) 시간, 경제적인 면에서 효과적이다.
2) 소속감과 동료의식을 발전시킬 수 있다.
3) 개인상담보다 더 편하게 느낀다.
4) 집단에서 새로운 행동을 실천해 볼 수 있다.
5) 학습경험을 풍부히 할 수 있다.
6) 대인관계 능력이 향상된다.

12 한국표준산업분류에서 통계단위의 산업을 결정하는 방법을 2가지만 쓰시오.[4점]

정답

1) 생산단위의 산업 활동은 그 생산단위가 수행하는 주된 산업 활동의 종류에 따라 결정된다.
2) 계절에 따라 정기적으로 산업을 달리하는 사업체의 경우에는 조사 시점에서 경영하는 사업과는 관계없이 조사대상 기간 중 산출액이 많았던 활동에 의하여 분류된다.

13 한국표준직업분류에서 포괄적인 업무에 대한 분류원칙 3가지를 설명하시오.[6점]

정답

1) 주된 직무 우선 원칙
   2개 이상의 직무를 수행하는 경우 직무내용을 비교·평가하여 관련 직무 내용상의 상관성이 가장 많은 항목에 분류한다.
2) 최상급 직능수준 우선 원칙
   수행된 직무가 상이한 수준의 직무능력을 필요로 한다면, 가장 높은 수준의 직무능력을 필요로 하는 일에 분류하여야 한다.
3) 생산업무 우선 원칙
   재화의 생산과 공급이 같이 이루어지는 경우는 생산단계에 관련된 업무를 우선적으로 분류한다.

14 상담목표(Goal)를 설정할 때 고려해야 할 사항 5가지를 쓰시오.[5점]

정답

1) 목표는 구체적이어야 한다.
2) 목표는 실현가능해야 한다.
3) 목표는 내담자가 원하고 바라는 것이어야 한다.
4) 목표는 상담자의 기술과 양립 가능해야만 한다.
5) 내담자와 함께 상담목표를 설정한다.

15 실존주의 상담자들이 내담자의 궁극적 관심사와 관련하여 중요하게 생각하는 주제 3가지만 쓰고 각각에 대하여 간략히 설명하시오.[6점]

정답

1) 삶의 의미 : 삶의 중요성과 목적을 향한 노력은 인간의 독특한 특성이다.
2) 죽음과 비존재 : 언젠가는 자신이 죽는다는 것을 스스로 자각한다.
3) 자유와 책임 : 인간은 선택할 수 있는 자유를 가진 존재이기 때문에 책임을 져야 한다.
4) 진실성 : 진실적인 존재로 있다는 것은 우리를 정의하고 긍정하는 데 필수적인 어떤 것이든지 한다는 것을 의미한다.

16 집단 내 규준의 종류를 3가지 적고 설명하시오.[6점]

정답

1) 백분위 점수
   개인의 점수가 규준집단에서 차지하는 상대적 위치를 백분위로 나타낸 점수
2) 표준점수
   분포의 표준편차를 이용하여 개인의 점수가 평균으로부터 벗어난 거리를 표시하는 것
3) 표준등급
   원점수를 크기 순서에 따라 배열한 후 백분율에 맞추어 매긴 등급

17 임금하방경직성이 무엇인지 쓰고, 이에 영향을 미칠 수 있는 요인 5가지를 쓰시오.[6점]

정답

1) 정의
   한번 상승한 임금은 경제여건이 변하더라도 하락하지 않고 그 수준을 유지하려고 하는 것
2) 영향을 미치는 요인
   ① 노동자의 화폐환상
   ② 노동자의 역선택 발생가능성
   ③ 강력한 노동조합의 존재
   ④ 장기노동계약
   ⑤ 최저임금제의 실시

18 검사의 신뢰도란 검사가 얼마나 일관성 있는가를 의미하는 것이다. 신뢰도의 종류와 신뢰도에 영향을 미치는 요인을 각각 3가지씩 쓰시오.[6점]

정답

1) 신뢰도의 종류
   ① 검사-재검사 신뢰도
   ② 동형검사 신뢰도
   ③ 반분 신뢰도
2) 영향을 미치는 요인
   ① 문항반응수
   ② 응답자의 속성변화
   ③ 검사 문항의 수
   ④ 검사시간과 속도
   ⑤ 개인차
   ⑥ 문항난이도

2023년 2회 직업상담사 2급 필답형

---

01 내부노동시장의 형성요인 3가지를 설명하시오.[6점]

정답

1) 형성요인
   ① 숙련의 특수성 : 기업 내의 내부노동자만이 소유하는 숙련을 말한다.
   ② 현장훈련 : 현장 담당자의 고유한 지식을 후임자에게 생산현장에서 직접 전수하는 것을 말한다.
   ③ 관습 : 문서화되지 않은 기업의 관습이나 규정을 말한다.

02 Bordin은 정신역동적 직업상담을 체계화하면서 직업문제의 진단에 관한 새로운 관점을 제시하였다. 그가 제시한 직업문제의 심리적 원인 5가지를 설명하시오.[10점]

정답

1) 의존성
   자신의 진로문제를 해결하고 책임을 지는 것이 어렵다고 느껴 지나치게 다른 사람들에게 의존한다.
2) 정보의 부족
   적합한 정보를 접할 기회가 없기 때문에 현명한 선택을 하지 못하는 경우가 많다.
3) 문제가 없음(불확신)
   내담자가 현명한 선택을 한 후에 확신감이 없다.
4) 선택의 불안
   진로 선택 시 개인은 불안을 경험한다.
5) 자아갈등(내적갈등)
   진로선택이나 기타 삶에서 중요한 결정을 내려야 하는 경우에 개인은 갈등을 겪게 된다.

03 Lofquist와 Dawis의 직업적응이론에서 직업적응방식의 유형 3가지를 쓰고 설명하시오.[6점]

정답

1) 융통성 : 개인이 작업환경과 개인적 환경 간의 부조화를 참아내는 정도
2) 끈기 : 환경이 자신에게 맞지 않아도 오랫동안 견뎌낼 수 있는 정도
3) 적극성 : 자신과 환경을 좀 더 조화롭게 만들어 가려고 노력하는 정도
4) 반응성 : 개인이 작업성격의 변화로 인해 작업환경에 반응하는 정도

04 Tinsley와 Bradley가 제시한 심리검사 결과 해석의 4단계를 설명하시오.[5점]

정답

1) 1단계 : 해석준비단계
   검사결과가 의미하는 바를 숙고하는 단계이다.
2) 2단계 : 내담자가 검사결과 해석을 받아들일 수 있도록 준비시키는 단계
   측정의 목적이 무엇이며, 검사에 응답하는 동안 어떤 경험을 했는지 생각해 보도록 한다.
3) 3단계 : 정보전달단계
   어려운 용어는 피하고 점수 자체보다 그 의미를 강조한다.
4) 4단계 : 추후활동단계
   검사결과를 어떻게 해석했는지 확인하고, 통합할 수 있도록 한다.

05 고트프레드슨의 직업포부 발달단계를 쓰시오.[4점]

정답

1) 힘과 크기 지향성
2) 성역할 지향성
3) 사회적 가치 지향성
4) 내적, 고유한 자아 지향성

06 형태주의 상담기법 4가지를 쓰시오.[4점]

정답

1) 빈 의자 기법
2) 과장하기
3) 자기 부분들 간의 대화
4) 신체 자각
5) 환경 자각
6) 언어 자각

07 Super의 발달단계 5단계를 설명하시오.[5점]

정답

1) 성장기(출생~14세)
   가정과 학교에서 중요한 타인에 대한 동일시를 통하여 자아개념을 발달시키는 단계
2) 탐색기(15~24세)
   학교생활, 여가활동 등과 같은 활동을 통하여 자아를 검증하고 역할을 수행하며 직업탐색을 시도하는 단계
3) 확립기(25~44세)
   자신에게 적합한 직업을 찾아서 안정과 만족, 지위, 소속감을 갖는 시기
4) 유지기(45~64세)
   개인이 비교적 안정된 삶 속에서 만족스런 삶을 살아가는 시기
5) 쇠퇴기(65세 이후)
   직업전선에서 은퇴하게 되는 시기로, 다른 새로운 역할과 활동을 찾는 시기

08 실업과 관련된 Jahoda의 박탈이론에 따르면 일반적으로 고용상태에 있게 되면 실직상태에 있는 것보다 여러 가지 잠재효과가 있다고 한다. 고용으로 인한 잠재적 효과를 5가지만 기술하시오.[6점]

> 정답

1) 시간 조직화 효과 : 근무일에 대한 시간을 계획하고 조직한다.
2) 사회적 접촉 효과 : 가족 이외의 사람들과 접촉하여 사교적인 범위를 넓힐 수 있다.
3) 공동의 목표에 참여 : 공동의 목표에 참가함으로써 자신이 쓸모 있음을 느낄 수 있다.
4) 사회적인 정체감/신분획득 : 사회에서 인증받는 직장에 있음으로써 자신의 정체감을 느끼고 사회적 지위를 가진다.
5) 활동/활발함의 효과 : 육체적인 활동을 활발히 하여 의미 있는 정규적인 활동으로 바쁘다.

09 기혼여성의 경제활동참가율을 낮게 하는 요인 6가지를 쓰시오.[6점]

> 정답

1) 배우자 및 타가구원의 소득이 높을수록 경제활동참가율은 낮아진다.
2) 자녀의 수가 많거나 연령이 낮을수록 경제활동참가율은 낮아진다.
3) 가사노동의 대체가 어려울수록 경제활동참가율은 낮아진다.
4) 전반적인 실업수준이 높을수록 경제활동참가율은 낮아진다.
5) 여성의 직장생활을 보호하는 법과 제도가 적을수록 경제활동참가율은 낮아진다.
6) 사회나 기업의 문화와 의식이 보수적일수록 경제활동참가율은 낮아진다.

10 구성타당도를 분석하는 방법 3가지를 제시하고 각 방법에 대해 설명하시오.[4점]

> 정답

1) 수렴타당도
   그 속성과 관계있는 변인들과 높은 상관관계를 갖고 있는지의 정도를 측정하는 것
2) 변별타당도
   그 속성과 관계없는 변인들과 낮은 상관관계를 갖고 있는지의 정도를 측정하는 것
3) 요인분석법
   검사를 구성하고 있는 문항들 간의 상호관계를 분석해서 서로 상관이 높은 문항들을 묶어주는 방법

11 직무평가방법 3가지를 쓰고 설명하시오.[6점]

정답

1) 서열법 : 직무의 중요도에 따라 순위를 정하는 방법
2) 분류법 : 정해진 분류 범주에 따라 직무를 분류하는 방법
3) 요소비교법 : 대표 직무의 평가요소와 비교하여 상대적 가치를 결정하는 방법
4) 점수법 : 직무의 구성요소별 중요도에 따라 점수를 부여한 후 총점을 구하여 직무를 평가하는 방법

12 홀랜드가 제시하는 6가지 직업적 성격을 설명하시오.[6점]

정답

1) 현실형(R)
   기계, 도구, 동물에 관한 체계적인 조작 활동을 좋아하나 사회적 기술이 부족하다.
2) 탐구형(I)
   분석적이며 호기심이 많으나 리더십 기술이 부족하다.
3) 예술형(A)
   표현이 풍부하고 독창적이나 규범적인 기술은 부족하다.
4) 사회형(S)
   다른 사람과 함께 일하거나 돕는 것을 좋아하지만 조직적인 활동을 싫어한다.
5) 진취형(E)
   조직목표나 경제적 목표를 달성하기 위해 타인을 조작하는 활동을 좋아하지만 과학적 능력이 부족하다.
6) 관습형(C)
   체계적으로 자료를 처리하고 기록을 정리하거나 자료를 재생산하는 것을 좋아하지만 예술적 능력이 부족하다.

13 한국직업사전의 부가직업정보 중 육체활동의 구분 5가지를 쓰시오.[5점]

정답

1) 시각   2) 청각   3) 언어력
4) 손사용   5) 웅크림   6) 균형감각

14 한국표준직업분류의 대분류와 직능수준에서 (   )를 채우시오.[5점]

대분류	직능수준
관리자	제( )직능 수준 혹은 제( )직능 수준 필요
판매 종사자	제( )직능 수준 필요
장치·기계조작 및 조립 종사자	제( )직능 수준 필요
군인	제( )직능 수준 이상 필요

정답

대분류	직능수준
관리자	제(4)직능 수준 혹은 제(3)직능 수준 필요
판매 종사자	제(2)직능 수준 필요
장치·기계조작 및 조립 종사자	제(2)직능 수준 필요
군인	제(2)직능 수준 이상 필요

15 집단내 규준의 종류를 3가지 쓰고 설명하시오.[6점]

정답

1) 백분위 점수
   개인의 점수가 규준집단에서 차지하는 상대적 위치를 백분위로 나타낸 점수
2) 표준점수
   분포의 표준편차를 이용하여 개인의 점수가 평균으로부터 벗어난 거리를 표시하는 것
3) 표준등급
   원점수를 크기 순서에 따라 배열한 후 백분율에 맞추어 매긴 등급

16 직업심리검사의 신뢰도를 추정하는 방법 3가지를 설명하시오.[6점]

정답

1) 검사-재검사 신뢰도
   동일한 검사를 동일한 사람에게 서로 다른 시간에 두 번 시행하여 얻은 두 점수 간의
   상관계수로 신뢰도를 추정하는 것이다.

2) 동형검사신뢰도

동형의 두 검사를 동일한 사람에게 실시하여 얻은 두 점수 간의 상관계수로 신뢰도를 추정하는 것이다.

3) 반분신뢰도

하나의 검사를 문항 수가 같도록 반씩 나누어 실시하여 얻은 두 점수 간의 상관계수로 신뢰도를 추정하는 것이다.

17 실존주의적 상담에서 실존적 존재로서의 인간이 갖는 궁극적 관심사에 대한 자각이 불안을 야기한다고 본다. 실존주의 상담자들이 내담자의 궁극적 관심사와 관련하여 중요하게 생각하는 주제를 4가지만 쓰고 각각에 대하여 간략히 설명하시오.[6점]

정답

1) 삶의 의미 : 삶의 중요성과 목적을 향한 노력은 인간의 독특한 특성이다.
2) 죽음과 비존재 : 언젠가는 자신이 죽는다는 것을 스스로 자각한다.
3) 자유와 책임 : 인간은 선택할 수 있는 자유를 가진 존재이기 때문에 책임을 져야 한다.
4) 진실성 : 진실적인 존재로 있다는 것은 우리를 정의하고 긍정하는 데 필수적인 어떤 것이든지 한다는 것을 의미한다.

18 생산단위의 활동형태 중 주된 활동과 보조활동을 각각 설명하시오.[4점]

정답

1) 주된 산업활동 : 생산된 재화 또는 제공된 서비스 중에서 부가가치가 가장 큰 활동
2) 보조적 산업활동 : 회계, 창고, 운송, 수리 서비스 등의 활동

2023년 3회 직업상담사 2급 필답형

01 한국직업사전의 구성 중 부가직업정보 중 직무기능에 대한 다음 물음에 답하시오.[5점]

1) (　　) : 설정된 표준치를 달성하기 위하여 궁극적인 책임이 존재하는 상황하에서 신체부위, 공구, 작업도구를 사용하여 가공물 또는 재료를 가공, 조종, 이동, 안내하거나 또는 정위치 시킨다. 그리고 도구, 가공물 또는 원료를 선정하고 작업에 알맞게 공구를 조정한다.

2) (　　) : 기계 또는 설비를 시동, 정지, 제어하고 작업이 진행되고 있는 기계나 설비를 조정한다.

3) (　　) : 다양한 목적을 수행하고자 사물 또는 사람의 움직임을 통제하는데 일정한 경로를 따라 조작되고 안내되어야 하는 기계 또는 설비를 시동, 정지하고 그 움직임을 제어한다.

4) (　　) : 기계, 설비 또는 재료를 가공, 조정, 이동 또는 위치할 수 있도록 신체부위, 공구 또는 특수장치를 사용한다. 정확도 달성 및 적합한 공구, 기계, 설비 또는 원료를 산정하는 데 있어서 어느 정도의 판단력이 요구된다.

5) (　　) : 기계 및 장비를 시동, 정지하고 그 기능을 관찰한다. 체인징가이드, 조정타이머, 온도게이지 등의 계기의 제어장치를 조정하거나 원료가 원활히 흐르도록 밸브를 돌려주고 빛의 반응에 따라 스위치를 돌린다. 이러한 조정업무에 판단력은 요구되지 않는다.

정답

1) 정밀작업
2) 제어조작
3) 조작운전
4) 수동조작
5) 유지

02 정신역동적 직업상담 모형을 구체화시킨 보딘은 직업상담 과정을 3단계로 구분하였다. 각 단계를 쓰고 각각에 대해 설명하시오.[6점]

> 정답

1) 1단계 : 탐색과 계약체결
   방어의 의미를 탐색하고 상담과정을 구조화하여 계약체결하는 단계
2) 2단계 : 중대한 결정의 단계
   성격에 맞춰 직업을 선택할 것인지 직업에 맞춰 성격을 변화시킬 것인지 결정하는 단계
3) 3단계 : 변화를 위한 노력의 단계
   성격, 흥미, 욕구 등에서 변화가 필요하면 그 부분에 대해 변화하려는 노력이 이루어지는 단계

03 내담자중심상담을 성공적으로 이끌기 위하여 상담자가 갖추어야 할 기본적인 태도 3가지를 설명하시오.[6점]

> 정답

1) 무조건적 수용
   내담자를 한 인간으로서 존중하며 평가하거나 판단하지 않고 있는 그대로 받아들이는 것
2) 공감적 이해
   상담자가 내담자의 입장이 되어 내담자를 깊이 있게 주관적으로 이해하면서도 자기 본연의 자세는 버리지 않는 것
3) 일치성
   상담자가 내담자와의 관계에서 솔직하게 인정하고 표현하는 것

04 표준화된 심리검사에는 집단내 규준이 포함되어 있다. 집단내 규준을 3가지만 쓰고, 각각에 대해 간략히 설명하시오.[6점]

> 정답

1) 백분위 점수
   개인의 점수가 규준집단에서 차지하는 상대적 위치를 백분위로 나타낸 점수
2) 표준점수
   분포의 표준편차를 이용하여 개인의 점수가 평균으로부터 벗어난 거리를 표시하는 것
3) 표준등급
   원점수를 크기 순서에 따라 배열한 후 백분율에 맞추어 매긴 등급

05 준거 관련 타당도 종류와 내용, 직업상담에서 중요한 이유에 대해 설명하시오.[8점]

> 정답

1) 준거타당도의 종류와 내용을 설명하시오.
   ① 예언타당도 : 먼저 검사를 실시하고 그 후에 준거를 측정해서 얻은 두 점수 간의 상관계수를 측정하는 것
   ② 동시타당도 : 일정시점에서 검사와 준거를 동시에 측정해서 얻은 두 점수 간의 상관계수를 측정하는 것

2) 여러 가지 타당도 중에서 특히 직업상담에서 준거타당도가 중요한 이유 2가지를 설명하시오.
   ① 선발, 배치, 훈련 등의 인사관리에 관한 의사결정의 설득력을 제공한다.
   ② 어느 정도 명확한 준거를 가지고 미래를 예측할 수 있기 때문이다.

3) 실증연구에서 얻은 타당도 계수와 실제 연구에서의 타당도 계수가 다른데, 실제 연구에서의 타당도 계수가 낮은 이유를 예를 들어 설명하시오.
   ① 독립변인의 조작이 어렵다.
   ② 가외변인의 통제가 어렵다.
   ③ 실험과정 전체를 엄격히 통제하기 어렵다.

06 내담자와의 초기면담 수행 시 상담자가 유의해야 할 사항 4가지를 쓰시오.[4점]

> 정답

1) 면담 시작 전에 가능한 모든 사례자료 검토하기
2) 내담자와 만나기
3) 내담자의 직업상담에 대한 기대 결정하기
4) 비밀유지에 대해 설명하기
5) 요약하기
6) 내담자의 초기목표 명확히 하기

07 흥미검사는 특정 직업 활동에 대한 선호도를 측정하기 위해 만들어진 것이다. 현재 사용할 수 있는 흥미검사의 종류를 5가지만 쓰시오.[5점]

정답

1) 스트롱 직업흥미검사
2) 쿠더식 직업흥미검사
3) 직업선호도검사
4) 진로사정검사
5) 직업카드분류법

08 성향검사의 종류 6가지를 쓰시오.[6점]

정답

1) 성격검사 : 직업선호도 검사 중 성격검사, 캘리포니아 성격검사(CPI), 성격유형검사(MBTI), 다면적 인성검사
2) 흥미검사 : 직업선호도 검사 중 흥미검사
3) 태도검사 : 직무만족도 검사

09 한국표준산업분류에서 통계단위의 산업을 결정하는 방법을 4가지만 쓰시오.[8점]

정답

1) 생산단위의 산업 활동은 그 생산단위가 수행하는 주된 산업 활동의 종류에 따라 결정된다.
2) 계절에 따라 정기적으로 산업을 달리하는 사업체의 경우에는 조사 시점에서 경영하는 사업과는 관계없이 조사대상 기간 중 산출액이 많았던 활동에 의하여 분류된다.
3) 휴업 중 또는 자산을 청산 중인 사업체의 산업은 영업 중 또는 청산을 시작하기 이전의 산업활동에 의하여 결정하며, 설립 중인 사업체는 개시하는 산업활동에 따라 결정한다.
4) 단일사업체의 보조단위는 그 사업체의 일개 부서로 포함하며, 여러 사업체를 관리하는 중앙보조단위는 별도의 사업체로 처리한다.

10 홀랜드가 제시하는 직업적 성격유형 6가지를 쓰시오.[6점]

> **정답**

1) 현실형(R)   2) 탐구형(I)   3) 예술형(A)
4) 사회형(S)   5) 진취형(E)   6) 관습형(C)

11 실험실 연구의 장점 3가지를 쓰시오.[3점]

> **정답**

1) 연구의 객관성이 높다.
2) 엄격한 측정에 의해 정확성이 높다.
3) 내적 타당도가 높다.

12 한국표준직업분류에서 직업분류의 일반원칙 2가지를 쓰시오.[4점]

> **정답**

1) 포괄성의 원칙
2) 배타성의 원칙

13 행동주의 직업상담의 상담기법을 크게 불안감소기법과 학습촉진기법의 유형으로 구분할 수 있다. 각 유형별 대표적 방법을 각각 3가지씩 쓰시오.[6점]

> **정답**

1) 불안감소기법
   ① 체계적 둔감화
   ② 반조건형성
   ③ 금지적조건형성
2) 학습촉진기법
   ① 강화
   ② 대리학습
   ③ 변별학습

14 인지적·정서적 상담기법에서의 인간에 대한 기본가정과 RET의 기본개념, 그리고 상담의 목표에 대해 설명하시오.[6점]

정답

1) 인간에 대한 기본가정
   ① 인간은 합리적 사고와 비합리적 사고의 잠재성을 모두 가지고 태어났다.
   ② 비합리적 신념은 쉽지는 않지만 변화시킬 수 있다.
2) RET의 기본개념(원리)
   ① 인지는 인간정서의 핵심적 요소이다.
   ② 역기능적 사고는 정서 장애의 중요한 결정요인이다.
   ③ 비합리적 사고의 분석부터 시작한다.
   ④ 행동에 대한 과거의 영향보다 현재에 초점을 둔다.
   ⑤ 비록 쉽게 이루어지지는 않지만 인간의 신념은 변화한다고 믿는다.
   ⑥ 인간의 비합리적 사고는 유전과 환경 모두에 영향을 받는다.
3) 상담의 목표
   ① 내담자의 비합리적 신념 체계를 논박을 통해 합리적 신념으로 바꾸고, 궁극적으로 내담자의 삶의 철학 자체를 변화시키는 것이다.
   ② 내담자가 정서적 장애를 최소화하고, 자기 파괴적 행동을 감소시키며, 보다 행복한 삶을 영위하도록 조력한다.

15 질문지법의 장점과 단점을 2가지씩 쓰시오.[4점]

1) 장점
   ① 효율적이고 비용이 적게 든다.
   ② 양적인 정보를 얻을 수 있다.
2) 단점
   ① 직무에 대한 사전 지식이 필요하다.
   ② 회수율이 낮다.

16 아래 내용을 참조하여 기업의 한계노동비용과 이윤극대화가 이루어질 때 노동공급 등을 구하시오.[6점]

노동공급	임금	한계수입생산
5	6	62
6	8	50
7	10	38
8	12	26
9	14	14
10	16	2

※ 최고 우측란은 총 수입생산이 아닌 한계수입생산입니다.

정답

1) 노동공급이 7단위일 때 한계노동비용을 구하시오.

노동공급이 6단위일 때 $6 \times 8 = 48$

노동공급이 7단위일 때 $7 \times 10 = 70$

한계노동비용은 $70 - 48 = 22$

2) 이윤극대화가 이루어지는 노동공급과 임금을 구하시오.

노동공급	임금	노동총비용	한계노동비용	한계수입생산
5	6	$5 \times 6 = 30$	−	62
6	8	$6 \times 8 = 48$	$48 - 30 = 18$	50
7	10	$7 \times 10 = 70$	$70 - 48 = 22$	38
8	12	$8 \times 12 = 96$	$96 - 70 = 26$	26
9	14	$9 \times 14 = 126$	$126 - 96 = 30$	14
10	16	$10 \times 16 = 160$	$160 - 126 = 34$	2

한계수입=한계비용일 때 기업의 이윤이 극대화된다.

즉, 한계노동비용 26과 한계수입생산이 일치하는 8단위가 최적 고용단위이다.

따라서 이윤극대화가 이루어지는 노동공급은 8단위이고, 단위당 임금은 12이다.

17 다음에 해당하는 용어를 쓰시오.[6점]

> 1) 근로계약 기간을 정한 근로자 또는 따로 정하지 않았으나 비자발적 사유로 계속 근로를 기대할 수 없는 근로자
> 2) 근로시간이 짧은 파트타임 근로자
> 3) 파견근로자, 용역근로자, 특수고용 종사자, 가정 내 근로자, 일일근로자

정답

1) 한시적 근로자
2) 시간제 근로자
3) 비전형 근로자

18 진로상담과정에서 관계를 수립하고 문제를 파악하는 데 필요한 기본 상담기술 5가지를 쓰시오.[5점]

정답

1) 적극적 경청
2) 명료화
3) 반영
4) 직면
5) 공감

2024 직업상담사 2급 실기

———

초 판 발 행	2024년 3월 20일

저 자	정철훈 · 김순자 · 모종수 · 여기영
발 행 인	정용수
발 행 처	(주)예문아카이브
주 소	서울시 마포구 동교로 18길 10 2층
T E L	02) 2038 – 7597
F A X	031) 955 – 0660

등 록 번 호	제2016-000240호

정 가	25,000원

• 이 책의 어느 부분도 저작권자나 발행인의 승인 없이 무단 복
  제하여 이용할 수 없습니다.
• 파본 및 낙장은 구입하신 서점에서 교환하여 드립니다.

홈페이지 http://www.yeamoonedu.com

I S B N	979-11-6386-264-2	[13320]	